D1574293

Walter Brenner
Christoph Witte

Business Innovation

Walter Brenner
Christoph Witte

Business Innovation

CIOs im Wettbewerb der Ideen

Mit der Methode Design Thinking

Frankfurter Allgemeine Buch

Bibliografische Information der Deutschen Nationalbibliothek
Die Deutsche Nationalbibliothek verzeichnet diese Publikation
in der Deutschen Nationalbibliografie; detaillierte bibliografische
Daten sind im Internet über http://dnb.d-nb.de abrufbar.

Walter Brenner
Christoph Witte
Business Innovation
CIOs im Wettbewerb der Ideen

F.A.Z.-Institut für Management-,
Markt- und Medieninformationen GmbH
Mainzer Landstraße 199
60326 Frankfurt am Main
Geschäftsführung: Volker Sach und Dr. André Hülsbömer

Frankfurt am Main 2011

ISBN 978-3-89981-256-5

𝔉𝔯𝔞𝔫𝔨𝔣𝔲𝔯𝔱𝔢𝔯 𝔄𝔩𝔩𝔤𝔢𝔪𝔢𝔦𝔫𝔢 Buch

Copyright   F.A.Z.-Institut für Management-,
            Markt- und Medieninformationen GmbH
            60326 Frankfurt am Main
Gestaltung/Satz
Umschlag   Anja Desch
Druck   Messedruck Leipzig GmbH, An der Hebemärchte 6, 04316 Leipzig

Printed in Germany

Inhalt

Innovation durch Informations- und Kommunikationstechnik ist für den CIO Pflicht!

Vor zwei Jahren, mitten in der sogenannten Finanzkrise, haben wir in Gesprächen mit führenden Persönlichkeiten aus der Informations- und Kommunikationstechnik gespürt, dass Innovation durch Informations- und Kommunikationstechnik wieder zum Thema wird. Damals entschlossen wir uns, dieses Buch zu schreiben. Der erste Versuch misslang. Im Sommer 2009 haben wir uns für einen neuen Anlauf entschieden. Wir haben gemerkt, dass das Thema immer wichtiger wurde. Das ursprüngliche Konzept haben wir verändert. Aus der zunächst geplanten Monografie ist ein Buch geworden, das sich aus Textbeiträgen und Gesprächen mit herausragenden Persönlichkeiten unserer Branche zusammensetzt. Aus den Interviews für das erste, gescheiterte Buch sind Fallstudien geworden. Wir danken allen Gesprächspartnern für die Bereitschaft, mit uns offene Gespräche über Innovation durch Informations- und Kommunikationstechnik zu führen, und für die Erlaubnis, sie zu publizieren: Winfried Gaber (Infowerk), Wolfgang Gaertner (Deutsche Bank), Christoph Ganswindt (ehemals Lufthansa, heute Deutsche Telekom), Roger Gatti (Swisscom IT Services), Walter Geirhos (ZF Friedrichshafen), Konrad Hilbers (ehemals Quelle, heute HSE), Peter Kraus (ZF Friedrichshafen), Jürgen Laartz (McKinsey), Larry Leifer (Stanford University), Michael Lewrick (Swisscom IT Services), Klaus-Hardy Mühleck (VW), Karl-Erich Probst (BMW), Andreas Resch (ehemals Bayer Business Services, heute Modalis), Steffen Roehn (Deutsche Telekom), Rudolf Schwarz (ehemals Migros, heute pensioniert), Jürgen Sturm (Bosch und Siemens Hausgeräte), Gerhard Thomas (Hubert Burda Media).

Dieses Buch ist weder eine umfassende Darstellung noch ein wissenschaftliches Werk und auch kein Rezeptbuch für Innovation durch Informations- und Kommunikationstechnik. Wir möchten einen Beitrag zur Weiterentwicklung dieses Themas liefern, das für die Entwicklung der Wirtschaft und öffentlichen Verwaltungen in Europa von entscheidender Bedeutung sein wird. Wir hoffen, dass das Buch von Mitarbeitern aus dem Fachbereich[1], aus IT-Abteilungen, von Beratern sowie Mitarbeitenden aus der öffentlichen Verwaltung gelesen und heftige Diskussionen auslösen wird.

Manuel Meisel und Nicolas Staub, zwei Studenten der Universität St. Gallen, haben uns bei den Fallstudien und bei einer empirischen Untersuchung sehr geholfen. Ihre Bachelor-Arbeiten bilden eine der Grundlagen dieses Buches. Nicolas Staub hat auch nach Abschluss seiner Bachelorarbeit intensiv an der Fertigstellung des Buches mitgearbeitet. Falk Uebernickel danken wir für seine Hilfe bei dem Gespräch mit Prof. Larry Leifer und die Gespräche über Design Thinking. Reto Hofstetter danken wir für das Fallbeispiel von Atizo. Barbara Rohner sind wir zu großem Dank verpflichtet. Sie hat durch das Arrangieren der Termine, das Stellen kritischer Fragen, das gründliche Lesen und das Motivieren der Autoren einen großen Beitrag zu diesem Buch geleistet. Für die gute Zusammenarbeit danken wir Danja Hetjens von Frankfurter Allgemeine Buch.

Wir sind für jede Anregung und Kritik offen und freuen uns auf einen kontroversen Dialog. Sie erreichen uns unter walter.brenner@unisg.ch und cwitte@wittcomm.de.

Wir wünschen unseren Leserinnen und Lesern eine erkenntnisreiche Lektüre.

St. Gallen und München 2011

Walter Brenner   Christoph Witte

---

1 Unter Fachbereich bzw. Geschäftsbereich (dazu zählen z.B. Buchhaltung, Einkauf, Fertigung, oder Vertrieb eines Unternehmens) wird im vorliegenden Buch die Rolle der Kunden verstanden, welche IT-Dienstleistungen in Form von IT-Produkten bei internen (interne IT-Abteilung) oder auch unternehmensexternen IT-Dienstleistern beziehen. (Zarnekow, R.; Brenner, W.; Pilgram, U.: Integriertes Informationsmanagement – Strategien und Lösungen für das Management von IT-Dienstleistungen. Berlin, Heidelberg: Springer Verlag 2005, S. 10 f.)

Kapitel 1

Warum ist Innovation durch Informations- und Kommunikationstechnik überhaupt noch ein wichtiges Thema

Dieses Buch zeigt, wie durch die Informations- und Telekommunikationstechnik (IKT)[1] Innovationen geschaffen werden und die Weiterentwicklung von Unternehmen vorangetrieben werden kann.

In den vergangenen 50 Jahren hat es fünf große Entwicklungen, „Wellen", der IKT gegeben, die struktur- und verhaltensverändernden Einfluss auf Wirtschaft und Gesellschaft hatten. Abbildung 1 zeigt diese „Wellen" in ihrem zeitlichen Ablauf. Jede dieser Wellen hat einen großen Schub an innovativen Entwicklungen im geschäftlichen und privaten Leben ausgelöst.

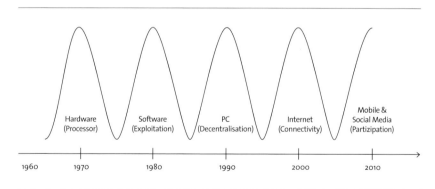

Abbildung 1: Entwicklung der Informations- und Kommunikationstechnik

In den 60er Jahren begannen Computer, Einzug in Unternehmen und öffentliche Verwaltungen zu halten. Erste kleine Anwendungen liefen auf diesen Rechnern. Im Mittelpunkt der nächsten „Welle" stand die Software. In den 70er Jahren verbreitete sich der Einsatz von Software über die Unternehmen. In großer Geschwindigkeit entstanden für viele Funktionsbereiche und Branchen Softwarelösungen.

In den 80er Jahren folgte die dritte „Welle". Es gab immer mehr Personal Computer (PC) in Unternehmen und öffentlichen Verwaltungen. An jedem Arbeitsplatz stand auf einmal Rechen- und Speicherkapazität zur Verfügung, die noch wenige Jahre zuvor nur in den größten Rechenzentren gefunden werden konnte. Bereits wenige Jahre nachdem der Siegeszug des PCs in den Unternehmen begonnen hatte, wurde er auch für private Zwecke eingesetzt. Strukturen im geschäftlichen und privaten Leben veränderten sich.

Am Ende der 90er Jahre überrollte das Internet als vierte „Welle" noch schneller als der PC zuerst das geschäftliche und unmittelbar danach auch das private Leben. Das Internet – wie zuvor der PC – veränderte Strukturen grundlegend und hat bis heute massive Auswirkungen auf das private Leben und die Art und Weise, wie geschäftliche Herausforderungen gelöst werden. Das World Wide Web ermöglichte es, Informationen sehr rasch und weltweit zu publizieren, und bildet die Grundlage für das sogenannte Electronic Business. Die Electronic Mail mit der Option, Dokumente anzuhängen, ermöglichte schnelle Kommunikation und Dokumentenaustausch für jedermann.

In den vergangenen Jahren ist durch die unerwartet rasche Verbreitung des mobilen Internets vor allem durch Smartphones, Web-2.0-Anwendungen und das Nutzen von Geräten aus der Unterhaltungselektronik im geschäftlichen Umfeld die Wahrscheinlichkeit gestiegen, dass eine fünfte „Welle" mit struktur- und verhaltensverändernden Effekten bevorsteht. Unternehmen – wie Google, Apple, Facebook oder Twitter – haben neue Software und teilweise auch neue Hardware erfunden, die Grundlage dieser fünften „Welle" sein können.

Vier Gründe bewegten uns, das Thema Innovation durch Informations- und Kommunikationstechnik im Jahr 2011 erneut aufzugreifen:

Wachsende Bedeutung der Informations- und Kommunikationstechnik: Es gibt heute fast keine Prozesse, Produkte und Geschäftsmodelle mehr, die nicht von Produkten und Dienstleistungen der IKT unterstützt werden. Zudem schafft die Weiterentwicklung der IKT ständig neue Möglichkeiten, Prozesse und Produkte zu verbessern und neue Geschäftsmodelle zu entwickeln. Deshalb muss die Innovation durch Informations- und Kommunikationstechnik ein integraler Bestandteil der Unternehmensführung sein, um wettbewerbsfähig zu bleiben.

Massive Einstellungs- und Verhaltensänderungen der Menschen: Viele Menschen haben in den vergangenen Jahren zahlreiche Produkte aus dem Bereich der Informations- und Kommunikationstechnik in ihr berufliches und privates Leben integriert. Digitale Fotografie, Reisebuchungen, Partnersuche oder Kommunikation über digitale soziale Netzwerke und Microblogs, wie Facebook und Twitter, sind heute aus dem Leben vieler Menschen nicht mehr wegzudenken. Auch im Berufsleben spielt die elektronische Kommunikation zwischen Menschen, Maschinen und Software eine immer größere Rolle. Die stationäre E-Mail war der Anfang, mobile E-Mails und mobiler Datenaustausch waren die Fortsetzung, und die Verwendung mobiler Applikationen, wie sie von immer mehr Unternehmen beispielsweise für das iPhone entwickelt werden, stellen die Zukunft der 24x7-Ökonomie dar. Unternehmen und öffentliche Verwaltungen haben die Chance, von den Verhaltensänderungen zu profitieren, wenn sie für die Käufer und Mitarbeiter der Zukunft entsprechende Angebote bereitstellen. Sowohl im Wettbewerb um Kunden als auch im „War for Talents" stellen innovative Lösungen der Informations- und Kommunikationstechnik ein nicht zu unterschätzendes Potential dar.

Wachstum der „grauen" Informations- und Kommunikationstechnik[2] in Unternehmen: Die Allgegenwärtigkeit der digitalen Wirtschaft und Gesellschaft führt dazu, dass fast jeder Mitarbeitende mit immer einfacher zu bedienenden Rechnern und Software unterschiedlichster Couleur versiert umgehen kann. Aus dieser intensiven Nutzung und dem Knowhow resultieren immer öfter Ideen beziehungsweise Anforderungen für weitere Anwendungen, die nicht mehr aus den zentralen IT-Abteilungen[3] stammen. Sie kommen von den Nutzern selbst oder von kleinen, schnellen Unternehmen der Informations- und Kommunikationsbranche. Sie bieten diese Anwendungen beispielsweise als Miniprogramme über das Internet so an, dass sie von „normalen" Mitarbeitenden eingesetzt werden können, ohne die IT-Abteilung überhaupt zu involvieren.

Das bekannteste Beispiel sind Applikationen des Suchmaschinenspezialisten Google. Dieser stellt kostenfrei Dokumentenverarbeitung, Tabellenkalkulation, Mail und Instant Messaging sowie einfache Collaboration-Tools über das Internet bereit. Inzwischen nutzen mehrere Millionen Mitarbeitende in Unternehmen diese Werkzeuge, weil sie schnell sind, einfach zu bedienen und nicht eigens durch die zentrale IT-Abteilung implementiert werden müssen.

Diese Entwicklung setzt die zentrale IT-Abteilung in den Unternehmen unter enormen Druck. Auf der einen Seite ist sie gefordert, schnell gewünschte Funktionalität bereitzustellen, und sie muss diese Anwendungen in das Gesamtkonzept der Informations- und Kommunikationstechnikarchitektur des Unternehmens mit ihren Sicherheits- und Compliance-Anforderungen integrieren. Auf der anderen Seite entstehen in der digitalen Welt durch Konzepte wie serviceorientierte Architekturen und Cloud Computing[4] gezielte digitale Dienstleistungen, die die traditionelle Software-Entwicklung und ihre behäbige Geschwindigkeit langsam aussehen lassen. Vor diesem Hintergrund bleibt Innovation für die Chief Information Officers (CIO) auch in Krisenzeiten ein zentrales Thema. Wehklagen über die „graue" Informatik, die außerhalb seines Verantwortungsbereichs entsteht, helfen nicht weiter. Der CIO muss sich dieser Herausforderung stellen und sein Wissen und seine Erfahrung über den Umgang mit Informations- und Kommunikationstechnik in den Innovationsprozess einbringen.

Unsystematischer Umgang mit Innovation durch Informations- und Kommunikationstechnik: Wir haben beobachtet, dass Innovation durch Informations- und Kommunikationstechnik in den meisten Unternehmen nicht als eigenständige Aufgabe existiert und es so gut wie keine etablierten Prozesse und Strukturen oder Methoden und Werkzeuge gibt. Die innovative Nutzung von Informations- und Kommunikationstechnik scheint dem Zufall überlassen zu bleiben. Die Fachbereiche entwickeln Ideen, aber die mit der Umsetzung betrauten externen Lieferanten scheinen eher zufällig ausgewählt und nur unsystematisch kontrolliert zu werden. Am deutlichsten wird diese ambivalente Einstellung zur Innovation – einerseits wird es als wichtiges Thema gesehen, aber im Alltag erfährt es zu wenig Aufmerksamkeit – durch die Aussage von Chief Information Officers, die Innovation als ihr „Hobby" bezeichnen. Innovation als eine Art Freizeitvergnügen zu betrachten ist diesem Thema, das entscheidend zur Wettbewerbsfähigkeit von Unternehmen beiträgt, nicht angemessen. Hätten Gottfried Daimler, Thomas Alva Edison, Bill Gates, Steve Jobs oder die Google-Gründer Sergey Brin und Larry Page Innovation als Hobby betrachtet, wären ihre Firmen nicht zu den Ikonen der Industrie- und postindustriellen Gesellschaft geworden.

Ziel dieses Buches ist es, das Thema Innovation, das in der digitalen Welt nur Innovation mit und durch Informations- und Kommunikationstechnik heißen kann, wieder an den zentralen Platz zu rücken, an den es gehört. Auch die IT-Abteilungen sollten sich die verändernde Kraft der Innovation wieder zunutze machen. Der innovative Einsatz von IKT muss für Unternehmen und damit für Kunden nachhaltigen Nutzen schaffen. Dazu reicht es nicht, für neue Hardware und Software aus den Laboren der Hersteller Einsatzmöglichkeiten im Rechenzentrum, auf oder unter dem Schreibtisch von Benutzern zu finden.

Im zweiten Kapitel erklären wir, was wir unter Innovation durch Informations- und Kommunikationstechnik verstehen. Wir stellen dar, dass „Innovate the Business" und „Innovate the IT" die beiden grundsätzlichen Stoßrichtungen dafür darstellen. Im weiteren Verlauf dieses Kapitels gehen wir auf unterschiedliche Ansätze von Innovation durch Informations- und Kommunikationstechnik in der Praxis ein und belegen diese Ansätze durch Fallstudien der Lufthansa, der ZF Friedrichshafen, der Hubert Burda Media, der Migros, den Swisscom IT Services, von Bischofszell und von Atizo. Den Abschluss dieses Kapitels stellt die Darstellung einer Befragung von Führungskräften aus IT-Abteilungen dar, die den Handlungsbedarf bei Innovationen zum Ausdruck bringt.

Das dritte Kapitel erläutert den „Wettbewerb der Ideen", der eine zentrale Bedeutung für die Argumentation in diesem Buch spielt. Das vierte Kapitel fasst ein Gespräch zusammen, das wir mit Digital Natives am Institut für Wirtschaftsinformatik der Universität St. Gallen geführt haben. Mit diesem für uns unerwartet verlaufenden Gespräch liefern wir einen Beitrag zur aktuellen Diskussion, wie seriös junge Menschen mit neuen Entwicklungen der Informations- und Kommunikationstechnik umgehen und welche Anforderungen sie an zukünftige Arbeitgeber stellen.

Klaus-Hardy Mühleck, CIO von VW, stellt im fünften Kapitel dar, wie groß der Druck ist, innovativ tätig zu werden – und zwar sowohl aus Sicht der Kunden wie auch aus Sicht der Mitarbeitenden. Steffen Roehn, der Chief Information Officer der Deutschen Telekom, konzentriert sich in dem Gespräch, das wir mit ihm geführt haben, auf den Kunden als Quelle innovativer Ideen (sechstes Kapitel). Wolfgang Gaertner, Chief Information Officer in der Deutschen Bank, führt im siebten Kapitel aus, dass er in erster Linie Persönlichkeiten aus dem Fachbereich und der IT-Abteilung zusammenbringt, um eine tragfähige Grundlage für Innovation zu schaffen. Jürgen Sturm, CIO von Bosch und Siemens Hausgeräte, geht im achten Kapitel der Frage nach, wie Innovation durch Informations- und Kommunikationstechnik die Führungsfähigkeit eines weltweit agierenden Unternehmens verbessert. Jürgen Laartz, Direktor bei McKinsey, vertritt im neunten Kapitel die Meinung, dass der CIO sich in einer schwierigen Position zwischen Betrieb und Innovation befindet. Winfried Gaber, ein mittelständischer Medienunternehmer, beschreibt in unserem Dialog (zehntes Kapitel), wie wichtig Entwicklungen außerhalb einer Branche für den Innovationsprozess sind. Insgesamt wird in diesem Teil des Buches Innovation durch Informations- und Kommunikationstechnik aus unterschiedlichen Perspektiven dargestellt.

Eine ausführliche Beschreibung der Methode Design Thinking folgt in Kapitel 11. Kapitel 12 widmet sich dem Gespräch mit einem der Väter von Design Thinking, Professor Larry Leifer von der Stanford University in Palo Alto. In Kapitel 13 werden Konsequenzen für die Unternehmensführung und Handlungsempfehlungen abgeleitet.

Quellen und Anmerkungen

1 Unter Informations- und Kommunikationstechnik verstehen wir im Folgenden alle Produkte, das heißt Hardware und Software, aus dem Bereich der Informatik und Telekommunikation, unabhängig davon, ob sie in erster Linie im Geschäft oder im privaten Haushalt eingesetzt werden.

2 Die „graue" Informatik ist der Teil der Informations- und Kommunikationstechnologie, der nicht von der IT-Abteilung kontrolliert wird.

3 In diesem Buch verwenden wir den Bezeichnung „IT-Abteilung" stellvertretend für interne IT-Organisationen, interne IT-Serviceprovider oder konzerngebundene IT-Dienstleister. Wir sind uns bewusst, dass sich diese verschiedenen Organisationsformen deutlich unterscheiden. Für die Argumentation ist dies weitgehend unerheblich.

4 „Unter Cloud Computing (engl.: cloud computing; unübliche deutsche Übersetzung: Rechnen in der Wolke) versteht man das Angebot von Rechnerressourcen (wie Rechenkapazität, Speicher und Programme bzw. Webservices) durch IT-Dienstleister im Internet für eine potentiell sehr große Zahl von Kunden. Die Anbieter betreiben große, über die Welt verteilte Rechnernetze (Grids oder große Serverfarmen) und können damit eine hohe Anpassungsfähigkeit an wechselnde Kapazitätsansprüche (Skalierbarkeit) und eine hohe Ausfallsicherheit bieten. Im Gegensatz zu herkömmlichen Dienstleistungsrechenzentren weiß der Kunde nicht, auf welchen Servern im Netz seine Daten gespeichert sind und wo die Verarbeitung erfolgt." (Hansen, H. R.; Neumann, G.: Wirtschaftsinformatik 1: Grundlagen und Anwendungen. Stuttgart: Lucius & Lucius Verlagsgesellschaft mbH 2009, S. 164 f.)

Zusammenfassung

Die Bedeutung der Informations- und Kommunikationstechnik wächst ständig. Es gibt heute fast keine Prozesse, Produkte und Geschäftsmodelle mehr, die nicht durch Informations- und Kommunikationstechniken unterstützt werden. Die Menschen haben in den vergangenen Jahren zahlreiche Produkte aus dem Bereich der IKT in ihr berufliches und privates Leben integriert. Der Gebrauch des Internets für unterschiedlichste Zwecke ist über fast alle Altersgruppen hinweg zur Selbstverständlichkeit geworden. Unternehmen und öffentliche Verwaltungen haben die Chance, von den Verhaltensänderungen zu profitieren, wenn sie für die Käufer sowie die Mitarbeitenden entsprechende Angebote bereitstellen. Sowohl im Wettbewerb um Kunden als auch im „War for Talents" stellen innovative Lösungen der Informations- und Kommunikationstechnik ein nicht zu unterschätzendes Potential dar. Innovation durch IKT existiert in den meisten Unternehmen nicht als eigenständige Aufgabe. Es gibt so gut wie keine etablierten Prozesse und Strukturen sowie Methoden oder Werkzeuge. Die innovative Nutzung von IKT scheint dem Zufall überlassen zu bleiben.

Kapitel 2

Innovation durch Informations- und Kommunikationstechnik

Viele Mitarbeitende aus IT-Abteilungen verstehen Innovation durch Informations- und Kommunikationstechnik in erster Linie als den Ersteinsatz neuer Produkte und Dienstleistungen von Anbietern, während viele Personen aus den Fachbereichen unter Innovation das „Herumprobieren" mit neuen Gadgets verstehen. Im Sommer 2010 war das in erster Linie das iPad von Apple. Innovation durch Informations- und Kommunikationstechnik wird in diesem Buch aus dem Blickwinkel eines Unternehmens oder einer öffentlichen Verwaltung gesehen. Ziel ist es, einen Beitrag zur nachhaltigen Stärkung der Wettbewerbsposition durch Nutzung der Potentiale der Informations- und Kommunikationstechnik zu leisten.

Innovation durch Informations- und Kommunikationstechnik wird in den nächsten Jahren zu einem zentralen Thema für Unternehmen und öffentliche Verwaltungen werden. Unternehmen, die sich nicht rechtzeitig mit den Veränderungen beschäftigen, die dadurch ausgelöst werden, werden in große Schwierigkeiten geraten. Eigene Forschung und viele Gespräche lehren uns, dass eine „Todesspirale" einsetzt, wenn ein Unternehmen oder eine öffentliche Verwaltung den Anschluss an die innovativen Entwicklungen in der Informations- und Kommunikationstechnik in einer Branche verloren hat. Dieser Prozess wird stark beschleunigt, wenn Kunden ihr Verhalten ändern und bei den Unternehmen kaufen, die innovative Lösungen kundenorientiert einsetzen.

Viele Reisebüros, viele Handelsunternehmen und die Musikbranche können ein Lied davon singen, was es bedeutet, mit den Kundenerwartungen in Bezug auf innovativen Einsatz der IKT nicht Schritt zu halten. Ein eindrucksvolles Beispiel für nachhaltigen Erfolg durch frühzeitiges Nutzen dieser Potentiale liefert Saleforce.com. Das Unternehmen ist weltweiter Marktführer bei Customer-Relationship-Managementsystemen auf der Grundlage von „Software as a Service". Zu einer Zeit, als viele Hersteller, Berater, Wissenschaftler und Chief Information Officers noch darüber philosophierten, was „Software as a Service" in Zukunft bedeuten könnte, baute Salesforce.com für den Bereich Customer-Relationship-Management eine Lösung auf, durch die es innerhalb kürzester Zeit in der Lage war, mit den entsprechenden Angeboten von Unternehmen wie SAP oder Oracle in Konkurrenz zu treten.

Das Beispiel von Salesforce.com zeigt einen weiteren zentralen Aspekt des Wettbewerbs der Ideen: Wenn man den Aussagen von Analysten glauben kann, ist in den meisten Fällen der Fachbereich der Kunde von Salesforce.com und nicht der Informatikbereich.

Strukturierung von Innovation durch Informations- und Kommunikationstechnik

Wir unterscheiden in einer ersten Dimension vier *Objekte* von Innovation durch Informations- und Kommunikationstechnik:

- Geschäftsmodelle,
- Produkte und Dienstleistungen,
- Prozesse,
- Infrastruktur.

Das Geschäftsmodell, vor allem das Ertragsmodell, beschreibt, wie ein Unternehmen sein Geld verdient. Produkte und Dienstleistungen beschreiben den „Output", den ein Unternehmen erzeugt. Prozesse beschreiben die Abläufe in Unternehmen, die entweder von Menschen, Maschinen oder der Informations- und Kommunikationstechnik oder im Wechselspiel dieser drei Komponenten bestritten werden. Die Infrastruktur schafft die Voraussetzungen, dass unternehmerisches Handeln stattfinden kann. Die Gebäude zählen ebenso zur Infrastruktur wie die Einrichtungen der Büroräume oder die Anbindung an Straßen oder an die Eisenbahn.

In einer zweiten Dimension strukturieren wir Innovation durch Informations- und Kommunikationstechnik in zwei *Stoßrichtungen*[1]:

- Geschäft („Innovate the Business"),
- IT-Abteilung („Innovate the IT").

„Innovate the Business" umfasst alle Innovationen, die im Fachbereich wirksam werden. Beispiele für Innovationen des Geschäfts wären eine Prozessveränderung im Einkauf durch den Einsatz von Standardsoftware oder der Bau einer neuen Webseite für den Verkauf von Produkten oder Dienstleistungen. „Innovate the IT" zielt auf Verbesserungen, die in der IT-Abteilung wirksam werden. Beispiele für Innovationen der IT-Abteilung wären die Einführung einer neuen Hardwaregeneration, deren Ausfallwahrscheinlichkeit wesentlich geringer ist, der Bau eines neuen Rechenzentrums oder der Einsatz neuer Middleware, Datenbanken oder Backend-Software, um den IT-Betrieb zu beschleunigen.

Die Gliederung von Innovation durch Informations- und Kommunikationstechnik in die vier Objekte „Infrastruktur", „Prozess", „Produkt und Dienstleistung" und „Geschäftsmodell" kann mit den Stoßrichtungen „Innovate the Business" und „Innovate the IT" kombiniert werden. Es ergibt sich eine Matrix, die Innovation durch Informations- und Kommunikationstechnik gliedert. Sie ist in Abbildung 2 dargestellt.

Stoßrichtung

		Innovate the Business	Innovate the IT
Innovationstypen	Geschäftsmodelle		
	Produkte/Dienstleistungen		
	Prozesse		
	Infrastruktur		

Abbildung 2: Strukturierung von Innovation durch Informations- und Kommunikationstechnik

Die Darstellung in Form einer Matrix postuliert, dass sowohl in der Stoßrichtung „Innovate the Business" wie auch in der Stoßrichtung „Innovate the IT" alle vier Objekte Gegenstand von Innovation durch IKT sein können.

Innovate the Business – Infrastruktur: Innovation durch Informations- und Kommunikationstechnik hat in den vergangenen 30 Jahren bereits zu großen Veränderungen der Infrastruktur von Unternehmen geführt. Wenn man beispielsweise daran denkt, wie sich die Büroarbeitsplätze seit der Einführung von Computern in Unternehmen verändert haben, wird rasch klar, welche Auswirkungen die Nutzung der Informations- und Kommunikationstechnik hatte. Heute dominieren Laptops und mobile Telefone, wo früher Bleistift und Papier oder eine mechanische Schreibmaschine verwendet wurden. Ein weiteres gutes Beispiel, wie sich die Infrastruktur des Geschäfts verändert, liefern Banken. Die „Schalterhallen" der meisten Banken sind in den letzten Jahren umgebaut worden. Automatenzonen wurden eingerichtet, die Anzahl der klassischen Schalter reduziert, und manche Banken haben einen Teil der Fläche an Einzelhandelsgeschäfte vermietet.

Innovate the Business – Prozesse: Die Informations- und Kommunikationstechnik hat fast alle Prozesse in den Unternehmen und öffentlichen Verwaltungen erfasst. Begonnen hat die Veränderung der Prozesse mit standardisierten und repetitiven Abläufen, beispielsweise in der Buchhaltung oder in der Auftragserfassung. Ende der 80er Jahre hat sich ausgehend vom Forschungsprojekt „Management-in-the-1990es" an der Sloan School des Massachusetts Institute of Technology die Ansicht durchgesetzt, dass die Potentiale der Informationstechnik nur dann optimal genutzt werden können, wenn sich auch die Geschäftsprozesse verändern. In diesem Umfeld entstand der Bestseller „Business Process Reengineering" von Michael Hammer und James Champy[2]. Die „Strahleffekte" des Business Process Reengineering im deutschsprachigen Raum waren groß.

In vielen europäischen Unternehmen wurde in den 90er Jahren Standardsoftware, vor allem von SAP, eingeführt. Doch auch mit Standardsoftware machten die Unternehmen ähnliche Erfahrungen wie die Forschenden der Sloan School: Standardsoftware entwickelt nur dann ihr volles Potential, wenn die Prozesse angepasst werden. Bis zu Beginn der 90er Jahre stand die Beschäftigung mit der Veränderung unternehmensinterner Prozesse im Vordergrund. Nachdem mit dem Internet ein Instrument zur Veränderung zwischen- und überbetrieblicher Prozesse zur Verfügung stand, wurde das Business Process Reengineering ab dem Jahr 2000 erfolgreich auf die Umgestaltung von Prozessen zwischen Unternehmen angewendet. Prozessinnovation durch Nutzung der Potentiale der Informations- und Kommunikationstechnik bedeutet nicht nur die Veränderung bestehender, sondern auch die Kreation neuer Geschäftsprozesse. Online-Versender wie Amazon haben in den vergangenen 15 Jahren den Prozess der Bestellung von Waren über das Internet etabliert. Die Internetunternehmen nahmen den Versandhandel als Vorbild und entwickelten mit Hilfe neuer Möglichkeiten der Informations- und Kommunikationstechnik einen Prozess, der es Kunden erlaubte, sehr bequem und sicher über das Internet einzukaufen. Jeder, der online einkauft, kennt diesen Prozess: Katalog aufrufen, Waren aussuchen, Waren in den Warenkorb geben und bezahlen.

Die Informations- und Kommunikationstechnik hört keineswegs auf, die Prozesse und Abläufe der Unternehmen zu verändern. Im Gegenteil, die weitere Entwicklung bietet weiterhin großes Potential zur Veränderung oder zum Erfinden von Prozessen. Web 2.0 hat beispielsweise in der jüngsten Vergangenheit viele Prozesse verändert und neue geschaffen, zum Beispiel in der Art und Weise, wie in einigen Unternehmen mit Mitarbeiterwissen umgegangen wird. Ähnlich dem Online-Lexikon Wikipedia speichern Mitarbeitende und Manager Informationen in sogenannten Wikis[3], auf die ihre Kollegen zugreifen und sie verändern dürfen. Dabei findet eine automatische Vergabe der Versionsnummer der Dokumente statt, so dass jeder sehen kann, wer welches Wissen hinzugefügt oder verändert hat. Auf diese Weise entstehen erstaunlich reichhaltige und lebende Wissensspeicher. Auf ähnliche Weise hat sich in vielen Unternehmen die Zusammenarbeit verändert. Es haben sich Kommunikationsprozesse etabliert, wie Online- oder Webmeetings, die ohne Web-2.0-Werkzeuge wie Präsenzanzeigen oder den Internet-Telefonservice Skype nicht so populär geworden wären.

Innovate the Business – Produkte und Dienstleistungen: Heute gibt es nicht nur keine Prozesse mehr, die nicht durch Informations- und Kommunikationstechnik verändert wurden, sondern auch viele Produkte haben sich gewandelt. Zur durch Mikroprozessoren gesteuerten Waschmaschine beispielsweise kann man heute Software-Updates kaufen, die sie leistungsfähiger oder ökologischer machen. Vor 15 Jahren konnten sie nichts anderes als Waschen und Schleudern. Heute lassen sich Waschmaschinen fernwarten und über das Internet steuern. In Zukunft gewinnt die Verbindung der sogenannten Produktinformations- und Kommunikationstechnik mit den Prozessen eines Unternehmens an Bedeutung. Immer mehr Produkte werden unter der Zielsetzung der „Serviceorientierung" um Dienstleistungen aus dem Internet ergänzt. Gute Beispiele sind die Musik- und Videomanagement-Software iTunes von Apple oder die Web-Erweiterungen von Microsoft Office. iTunes läuft sowohl auf Apple- Servern als Teil des Apple Music Store als auch auf den Rechnern der Konsumenten. Sie verwalten damit beispielsweise ihre Musiksammlung oder stellen Playlists zusammen. Eine möglichst nahtlose Vernetzung der Produktwelt mit den dazugehörigen internetbasierten Dienstleistungen ist eine zentrale Voraussetzung für die Umsetzung dieser Form der Serviceorientierung.

Innovate the Business – Geschäftsmodell: Unter Geschäftsmodell verstehen wir die Art und Weise, wie ein Unternehmen Geld verdient. In erster Linie geht es um Produkte, Dienstleistungen und Preise. Die Entwicklung der Wirtschaft ist schon immer durch das Erfinden und sehr oft auch durch die Wiederentdeckung von Geschäftsmodellen gekennzeichnet worden. Durch die Informations- und Kommunikationstechnik sind in den vergangenen 15 Jahren zahlreiche neue Geschäftsmodelle entstanden, und ständig entwickeln sich neue. Die Musikindustrie bietet ein gutes und viel diskutiertes Beispiel, wie sich ein Geschäftsmodell verändern kann. Man staunt darüber, dass viele frühere Größen des Musikgeschäfts heute wieder Konzerte geben. Die Gründe für die hohe Anzahl an Tourneen und die hohen Ticketpreise liegen in einer „Umkehr" des Geschäftsmodells. In den 70er Jahren dienten Tourneen als Marketingtool, um den Verkauf von Tonträgern anzukurbeln. Die Preise für Konzerttickets und Tonträger lagen nicht weit auseinander. Die Musikindustrie, vor allem die Produzenten und Komponisten, verdienten an den hohen Verkaufszahlen der Tonträger. Heute verdient die Musikindustrie in erster Linie an den Konzerten. Die Umsätze mit CDs sind durch die Verbreitung der MP3-Technologie und der Möglichkeit, Musik aus dem Internet zu beziehen, zurückgegangen. Um genügend Geld zu verdienen, gehen die Künstler auf Tournee.

Die intensive Nutzung der Datenbestände besonders in Unternehmen, die im Umfeld des Electronic Business entstanden sind, hat in den letzten Jahren neue Geschäftsmodelle geschaffen und bestehende verändert. Das beste Beispiel stellt Google dar. Dieses Unternehmen ist in der Lage, überdurchschnittliche Werbeerlöse zu erzielen, da die Analyse des Benutzerverhaltens mit hoher Wahrscheinlichkeit Aussagen darüber zulässt, was der Benutzer sucht und unter Umständen auch kaufen möchte. Wenn es gelingt, den Verweis auf eine Webseite, welche die gesuchten Produkte oder Dienstleistungen anbietet, zum richtigen Zeitpunkt an der richtigen Stelle zu platzieren, ist die Wahrscheinlichkeit groß, dass der potentielle Kunde bei diesem Anbieter kauft. Google verkauft diesen Link, beziehungsweise diesen Werbeplatz, sehr teuer. Christoph Ganswindt, der ehemalige Chief Information Officer des Bereichs „Passage" innerhalb des Lufthansa-Konzerns, hat uns berichtet[4], dass er in seinem Bereich rund 60 Mathematiker, Physiker und Statistiker beschäftigt, die sich mit der Analyse der Flugverkehrsdaten der Lufthansa beschäftigen. Diese hochkarätig besetzte Truppe untersucht ständig die Luftverkehrsdaten und optimiert auf der einen Seite die Flugpläne und die Flugstrecken und arbeitet auf der anderen Seite an den Algorithmen zur Bestimmung der Preise. Der Erfolg der Lufthansa ist zu einem großen Teil auf die hervorragende Arbeit zurückzuführen, die in diesem Bereich geleistet wird.

Innovate the IT – IT-Infrastruktur: Seit es die Informationstechnik- und Telekommunikationsindustrie gibt, kommen laufend neue Hardware und Software auf den Markt. Zu Beginn stand vor allem die Steigerung der Leistungsfähigkeit im Vordergrund. Später war es primäres Ziel, immer kleinere Geräte zu bauen, und eine Zeitlang stand vor allem die Benutzerfreundlichkeit im Vordergrund. Heute fokussiert sich ein Teil dieser Industrie im Sinne der sogenannten „Green IT" darauf, den Energieverbrauch zu reduzieren und die Umweltverträglichkeit zu erhöhen. Ein anderer Bereich für Innovation der Infrastruktur kann unter der Bezeichnung „Rechenzentrum der Zukunft" zusammengefasst werden. Unternehmen wie Google oder Amazon haben in den vergangenen Jahren neue Rechenzentren gebaut, die wesentlich größer sind als die bisherigen. Soweit bekannt, sind beispielsweise in diesen innovativen Rechenzentren große Mengen billiger kleiner Server installiert, anstelle weniger leistungsfähiger und teurer Großrechner. Außerdem zählen Innovationen in der Middleware[5], den inzwischen extrem mächtigen Datenbanken und Netzwerken, und in der sogenannten Backend-Software[6], wie Enterprise-Ressource-Planning, zur „Innovate the IT"-Infrastruktur. Zusammenfassend lässt sich sagen, dass „Innovate the IT" dazu beiträgt, den Automatisierungsgrad innerhalb der Informationstechnik zu erhöhen und die Kosten pro Transaktion zu senken.

Innovate the IT − Prozesse: Traditionell war es üblich, dass der Chief Information Officer mit seinen Mitarbeitenden und Beratern die Strukturen und Prozesse der IT-Abteilung festgelegt hat. Ergebnis war, dass bis vor wenigen Jahren jede IT-Abteilung ihre eigenen Prozesse und Strukturen besaß. Seit etwa 20 Jahren sind von Beratern und Herstellern − wie IBM − Prozessmodelle für die IT-Abteilung publiziert worden. Das Information Systems Management (ISM)[7], welches im IBM-Ausbildungszentrum in La Hulpe in Belgien entwickelt wurde, ist eines der ersten Prozessmodelle, das auf den Markt kam. Diese ersten standardisierten Prozessmodelle haben nur wenig Einfluss auf die Praxis gehabt. Das systematische Reengineering in Verbindung mit der Standardisierung von Prozessen hat erst mit der Verbreitung der ITIL[8] begonnen.

Der Zwang durch die Revisionsfirmen, aufgrund des Sarbanes-Oxley-Acts das sogenannte COBIT-Modell[9] als Grundlage der Prozesslandschaft von IT-Abteilungen zu wählen, hat ebenfalls zu Veränderungen der Prozesse im Sinne von „Innovate the IT" geführt. Die Einführung von ITIL führt zu Verbesserungen bei ausgewählten Prozessen im Service Management. Unter Innovation der Prozesse der IT-Abteilung stellen wir uns allerdings mehr vor. Im Rahmen der Forschung am Institut für Wirtschaftsinformatik der Universität St. Gallen werden seit mehr als sieben Jahren Wissen und Erfahrungen aus der industriellen Produktion im Sinne der Industrialisierung auf die IT-Abteilung übertragen[10]. Im Rahmen dieser Forschung wurde zusammen mit großen

Anwenderunternehmen und IT-Service-Providern eine Prozessland-schaft für IT-Abteilungen auf der Grundlage von Prozessen aufgebaut, die sich an ERP-Systeme anlehnen.

Innovate the IT – Produkte und Dienstleistungen: Wenn man mit CIOs und Verantwortlichen aus den IT-Abteilungen spricht, dann dominiert eine Gliederung der Produkte der IT-Abteilung, die von „Beratung", „Projek-ten" und „Betrieb" ausgeht. Viele Produktkataloge von IT-Abteilungen basieren auf dieser Grundlage. „Software as a Service"-Anbieter – wie Salesforce – zeigen auf, was in Zukunft unter den Produkten einer IT-Abteilung verstanden werden wird. Wenn man sich mit dem Angebot dieses Anbieters beschäftigt, erkennt man, dass beispielsweise ver-schiedene Dienstleistungsprodukte im Prozessbaukastensystem ange-boten werden. Dieses Angebot kann als ein „Stück Prozessunterstüt-zung" interpretiert werden. Cloud Computing, in dem im Wesentli-chen IT-Infrastruktur wie Rechner und Speicherkapazität, Entwick-lungsplattformen und das bereits erwähnte Software as a Service via Internet offeriert werden, bietet große Potentiale für Innovationen der Produkte einer IT-Abteilung.

Innovate the IT – Geschäftsmodelle: Die Entwicklung der Geschäftsmodelle von IT-Abteilungen kann man gut an der Veränderung ihrer Wert-schöpfungstiefe beobachten. Vor 30 Jahren gab es nur die klassischen IT-Abteilungen, die von Lieferanten Hardware, Betriebssysteme und Programmiersprachen bezogen haben. Aus diesen „Rohstoffen" wur-den in Eigenentwicklung Informationssysteme zusammengebaut. Im Laufe der Zeit kamen immer neue Komponenten dazu. Doch in den vergangenen 20 Jahren ist die Wertschöpfungstiefe immer weiter gesunken. Outsourcing verändert das Geschäftsmodell der IT-Abtei-lung. Es gibt schon IT-Abteilungen, die keine eigene Programmierkapa-zität mehr besitzen, sondern nur noch als „Einkaufsdrehscheiben" agieren. Diese IT-Abteilungen kennen die nationalen und internationa-len Beschaffungsmärkte für Dienstleistungen der Informations- und Kommunikationstechnik genau und haben Know-how in Sachen Ver-tragsverhandlungen aufgebaut.

Ein weiterer Gradmesser für die Veränderung der Geschäftsmodelle der IT-Abteilungen ist das Ausmaß der Internationalisierung. Noch vor wenigen Jahren waren die IT-Abteilungen internationaler Unter-nehmen in der Regel im Mutterland der Unternehmen angesiedelt. Heute gibt es Unternehmen, deren IT-Abteilungen über die ganze Welt verteilt sind. Die Softwareentwicklung befindet sich in Indien, die Rechenzentren in den USA und in Deutschland und der Chief Information Officer und sein Team in Frankreich. Eine weitere – aber

wahrscheinlich nur vorübergehende Innovation des Geschäftsmodells der IT-Abteilungen – sind die Drittmarktaktivitäten. Nur wenige
ehemals interne IT-Abteilungen sind nachhaltig in Drittmärkten
erfolgreich. Erfolgreiche IT-Service-Provider, die aus IT-Abteilungen
entstanden sind, wie in Deutschland T-Systems und in der Schweiz
Swisscom IT Services, müssen als Ausnahmen von der Regel angesehen werden.

Organisation von Innovation durch Informations- und Kommunikationstechnik[11]

In Unternehmen existiert ein breites Spektrum an Ansätzen für die
Organisation von Innovation durch Informations- und Kommunikationstechnik. In den Interviews, Gesprächen und Befragungen, die die
Grundlage dieses Buches bilden, haben wir erfahren, dass Innovation
durch IKT organisiert sein kann als

- Bestandteil von Softwareentwicklungsprojekten,
- spezielle Teams oder Abteilungen,
- Labor,
- Beteiligung an oder Kauf von innovativen Unternehmen,
- Open Innovation und Crowdsourcing sowie
- Kooperation.

Bevor wir diese Organisationsformen im Einzelnen beschreiben, halten wir fest, dass sie auch in Kombination eingesetzt werden können.
Open Innovation, Crowdsourcing und Kooperation können mit anderen Organisationsformen, zum Beispiel einer speziellen Stelle oder
Abteilung, verbunden werden.

Bestandteil von Softwareentwicklungsprojekten

In vielen Unternehmen dominiert die Ansicht, dass Innovation durch
Informations- und Kommunikationstechnik in den frühen Phasen von
Softwareentwicklungsprojekten stattfindet. Unternehmen, die diesen
Ansatz wählen, gehen davon aus, dass die Beteiligten an einem Projekt
in der Lage sind, innovative Entwicklungen zu erkennen und im Rahmen der Phase „Business Analysis" oder „Requirements Engineering"
zu formulieren. Dieser Ansatz geht implizit davon aus, dass es in
jedem Softwareentwicklungsprojekt genügend Personen gibt, die in
der Lage sind, auf der Basis der Projektdefinition zu erkennen, welche
innovativen Potentiale der Informations- und Kommunikationstechnik

genutzt werden müssen. Die Anzahl der Beispiele für Innovation durch Informations- und Kommunikationstechnik als Bestandteil „normaler" Software-Entwicklungsprojekte ist groß. Fast in jedem Unternehmen findet in vielen Projekten in den frühen Phasen Innovation statt, manchmal mit mehr, manchmal mit weniger Erfolg. In den Interviews, die wir als Grundlage für dieses Buch führten, berichtete uns beispielsweise Christoph Ganswindt, der zu diesem Zeitpunkt CIO des Bereichs Passage der Lufthansa war, von Beispielen aus seinem Unternehmen aus dem Jahr 2008:

> Die zivile Luftfahrt ist einem sich schnell verändernden Umfeld ausgesetzt. Nach großem Wachstum des Luftverkehrs in den letzten Jahrzehnten des vergangenen Jahrtausends erhöhte sich der Druck auf diese Branche in den letzten Jahren stark. Zusätzliche Belastungen entstehen beispielsweise durch die gestiegenen Ölpreise. Vor diesem Hintergrund muss Innovation durch Informations- und Kommunikationstechnik bei der Lufthansa Passage auf die bessere Unterstützung der Geschäftsprozesse ausgerichtet sein. Ziel muss es sein, Effizienz und Produktivität zu erhöhen. Jede Form der Kostensenkung muss in Angriff genommen werden. Innovation durch Informations- und Kommunikationstechnik ist in der Lufthansa Passage ein „täglicher Begleiter" in den Projekten und wird von den Mitarbeitenden in den Projekten vorgenommen, die ständig auf der Suche nach Verbesserungen sind. Beispiele für innovative Projekte im Jahr 2008 sind ein Versuch mit Biometrie, um den Self-Check-in weiter zu verbessern, oder das sogenannte „Electronic-Flight-Book", einem Notebook für den Piloten, das alle für einen Flug notwendigen Informationen enthält.

Spezielle Teams oder Abteilungen

In einer wachsenden Anzahl an Unternehmen gibt es wieder spezielle Teams und manchmal Abteilungen, die sich um Innovation durch Informations- und Kommunikationstechnik kümmern. Die Größe dieser Einheiten variiert beträchtlich. Eine Schweizer Bank ist dabei, eine „Innovationsfabrik" aufzubauen. Eine Großbank aus Deutschland baut für das Privatkundengeschäft einen Innovationsbereich auf. Im Herbst 2010 sind mehr als zehn Mitarbeitende in diesem Bereich beschäftigt. Diese Bank entwickelt in ihrem Innovationsbereich in erster Linie Kompetenz in Methoden für Innovation durch Informations- und Kommunikationstechnik. Ein weiteres Beispiel für ein Unternehmen mit einem eigenen Innovationsbereich in seiner IT-Abteilung stellt die ZF Friedrichshafen (ZF) dar. Dem Chief Information Officer Peter Kraus ist es gelungen, eine eigene Abteilung zu installieren:

In der ZF Friedrichshafen[12], einem führenden deutschen Automobilzulieferer, gibt es eine eigene Abteilung für Innovation durch Informations- und Kommunikationstechnik. Die ZF-Informatik ist der IT-Service-Dienstleister des ZF-Konzerns. Die Informatik-Vorentwicklung mit neun Mitarbeitenden ist für das Innovationsmanagement verantwortlich. Sie befasst sich mit der systematischen Planung, Umsetzung und Kontrolle von Innovationen. Die Geschichte der Informatik-Vorentwicklung geht auf das Jahr 2000 zurück. In diesem Jahr entschied sich ZF, Innovation durch Informations- und Kommunikationstechnik einem eigens dafür geschaffenen Bereich zu übergeben. Bei ZF ist man der Meinung, dass das Innovationsmanagement als eine wettbewerbsentscheidende Kernkompetenz im eigenen Hause betrieben werden muss. Die Informatik-Vorentwicklung erhielt im Jahr 2008 ein Prozent des Informatikbudgets. Ziel der neun Mitarbeitenden der Informatik-Vorentwicklung ist nicht die Neuentwicklung von Technologien, sondern die Analyse bereits vorhandener Technologien für ZF.

Der Innovationsprozess ist in drei Schritte gegliedert. In der „IT Technologie- und Früherkennung" wird untersucht, welche Technologien am Markt entstehen. Zentrales Ergebnis dieses Schrittes ist das sogenannte „Technologieradar". Es besteht aus einer horizontalen Zeitachse und verschiedenen Interessensgebieten, die wie Kuchenstücke in einem Kreis angeordnet sind. Je weiter eine Technologie vom Zentrum des Kreises weg positioniert wird, umso länger dauert es, bis sie realisiert werden kann. Die Informatik-Vorentwicklung füllt das „Technologieradar" durch Recherchen, Messe- und Lieferantenbesuche.

Im zweiten Schritt, dem „IT Ideenmanagement", werden aus dem „Technologieradar" Ideen für Anwendungsmöglichkeiten bei ZF generiert und bewertet. Der dritte Schritt, die „IT-Innovationsumsetzung", führt für die ausgewählten Ideen Machbarkeitsstudien durch. Wenn sich eine Idee als machbar erwiesen hat und nach wie vor Bedarf besteht, erfolgt ein Pilotprojekt. Im Jahre 2007 haben circa 50 Konzepte den Bewertungs- und Freigabeprozess durchlaufen und konnten im Anschluss in die Projektphase eintreten. In einigen Fällen ist der Mitarbeitende aus der Informatik-Vorentwicklung, der die Idee im Rahmen des Innovationsmanagements betreut hat, mit dem Projekt in den Fachbereich „mitgegangen", um einen Know-how-Verlust zu vermeiden und eine reibungslose Umsetzung der Idee zu ermöglichen.

Eine Vorstufe für ein eigenes Team oder eine Abteilung stellt der Auftrag an verschiedene Mitarbeitende dar, sich regelmäßig und intensiv mit Innovation durch Informations- und Kommunikationstechnik zu beschäftigen. In der Hubert Burda Media beispielsweise existiert ein Team aus Architekten, das sich mit Innovation durch Informations- und Kommunikationstechnik auseinandersetzt:

> In der Hubert Burda Media in München[13] will CIO Gerhard Thomas nicht auf Anfragen aus dem Fachbereich warten, sondern selbständig nach Innovationen durch Informations- und Kommunikationstechnik suchen, um dem Fachbereich Vorschläge für neue Produkte, Strukturen und Prozesse zu unterbreiten. Um dieses Ziel zu erreichen, hat er ein Team aus Architekten für Informations- und Kommunikationstechnik ins Leben gerufen. Diese Gruppe trifft sich im sogenannten „Architecture Board" alle sechs Wochen, um Innovationen durch Informations- und Kommunikationstechnik losgelöst von Kundenanforderungen zu betrachten. Zur Bewertung der Vorschläge und zur Strukturierung der Diskussionen wird eine sogenannte Innovationsmatrix eingesetzt. Auf der horizontalen Achse sind die innovativen Entwicklungen der Informations- und Kommunikationstechnik, wie zum Beispiel Parallelrechner oder Cloud Computing, abgetragen. Die horizontale Achse der Innovationsmatrix ist in die Ebenen „Rechenzentrum", „Infrastruktur" und „Applikationen" gegliedert. Entscheidungen, ob zu einer Technologie ein Prototyp gebaut wird, finden im sogenannten „Architecture Board" statt.

Labor

Einige Unternehmen bauen Teams oder Abteilungen für Innovation durch Informations- und Kommunikationstechnik einen Schritt weiter aus, in dem sie sogenannte Labore einrichten. Unter Labor verstehen wir eine organisatorisch eigenständige Abteilung, die sich mit Fragestellungen jenseits des Tagesgeschäfts auseinandersetzt und die mit

Anbietern, Universitäten oder anderen anwendenden Unternehmen kooperieren kann. Im Rahmen der Gespräche, die wir als Grundlage für dieses Buch führten, erklärte uns Rudolf Schwarz[14], zu diesem Zeitpunkt CIO der Migros, eines der größten Schweizer Einzelhandelsunternehmen, deren Filiallabor, das „Future Retail Center":

> Die Migros muss vermehrt ausländischen Discountern die Stirn bieten, die mit kleineren Sortimenten in den Schweizer Markt eindringen. Auch das Internet mit seinem großen Angebot an Online-Shopping und Vergleichsmöglichkeiten für Kunden stellt eine Herausforderung für die Migros dar. Vor dem Hintergrund der wachsenden Konkurrenz in der Schweiz, dem Internet als neuer Commerce-Plattform und den Potentialen der Informations- und Kommunikationstechnik, hat die Migros eine umfassende Strategie für den Umgang mit Informations- und Kommunikationstechnik mit dem Ziel entwickelt, Innovation in diesem Bereich zu forcieren. Ein konkretes Ergebnis der Umsetzung dieser Strategie stellt das „Future Retail Center" dar, das die Migros zusammen mit Kooperationspartnern wie SAP Schweiz, Siemens Schweiz, der Universität St. Gallen und der ETH Zürich in Regensdorf bei Zürich betreibt. Dieses Labor ist im Gegensatz zum Future Store der Metro in Krefeld nicht öffentlich zugänglich. In einer geschlossenen Umgebung werden neue Prozesse, neue Produkte und andere visionäre Projekte installiert, getestet und evaluiert. In der sogenannten „Fancy Zone" liegt der Schwerpunkt auf kundenindividueller Werbung. Im Bereich „RFID" untersucht der Migros Genossenschaftsbund die Potentiale dieser Technologie sowohl im Laden als auch in der Logistikkette. Im Bereich „Check-Out" geht es um neuartige Lesegeräte an den sogenannten Point of Sales. Und im Bereich „Item-Tagging" wird an neuen Möglichkeiten der Auszeichnung von Produkten im Laden der Zukunft gearbeitet.

Als eine Ausprägung des Typs „Labor" für die Organisation von Innovation durch Informations- und Kommunikationstechnik betrachten wir die Gründung eigenständiger Tochtergesellschaften, um innovative Ideen voranzutreiben. Konrad Hilbers, der letzte Chief Executive Officer von Quelle in Nürnberg, erzählte uns 2008, dass Karstadt-Quelle in der Nähe von Düsseldorf ein Unternehmen gegründet hat, das sich um den Aufbau eines neuen Kernsystems für den Versandhandel kümmern sollte. Ziel war es, ein innovatives Informationssystem zu entwickeln, mit dem das Unternehmen gegenüber Internetanbietern wie Amazon konkurrenzfähig werden sollte. Dass Karstadt-Quelle am Ende insolvent wurde, liegt teilweise sicher auch an Defiziten im Einsatz der Informations- und Kommunikationstechnik. Die Gründung eines eigenständigen Unternehmens gewährleistet – wie es auch die Zielsetzung bei Karstadt-Quelle war –, dass unabhängig von den Altlasten der Legacy-Systeme an den Anwendungen der Zukunft gebaut werden kann.

Kauf innovativer Unternehmen oder Beteiligung

Einzelne Unternehmen, vor allem in technologieorientierten und dynamischen Umgebungen, beobachten kontinuierlich, ob es in ihrem Umfeld kleine innovative Unternehmen gibt, die gekauft werden können oder an denen es sich lohnt, sich zu beteiligen. Wenn Start-ups identifiziert werden, die interessant erscheinen, erfolgen eine Beteiligung oder ein Kauf.

> Die Hubert Burda Media beispielsweise hat diesen Weg mit der Burda Digital Ventures gewählt. Dieses Tochterunternehmen der Hubert Burda Media investiert seit vielen Jahren in innovative Geschäftsideen aus der digitalen Welt. In Spitzenzeiten hielt dieses Unternehmen Beteiligungen an 30 Jungunternehmen. Das Beteiligungsportfolio beinhaltet Unternehmen aus den fünf Bereichen „Electronic Commerce", „Entertainment", „Mobile", „Media" und „Plattformen".

Open Innovation und Crowdsourcing

Einen weiteren Ansatz für die Organisation von Innovation durch Informations- und Kommunikationstechnik stellen Open Innovation und Crowdsourcing dar. Ziel dieser zwei Ansätze ist es, durch die Nutzung beispielsweise des Internets oder von Intranets in Unternehmen, in einem Dialog mit Kunden, Lieferanten und interessierten Persönlichkeiten aus dem eigenen Unternehmen oder aus der riesigen Community des Internets, Innovationen zu erzeugen. Open Innovation und Crowdsourcing sind Ansätze, die in den vergangenen zehn Jahren stark an Bedeutung gewonnen haben. Es ist aber schwer festzustellen, wie stark diese Ansätze über einige immer wieder erwähnte und zitierte Beispiele hinaus in den Unternehmen verankert sind. Wir unterscheiden interne Open Innovation und Crowdsourcing. Ersteres findet innerhalb der Unternehmen, auf kontrollierten und gegen unberechtigte Zugriffe geschützten Plattformen statt. An Crowdsourcing kann sich jeder Interessierte, der einen Internetzugang hat, beteiligen. Die Deutsche Bank setzt mit „DB-Inspire" und BMW mit „Red Square" spezielle Anwendungen ein, um Open Innovation und Crowdsourcing zu unterstützen.

Das seit Sommer 2008 bei BMW[15] aufgeschaltete Werkzeug „Red Square" soll die Mitarbeitenden von BMW anregen, Meinungen zu Ideen und Konzepten anderer Mitarbeitenden abzugeben und bei deren Entwicklung mitzuhelfen. Die Idee zu „Red Square" basiert auf Vorstellungen aus der Web-2.0-Welt. „Red Square" funktioniert wie ein virtueller Raum. Einzelne Personen oder Abteilungen können Aufgaben- oder Problemstellungen allen oder ausgewählten Mitarbeitenden von BMW zugänglich machen, um diese bewerten, verbessern oder ergänzen zu lassen. Die Sicherheit bei der Weiterentwicklung innovativer Ideen wird erhöht, da die Gefahr, wichtige Faktoren zu übersehen, mit steigender Teilnehmerzahl sinkt. Bis Ende 2008 waren weltweit circa 1.200 Mitarbeitende in „Red Square" registriert und haben in einem halben Jahr rund 1.100 Ideen generiert. Die Teilnahme an „Red Square" erfolgt anonym. Rückschlüsse auf die Person oder seine hierarchische Stellung sind nicht möglich. Moderatoren überwachen die Kommentare der Mitarbeitenden beispielsweise auf Beleidigungen oder illegale Aktivitäten. Sie behalten die Anzahl der Beiträge zu einem Thema im Auge. Nimmt ein Beitragscluster zu einem Thema eine gewisse Größe an, wird es von einem Moderator der zuständigen Fachabteilung zur Weiterbearbeitung zugewiesen.

Ein weiteres Beispiel für interne Open Innovation und Crowdsourcing stammt von Swisscom IT Services[16], einem Dienstleister für Informations- und Kommunikationstechnik, der sich auf die Integration und den Betrieb komplexer Infrastrukturen der Informations- und Kommunikationstechnik spezialisiert hat:

2009 hat Swisscom IT Services das integrierte Ideen- und Innovationsmanagement i3 lanciert, um Innovation durch Informations- und Kommunikationstechnik in dem Unternehmen nachhaltig zu stärken. Swisscom IT Services unterscheidet „Big Ideas" mit einem eher radikalen Charakter und „Small Ideas", die eher inkrementellen Charakter besitzen. Beide Typen von Ideen werden mit den gleichen Prozessschritten behandelt. Nur der Kreis der Entscheider unterscheidet sich: Über „Big Ideas" entscheidet das „Corporate Innovation Board", während „Small Ideas" direkt in der Linie bearbeitet und umgesetzt werden. Der i3-Prozess wird durch ein computerunterstütztes Werkzeug begleitet. Die Bearbeitung einer Idee erfolgt in fünf Phasen. In Phase 0 wird die Idee von einem Mitarbeitenden in eine Erfassungsmaske eingegeben. Die Beschreibung der Idee erfolgt nach der sogenannten NABC-Struktur. N steht für „Need", für ein Bedürfnis, das durch eine Idee adressiert wird; A steht für „Approach", für Lösungsansatz; B für „Benefit", für Nutzen. C schließlich steht für „Competition", für Wettbewerb. In Phase 0 wird auch beschrieben, welche Alternativlösungen es schon gibt und welchen Wettbewerbsvorteil die eigene Idee aufweist. In Phase 1 kann der Ideengeber seine Idee mit Hilfe des Tools mit einzelnen Experten, mit Abteilungen oder den gesamten Swisscom IT Services diskutieren. Die „kollektive Intelligenz" trägt dazu bei, dass eine Idee bereits in einer frühen Phase verbessert wird und ihre Machbarkeit evaluiert wird. In Phase 2 wird für die „Big Ideas" ein sogenannter „Pre-Business Case" ausgerechnet. Dieser setzt bei den ersten Annahmen der Idee an und gibt erste quantitative Einschätzungen zu den Kosten und der Wirkungskraft einer Idee. In Phase 3 werden alle Ideen nach den gleichen qualitativen und quantitativen Kriterien beurteilt. Eine interne und eine externe Analyse werden unterschieden. Bewertungskriterien sind beispielsweise Auswirkungen auf die Strategie, der Nutzen oder das Marktumfeld. Ziel ist es, die Potentiale und die Risiken bei der Umsetzung einer innovativen Idee zu ermitteln. In Phase 4 werden die Ideen, die aufgrund der Analysen in Phase 3 weiter verfolgt werden, detaillierter ausgearbeitet. Die Umsetzung der Ideen erfolgt in Phase 5.

Ein Beispiel für externe Open Innovation[17] und Crowdsourcing liefert Atizo[18]. Als unabhängiges Start-up 2007 in Bern in der Schweiz gegründet, bietet Atizo eine Internetplattform zur Umsetzung des Crowdsourcing-Ansatzes im Innovationsmanagement. Unter Crowdsourcing wird das Outsourcing von Unternehmenstätigkeiten an die Internetgemeinschaft, die „Crowd", verstanden. Crowdsourcing kann innerhalb eines geschlossenen Personenkreises oder auch öffentlich erfolgen. Der Kern der Internetplattform von Atizo stellt eine heterogene und öffentlich zugängliche Internet-Community mit aktuell über 8.000 Innovatoren dar. Mit Hilfe dieser Community von Innovatoren können die Kunden von Atizo neue Ideen für Produkte oder Dienstleistungen generieren und diese zu Konzepten und Prototypen weiterentwickeln lassen.

Bereits jetzt hat die noch junge Firma über 100 Innovationsprojekte mit namhaften Kunden, wie BMW, Google, Credit Suisse, Toshiba oder dem WWF, durchgeführt. Der zum Migros-Konzern gehörende Nahrungsmittelhersteller Bischofszell aus dem gleichnamigen Ort im schweizerischen Thurgau hat bereits positive Erfahrungen mit Atizo gemacht:

> Der Nahrungsmittelhersteller nutzte im Frühling 2009 die Plattform von Atizo, um neue Ideen für sein Getränkesortiment zu gewinnen. Insgesamt gingen 475 Ideen auf die Fragestellung „Wie kann Bischofszell sein Sortiment an alkoholfreien Getränken erweitern?" im Rahmen der Ideengenerierungsphase ein. Davon wurden zehn Ideen ausgezeichnet und für die Detailevaluation zugelassen. Nach weiteren Evaluationsphasen und internen Workshops gingen zwei neue Produkte hervor: Die Bio-Eistees „Gute Laune" mit Zitronenmelisse und Zitronengras und „Glückstee" mit Bohnenkraut, Petersilie und Zitrone. Diese aus dem Innovationsprojekt hervorgegangenen neuen Getränke sind mittlerweile über die Migros gesamtschweizerisch im Angebot.

Über die Plattform von Atizo werden drei grundlegende Phasen des klassischen Innovationsprozesses abgedeckt: die Ideengenerierung, die Ideenbewertung und die Konzeptentwicklung. Die Ideengenerierung wird vom Kunden durch die Publikation einer Fragestellung in der Form eines Kurztextes auf atizo.com initiiert. Die Innovatoren aus der Community liefern dann innerhalb eines befristeten Zeitraumes verschiedene Ideen und Ansätze zur Beantwortung der Fragestellung. Die Community kann neben neuen Ideen auch bestehende Ideen kommentieren, erweitern und bewerten. Auch der Kunde selber kann in den Ideenfindungsprozess eingreifen und die Community in bestimmte Richtungen lenken. Beispielsweise kann der Kunde Ideen als „interessant" markieren, was der Community die Rückmeldung gibt, in welche Richtung sich die Beiträge vorzugsweise entwickeln sollen.

Zum Schluss der Ideenfindung bewertet der Kunde die Ideen und prämiert die besten Beiträge mit einem selbstgewählten Geldbetrag. Im nächsten Schritt werden die besten Ideen aus der Phase der Ideengenerierung weiter im Detail beurteilt und diskutiert. Dies geschieht mit einer kleineren Anzahl von durch den Kunden ausgewählten Innovatoren im Rahmen der Ideenbewertungsphase. Als Ergebnis dieser Phase resultieren Ideen, die sich besonders für die konkrete Umsetzung eignen. Die eigentliche Entwicklung von Prototypen und Konzepten geschieht in der dritten, durch die Plattform von Atizo unterstützten

Phase der Konzeptentwicklung. Diese Phase ist nun nicht mehr öffentlich, und nur noch die geeignetsten Innovatoren aus der gesamten Community sind mit dabei. Die Innovatoren arbeiten eng mit dem Kunden zusammen an der Entwicklung von Konzepten und Prototypen, stets unterstützt durch technische Hilfsmittel der Plattform. Der wesentliche Kundennutzen von Atizo besteht in dem kostengünstigen Zugang zu einer aktiven, externen und unabhängigen Innovations-Community sowie in der technischen und formalen Unterstützung der Phasen der Ideengewinnung, -bewertung und der Konzeptentwicklung. Durch das modulare Angebot halten sich die kundenseitigen Risiken und Kosten in Grenzen. Beispielsweise kann die Plattform für die firmeninterne Ideengenerierung ab einem Preis von 2.000 Euro genutzt werden.

Kooperation

Eine weitere Möglichkeit, Innovation durch Informations- und Kommunikationstechnik zu organisieren, besteht in Kooperationen mit ausgewählten Partnern. Das Spektrum an Möglichkeiten ist groß. In Frage kommen beispielsweise Experten, Beratungsunternehmen, Hersteller, Lieferanten oder Fachhochschulen und Universitäten. Kooperationen können in Ergänzung zu in diesem Kapitel bereits beschriebenen Ansätzen der Organisation von Innovation durch Informations- und Kommunikationstechnik auch in Form gemeinsamer Labore organisiert sein. Von besonderer Bedeutung können Kooperationen mit Fachhochschulen oder Universitäten sein. Das Institut für Wirtschaftsinformatik der Universität St. Gallen hat sich seit mehr als 20 Jahren auf die Zusammenarbeit mit großen Unternehmen mit dem Ziel von Innovation durch Informations- und Kommunikationstechnik spezialisiert:

> Das Institut für Wirtschaftsinformatik der Universität St. Gallen entwickelte mit den Kompetenzzentren bereits vor 20 Jahren ein heute noch tragfähiges Kooperationsmodell für die Zusammenarbeit zwischen Wissenschaft und Praxis. In einem Kompetenzzentrum arbeiten in der Regel verschiedene Unternehmen, die nicht im direkten Wettbewerb untereinander stehen, teilweise über viele Jahre mit dem Institut für Wirtschaftsinformatik an einer konkreten Aufgabenstellung zusammen. Beispiele für Themenstellung, die in den vergangenen Jahren erfolgreich bearbeitet wurden, sind Datenqualität, Industrialisierung des Informationsmanagements, Informationssystemarchitekturen, Bank der Zukunft oder Informationslogistik. Drei- bis viermal pro Jahr treffen

sich die Vertreter aus der Praxis mit den Vertretern aus der Wissenschaft zu meist mehrtägigen Workshops. Dort berichten die Praktiker, welche Herausforderungen und Lösungen es in der Praxis zu dem ausgewählten Thema gibt, während die Wissenschaftler über Ansätze berichten, die sie seit dem letzten Workshop erarbeitet haben. Die inhaltliche Steuerung der Konsortialprojekte erfolgt durch einen Beirat, der aus je einem Vertreter der Partnerunternehmen und dem Professor und Projektleiter, der das Projekt verantwortet, besteht. Wie ein Aufsichts- oder Verwaltungsrat kontrolliert der Beirat den Projektfortschritt, diskutiert die Ergebnisse, macht Vorschläge für künftige Themen und verabschiedet den Forschungsplan. Er überwacht auch den Einsatz der finanziellen Mittel, die von den Partnerunternehmen zur Verfügung gestellt werden. Die Erfahrungen der vergangenen 20 Jahre haben gezeigt, dass es den Kompetenzzentren immer wieder gelingt, Innovationspotentiale der Informations- und Kommunikationstechnik mehrere Jahre vor dem „Markt" zu erkennen.

„State of the Art" in der Praxis – Ergebnisse einer Befragung

Die Darstellung und Auseinandersetzung mit dem „State of the Art" in der Praxis ist ein wichtiges Ziel, das wir mit diesem Buch verfolgen. Dieses Ziel verfolgen wir mit drei unterschiedlichen Instrumenten. Zahlreiche Hintergrundgespräche bilden die Grundlage. Sie sind in das gesamte Buch, vor allem aber in dieses Kapitel, eingearbeitet worden. Ein zweites Instrument bilden Gespräche mit führenden Persönlichkeiten aus dem Umfeld von Innovation durch Informations- und Kommunikationstechnik, die ausformuliert in die Kapitel 5 bis 10 dieses Buch als Gespräche eingeflossen sind. Die dritte Säule bilden Befragungen. Wir haben zu unterschiedlichen Zeitpunkten während der Arbeiten an diesem Buch Befragungen vorgenommen. Ziel war es, Anhaltspunkte zum Stand von Innovation durch Informations- und Kommunikationstechnik in der Praxis zu bekommen.

Die wichtigste Befragung[19], die wir durchgeführt haben, fand während der Handelsblatt-Jahrestagung „Strategisches IT-Management" vom 28. bis 30. Januar 2008 in Berlin, also vor mehr als drei Jahren, statt. Die zentralen Ergebnisse der Erhebung stellen wir in zusammengefasster Art und Weise dar, da sie unserer Meinung nach immer noch Gültigkeit haben und wertvolle Hinweise in die Gedankenwelt von CIOs geben.

Wenn man die Herkunft der Befragten analysiert, fällt mit 80 Prozent der hohe Anteil an Personen aus IT-Abteilungen und mit 51 Prozent an Chief Information Officers auf. Die Ergebnisse der Untersuchung können also vor allem als Selbstbild vieler Chief Information Officers angesehen werden. Geantwortet haben vor allem Persönlichkeiten aus großen Unternehmen. Mehr als ein Drittel der befragten Personen kommt aus Industrieunternehmen. 15 Prozent kommen aus der Finanzbranche. Die Dienstleistungsbranche ist mit 17 Prozent und die Informations- und Kommunikationsbranche mit 10 Prozent der befragten Personen vertreten. Die Ergebnisse dieser Befragung können in folgenden sieben Punkten zusammengefasst werden:

- *Hohe Bedeutung von Innovation durch Informations- und Kommunikationstechnik:* Die überwiegende Mehrheit der Befragten (95 Prozent) gab an, Informations- und Kommunikationstechnik sei für Unternehmen von großer Bedeutung. Auch in weiteren Befragungen, die wir bei Führungskräften aus IT-Abteilungen durchgeführt haben, wird dieses Ergebnis bestätigt. Dieses Ergebnis ist auf den ersten Blick nicht verwunderlich, da die Mehrzahl der Befragten hohe Führungskräfte aus IT-Abteilungen waren.

- *Vorsichtiger Umgang mit neuen Entwicklungen der Informations- und Kommunikationstechnik dominiert:* Uns interessierte, welche grundsätzliche Position die befragten Unternehmen hinsichtlich neuer Entwicklungen der Informations- und Kommunikationstechnik einnehmen. Wir boten als Kategorien für die Einstufung „Innovator", „Early Adopters", „Early Majority", „Late Majority" an. Nur eine Minderheit beschäftigt sich im Sinne eines Innovators schon sehr früh mit neuen Entwicklungen im Bereich Informationstechnik. Mehr als 50 Prozent der Teilnehmer der Befragung bevorzugen die Rolle der sogenannten „Early Majority". In ihr setzen sich Unternehmen erst dann mit einer neuen Entwicklung der Informations- und Kommunikationstechnik auseinander, wenn von den „Innovators" erste belastbare Erfahrungen vorliegen. Der vorsichtige Umgang mit dem Einstieg in neue Entwicklungen der Informations- und Kommunikationstechnik, der aus der Positionierung im Sinne der „Early Majority" ersichtlich ist, dürfte auch durch Erfahrungen aus dem Zusammenbruch der sogenannten Internetblase geprägt sein.

- *Prozessinnovationen und Steigerung der Effizienz stehen im Vordergrund:* In einem weiteren Teil der Befragung untersuchten wir, welches das wichtigste Einsatzgebiet von Innovation durch Informations- und Kommunikationstechnik ist. Mehr als 50 Prozent der Befragten gaben an, Prozessinnovation im Fachbereich sei das wichtigste Einsatzgebiet von Innovation durch Informations- und Kommunikationstechnik. Diese Antworten sind konsistent mit den Antworten auf die Frage „Was ist das wichtigste Ziel von Innovation durch Informations- und Kommunikationstechnik?". Diese Frage beantworteten mehr als 40 Prozent mit „Kostensenkung".

- *Ad-hoc-Prozesse dominieren bei Innovation durch Informations- und Kommunikationstechnik:* Ein zentraler Bereich unseres Fragebogens beschäftigte sich mit dem Zustand – das heißt den Prozessen und Strukturen – des Innovationsmanagements im Bereich Informations- und Kommunikationstechnik. Wir boten im Fragebogen in Anlehnung an das CMMI-Modell[20], das in vielen IT-Abteilung und Unternehmen zur Beurteilung von Prozessen verwendet wird, die vier Stufen „Es gibt keinen Prozess", „Ad-hoc-Prozess", „Definierter Prozess" und „Definierter und dokumentierter Prozess" zur Beschreibung des Zustands des Informationsmanagements an. 51 Prozent der Befragten hatten nur einen Ad-hoc-Prozess vorzuweisen. Addiert man zu diesen 51 Prozent die 9 Prozent, in deren Unternehmen überhaupt kein Prozess existiert, kommt man auf 60 Prozent der Unternehmen, die keine nachvollziehbaren Prozesse für Innovation durch Informations- und Kommunikationstechnik aufweisen.

- *Es gibt kaum Unternehmen mit festen Strukturen für Innovation durch Informations- und Kommunikationstechnik:* Mit weiteren Fragen untersuchten wir, ob es feste organisatorische Einheiten für Innovation durch Informations- und Kommunikationstechnik gibt und wie groß diese Einheiten sind. Nur ungefähr 30 Prozent der befragten Personen gaben an, dass es in ihrem Unternehmen eine organisatorische Einheit für Innovation durch Informations- und Kommunikationstechnik gibt. In ungefähr 70 Prozent der Unternehmen findet Innovation durch Informations- und Kommunikationstechnik vor allem als Bestandteil von Softwareprojekten statt.

- *Mangelnde Beschäftigung mit dem Fachbereich und den Endkunden durch den Chief Information Officer:* Mit einer weiteren Frage wollten wir herausfinden, ob Innovation durch Informations- und Kommunikationstechnik in erster Linie auf den Fachbereich oder auf die IT-Abteilung ausgerichtet ist. „Innovate the Business" stellt eine zentrale Stoßrichtung von Innovation durch Informations- und Kommunikationstechnik dar. Um diese Stoßrichtung zu besetzen, ist intensiver Kontakt mit dem Fachbereich und in immer mehr Unternehmen mit den Endkunden von großer Bedeutung. Vor diesem Hintergrund betrachten wir es als kritisch, wenn mehr als die Hälfte der Befragten angibt, weniger als 30 Prozent ihrer Arbeitszeit mit dem Fachbereich zu verbringen und mehr als zwei Drittel der Befragten lediglich 10 Prozent ihrer Arbeitszeit mit Endkunden verbringen. „Innovate the Business" scheint bei der Aufteilung der Ressource Zeit des Chief Information Officers und von Führungskräften der IT-Abteilung verminderte Priorität zu genießen.

• *Ungenügende Auseinandersetzung mit Innovation durch Informations- und Kommunikationstechnik auf Geschäftsleitungsebene:* Eine weitere Frage zielte darauf ab herauszufinden, in welchem Ausmaß in den Geschäftsleitungen der befragten Unternehmen über Innovation durch Informations- und Kommunikationstechnik gesprochen wird. In 60 Prozent der Unternehmen wird nur an 0 Prozent bis 10 Prozent der Geschäftsleitungssitzungen über dieses Thema gesprochen. 32 Prozent der befragten Unternehmen gaben an, an 11 Prozent bis 50 Prozent der Sitzungen über Innovation durch Informations- und Kommunikationstechnik zu diskutieren. Diese Zahlen sind dramatisch. Sie geben Hinweise darauf, dass – zumindest in den befragten Unternehmen – Innovation durch Informations- und Kommunikationstechnik noch nicht auf der obersten Führungsebene angekommen ist. Viele Gespräche, die wir in den vergangenen Jahren mit CIOs geführt haben, bestätigen diese Zahlen.

Die Ergebnisse unserer Befragung zeigen eine, von uns erwartete, Differenz zwischen Anspruch und Wirklichkeit. Die Bedeutung von Innovation durch Informations- und Kommunikationstechnik wird von den Befragten als sehr hoch eingeschätzt. Diesem Wunsch steht allerdings die Wirklichkeit in den Unternehmen gegenüber. Sie ist durch unzureichende Prozesse, fehlende Strukturen und spärliche Beschäftigung in den Geschäftsleitungen mit Innovation durch Informations- und Kommunikationstechnik gekennzeichnet. Nur eine Minderheit der Unternehmen hat definierte und dokumentierte Prozesse und Strukturen im Sinne von Abteilungen, die sich schwerpunktmäßig mit Innovation durch Informationstechnik beschäftigen.

Ergebnisse einer Befragung zur Akzeptanz von IT-Governance

Kurz vor Abschluss dieses Buches, im Dezember 2010, wurden die Ergebnisse einer Befragung, die von PriceWaterhouseCoopers im Auftrag des IT-Governance Institut durchgeführt wurden, in einem Buch von Wolfgang Johannsen und Matthias Goeken veröffentlicht[21]. Ziel dieser Untersuchung, bei der 750 hochrangige Führungskräfte interviewt wurden, war es, die Akzeptanz von IT-Governance herauszufinden. Einige der Erkenntnisse, die in dieser Umfrage gewonnen wurden, stimmen mit den Ergebnissen unserer Befragung überein, obwohl diese Befragung in einem völlig anderen Kontext vorgenommen wurde. Wie bei unserer Befragung war mit 93 Prozent die Mehrzahl der Befragten der Meinung, dass Informations- und Kommunikationstechnik für den Unternehmenserfolg sehr wichtig sei. Auch geht eine Mehrheit der befragten Führungskräfte davon aus, dass die Strategie für Informations- und Kommunikationstechnik gut auf die Unternehmensstrategie ausgerichtet ist. Dies ist wohl auf die hohe Professionalität zurückzuführen, mit der heute in vielen Unternehmen Informatikstrategien entwickelt werden.

Interessant für Innovation durch Informations- und Kommunikationstechnik sind die Antworten auf die Frage nach der Häufigkeit, mit der die IT-Abteilung über neue Geschäftsoptionen durch Informations- und Kommunikationstechnik informiert. Je nach Branche erfolgt in 9 Prozent bis 28 Prozent der befragten Unternehmen immer und in 39 Prozent bis 46 Prozent regelmäßig eine Information über neue Geschäftsoptionen durch Informations- und Kommunikationstechnik. Im Umkehrschluss bedeuten diese Antworten, dass in 33 Prozent bis 48 Prozent der befragten Unternehmen keine geordnete Information über neue Möglichkeiten durch Informations- und Kommunikationstechnik stattfindet.

Von den Befragten waren nur 53 Prozent der Meinung, dass durch Informations- und Kommunikationstechnik ein positiver Beitrag zum Geschäftsergebnis entsteht. Dieses Ergebnis weist nach unserer Meinung auf großen Verbesserungsbedarf beim Informationsmanagement und bei Innovation durch Informations- und Kommunikationstechnik hin. In der gesamten Untersuchung finden sich keine Hinweise auf Innovation durch Informations- und Kommunikationstechnik, weder als Herausforderung für die Unternehmen noch als Teile der IT-Governance. Wir können dies nur darauf zurückführen, dass die Befragungen in den Jahren 2003 bis 2007 vorgenommen wurden – zu einer Zeit, in der in den meisten Unternehmen Kostenreduktion im Vordergrund stand.

Die weitere Entwicklung der Informations- und Kommunikationstechnik

Immer wieder wird von Experten behauptet, dass das Innovationspotential der Informations- und Kommunikationstechnik demnächst ausgeschöpft sei, weil beispielsweise die Entwicklung der Computerchips oder der Speicher an ihre physikalischen Grenzen stoßen werden.

In Gesprächen mit Beratern, Herstellern und Wissenschaftlern haben wir keine nachvollziehbaren Argumente und Hinweise gefunden, die auf ein Ende der raschen Weiterentwicklung der Informations- und Kommunikationstechnik hindeuten.

Wir gehen davon aus, dass die Entwicklungsgeschwindigkeit der Informations- und Kommunikationstechnik für die heute absehbare Zeit – und das sind mindestens zehn Jahre von heute an gerechnet – anhalten oder sogar weiter zunehmen wird. Die rapide Entwicklung des Web 2.0 oder des mobilen Internets zeigt überdeutlich, wie ungebrochen Innovation durch Informations- und Kommunikationstechnik voranschreitet. Web 2.0 und mobiles Internet stellen einen Quantensprung dar, der nur mit der Einführung des Computers in den 60er Jahren, des Personal Computers in den 80er Jahren oder dem Einstieg in das Internetzeitalter vor rund 15 Jahren vergleichbar ist.

Es ist unmöglich, einen Überblick über alle Entwicklungen der Informations- und Kommunikationstechnik zu gewinnen, die in den kommenden Jahren für Wirtschaft und öffentliche Verwaltungen von Bedeutung sein könnten. Wir hatten uns bei Beginn der Arbeiten an diesem Buch das Ziel gesetzt, eine Liste der wichtigsten Entwicklungen zu erstellen. Nach unseren Gesprächen mit CIOs und mit Analysten sowie nach zusätzlichen Analysen im Internet und einigen kritischen Gesprächen haben wir dieses Vorhaben aufgegeben. Wir haben uns an ein Gespräch erinnert, das einer der beiden Autoren vor mehr als 15 Jahren mit Nicholas Negroponte, dem legendären Chef des Media Lab am Massachusetts Institute of Technology in Cambridge, geführt hat. Auf die Frage, ob er einen Gesamtüberblick aller in Zukunft wichtigen Technologien für das Media Lab habe, antwortete er, dass niemand, schon gar nicht er, diesen Überblick habe. Das Einzige, was man machen kann, sagte Nergroponte, sei, ausgehend von konkreten Problemen versuchen herauszufinden, welche Technologien nützlich sein können.

Zudem müssen die Trends für „Innovate the Business" und „Innovate the IT" getrennt dargestellt werden. Als Beispiele für in Zukunft wichtige Entwicklungen der Informations- und Kommunikationstechnik gehen wir auf die sogenannte „Consumerization" der in Unternehmen eingesetzten Informations- und Kommunikationstechnik und auf die Entwicklungen im Bereich der Benutzeroberflächen kurz ein. Jedes Unternehmen und jede IT-Abteilung und jeder Fachbereich muss im Rahmen seines Prozesses für Informations- und Kommunikationstechnik seine eigenen Szenarien aufbauen, welche Entwicklungen der IKT er in Zukunft für wichtig hält.

Die neuen Entwicklungen aus der Unterhaltungselektronik und Informations- und Kommunikationstechnik für Privatpersonen sind für uns zentrale Treiber und Auslöser dieser Entwicklung. Was Experten schon vor vielen Jahren vorhergesagt haben, wird heute in zunehmendem Maße wahr: In den Unternehmen gibt es immer mehr Produkte und Dienstleistungen, die aus dem privaten Bereich in die Geschäftswelt hinüberwandern. Diese „Consumerization" der Informations- und Kommunikationstechnik im Unternehmenseinsatz wird vieles verändern. Die Benutzerfreundlichkeit von Business-to-Consumer-Anwendungen aus dem Internet wird beispielsweise der wichtigste Maßstab für Benutzerfreundlichkeit von Anwendungen in den Unternehmen.

Die Entwicklung der Benutzeroberflächen in den vergangenen fünf Jahren ist ein weiterer Motor für Innovation durch Informations- und Kommunikationstechnik. Viele Experten haben jahrelang prophezeit, dass die Spracheingabe die Technologie der Zukunft sei. Selbst in Automobilen wurde mit der Spracheingabe experimentiert. Dann kam das iPhone mit seinem Touchscreen. In der Folge kamen sehr schnell weitere Geräte mit berührungsempfindlichen Benutzeroberflächen auf den Markt. Gleichzeitig setzte ein Wettrennen unter den großen Anbietern ein, um die Benutzeroberflächen noch anwendungsfreundlicher zu machen. Ein Ende der Entwicklung ist nicht absehbar.

Die „Consumerization der Informations- und Kommunikationstechnik" in Unternehmen und die Innovationen im Bereich der Benutzeroberflächen sind zwei Beispiele für neue Entwicklungen. Die Entwicklungen sind jedoch zu breit, um abzuschätzen, was in einem der vielen Bereiche wie Speicher, Prozessoren oder Benutzeroberflächen in den nächsten Jahren passieren wird. Aus Forschungs- und Beratungsprojekten der letzten Jahre haben wir die Schlussfolgerung gezogen, dass es nur aufgaben- oder projektbezogen sinnvoll ist, Aussagen über die zukünftige Entwicklung der Informations- und Kommunikationstechnik zu machen. Eine Fragestellung, die zu sinnvollen Prognosen führen kann, könnte beispielsweise lauten: „Wie sieht die Benutzeroberfläche für Geldautomaten in drei bis fünf Jahren aus?" oder „Welche Entwicklungen finden im Bereich der Buchhaltungssoftware auf der Basis von „Software as a Service" statt?"

Zudem ist die Beobachtung der Informations- und Kommunikationstechnik ein sehr dynamischer Prozess. Es ist immer wieder faszinierend zu sehen, wie schnell sich die Informations- und Kommunikationstechnik weiterentwickelt. Zu Beginn der Arbeiten an diesem Buch waren Web 2.0 und Cloud Computing noch im Konzeptstadium. Drei

Jahre später, während wir dieses Buch schreiben, sind diese Entwicklungen fast schon „Mainstream".

Digital Natives und Digital Immigrants

Heute werden sogenannte „Digital Immigrants" von „Digital Natives" unterschieden. Es gibt verschiedene Ansätze, die „Grenze" zwischen diesen beiden Gruppen zu ziehen. Eine weitgehend anerkannte Grenze stellt das Jahr 1980 dar. Alle, die vor 1980 geboren wurden, gelten als „Digital Immigrants", also auch die beiden Autoren. Alle, die nach 1980 auf die Welt gekommen sind, werden als „Digital Natives" bezeichnet. Wenn man die Grenze von 1980 annimmt, beträgt 2010 der Anteil an „Digital Natives" an der Gesamtbevölkerung in Deutschland 31 Prozent und in der Schweiz 34 Prozent. Im Jahr 2020 wird dieser Anteil in Deutschland auf gut 40 Prozent und in der Schweiz sogar auf 46 Prozent ansteigen.

Eine weitere Grenze stellt das Jahr 1990 dar. Alle Personen, die nach 1990 geboren sind, haben ein Leben ohne Internet nie gekannt. Studien über „Digital Natives" besagen, dass sie sich in der digitalen Online-Welt sehr viel selbstverständlicher bewegen als die „Immigrants". Sie beschäftigen sich ebenso stark mit der virtuellen wie mit der realen Welt. Ihre Grundsätze, was Privatsphäre, digitale Zusammenarbeit, das Teilen von Informationen und ihre Art zu arbeiten betrifft, unterscheiden sich sehr stark von denen der Immigrants. Doch auch ältere Menschen benutzen das Internet und die neuen Medien immer selbstverständlicher. Für diese Entwicklung gibt es zwei Gründe: Auf der einen Seite erkennen immer mehr ältere Menschen den Nutzen des Internets. Auf der anderen Seite haben immer mehr ältere Menschen in ihrem beruflichen Leben bereits den Umgang mit dem Internet und der Informations- und Kommunikationstechnik gelernt und sind nicht bereit, darauf im Alter zu verzichten.

Diese Einstellungs- beziehungsweise Verhaltensänderung großer Teile der Bevölkerung gegenüber der Informations- und Kommunikationstechnik muss in alle Überlegungen zu Innovation durch IKT einbezogen werden. In der Vergangenheit hatten Personen, die sich dafür eingesetzt haben, den Eindruck, dass sie – bildlich gesprochen – „gegen den Wind" segeln. Die Hinweise verdichten sich, dass sie bald „mit dem Wind" segeln werden.

Quellen und Anmerkungen

1 Diese Gliederung wurde auch im Buch „Die Zukunft der IT in Unternehmen", das von Walter Brenner, Andreas Resch und Veit Schulz geschrieben wurde, verwendet.

2 Hammer, M.; Champy, J.: Business Process Reengineering: A Manifesto for Business Revolution, Harper Business, New York 1993.

3 „Wiki (von hawaiianisch WikiWiki, auf Deutsch: schnell) ist ein vorwiegend textorientierter Webdienst (Serversoftware), durch den die Benutzer schnell, einfach und in Gemeinschaft mit anderen Informationsangebote (Wiki-Seiten) mit dem Webbrowser erstellen und die Inhalte direkt über den Browser ändern können. Auch die Gesamtheit der Wiki-Seiten eines Wiki-Systems wird als Wiki bezeichnet. Zum Schreiben/Ändern der Inhalte dient eine einfache Textsyntax. Die einzelnen Wiki-Seiten werden durch Querverweise (Links) miteinander verbunden (Hypertextsystem). Veränderungen im Informationsangebot werden festgehalten (Versionsgeschichte) und können – falls notwendig – von einem Moderator rückgängig gemacht werden." (Hansen, H. R.; Neumann, G.: Wirtschaftsinformatik 1: Grundlagen und Anwendungen. Stuttgart: Lucius & Lucius Verlagsgesellschaft mbH 2009, S. 544 f.)

4 Diese Informationen basieren in erster Linie auf einem Gespräch, das wir mit Christoph Ganswindt am 1.7.2008 in Frankfurt geführt haben.

5 „Middleware (engl. Middleware) umfasst Softwarekomponenten für die kommunikationstechnische Infrastruktur zur Entwicklung verteilter Anwendungen. Middleware ermöglicht dem Entwickler die Konzentration auf die Umsetzung der Anwendungslogik. Bildlich gesprochen befindet sich die Middleware somit ‚in der Mitte' zwischen Softwarekomponenten, die sie verbindet." (Hansen, H. R.; Neumann, G.: Wirtschaftsinformatik 1: Grundlagen und Anwendungen. Stuttgart: Lucius & Lucius Verlagsgesellschaft mbH 2009, S. 36)

6 Unter Backend-Software versteht man die zentralen Transaktionssysteme, die in einem Unternehmen eingesetzt werden. Sie gliedern sich in einen branchenspezifischen Teil, bspw. Reservierungssysteme bei Fluggesellschaften, und in einen branchenneutralen Teil, bspw. Finanz- und Rechnungswesen.

7 IBM (Hrsg.): Information Systems Management, Management der Informationsverarbeitung, Stuttgart 1988.

8 „ITIL (Abkürzung von engl.: IT infrastructure library) ist eine Sammlung von Richtlinien für das IT-Servicemanagement. Das IT-Servicemanagement verfolgt das Ziel, Geschäftsprozesse möglichst gut durch IT-Dienstleistungen (IT-Services) zu unterstützen. ITIL ist mit dieser Fokussierung wesentlich spezialisierter als COBIT ausgerichtet und enthält Empfehlungen über die IT-Servicestrategie, den IT-Serviceentwurf, das Änderungsmanagement von IT-Services, den Betrieb von IT-Services und die laufende Verbesserung von IT-Services." (Hansen, H. R.; Neumann, G.: Wirtschaftsinformatik 1: Grundlagen und Anwendungen. Stuttgart: Lucius & Lucius Verlagsgesellschaft mbH 2009, S. 247 f.)

9 „COBIT (Abkürzung von engl.: control objectives for information and related technology) ist ein Rahmenmodell speziell für die IT-Governance. Durch COBIT werden zu realisierende Steuerungsvorhaben (engl.: control objectives) definiert. Ursprünglich wurde COBIT für IT-Prüfer geschaffen, hat sich allerdings in den letzten Jahren zu einem Instrument für die betriebsweite Steuerung der IT-Leistungen entwickelt." (Hansen, H. R.; Neumann, G.: Wirtschaftsinformatik 1: Grundlagen und Anwendungen. Stuttgart: Lucius & Lucius Verlagsgesellschaft mbH 2009, S. 247)

10 Das Kompetenzzentrum Industrialisiertes Informationsmanagement (www.cciim.ch) beschäftigt sich seit 2002 mit der Übertragung von Wissen aus der produzierenden Industrie auf IT-Abteilungen.

11 Wir danken Manuel Meisel, der bei vielen der Gespräche mit den Chief Information Officers und ihren Mitarbeitenden dabei war und das Protokoll geführt hat und im Rahmen seiner Bachelorarbeit „Fallstudien zur Innovation durch Informations- und Kommunikationstechnik" die Beispiele als Fallstudien aufgearbeitet hat. Seine Arbeiten bilden die Grundlage für diesen Abschnitt.

12 Diese Informationen basieren in erster Linie auf einem Gespräch, das wir mit Walter Geirhos und Peter Kraus am 28.5.2008 in Friedrichshafen geführt haben.

13 Diese Fallstudie basiert in erster Linie auf einem Gespräch, das wir mit Gerhard Thomas am 24.6.2008 in München geführt haben.

14 Diese Informationen basieren in erster Linie auf einem Gespräch, das wir mit Rudolf Schwarz am 9.5.2008 in Zürich geführt haben.

15 Diese Informationen basieren in erster Linie auf einem Gespräch, das wir mit Karl-Erich Probst am 6.8.2008 in München geführt haben.

16 Dieses Fallbeispiel verdanken wir Herrn Michael Lewrick und Herrn Roger Gatti, die uns das Vorgehen bei Innovation durch Informations- und Kommunikationstechnik zusammengefasst haben.

17 Wenn der Innovationsprozess geöffnet wird, beziehungsweise Firmenexterne in den Innovationsprozess mit einbezogen werden, spricht man auch von „Open Innovation".

18 Dieses Fallbeispiel wurde von Dr. Reto Hofstetter auf der Basis von Gesprächen mit dem Management von Atizo sowie frei verfügbaren Firmeninformationen (vgl. Atizo.com/press) erstellt.

19 Wir danken an dieser Stelle Nicolas Staub für die Mitarbeit bei der Konzeption, Durchführung und ersten Auswertung des Fragebogens im Rahmen seiner Bachelorarbeit „Eine empirische Analyse des Verhaltens von CIOs und IT-Abteilungen zu Innovation durch Informations- und Kommunikationstechnologie".

20 CMMI steht für Capability Maturity Model Integration und ist ein Referenzmodell zur Beurteilung und Verbesserung der Reife von Geschäftsprozessen.

21 Johannsen, W. und Goeken, M.: Referenzmodelle für IT-Governance. Methodische Unterstützung der Unternehmens-IT mit COBIT, ITIL & Co.2011. dpunkt.verlag. Die von uns erwähnte Befragung wird auf den Seiten 27 bis 39 beschrieben.

22 Vergleiche beispielsweise: John Palfrey und Urs Gasser: Generation Internet. Die Digital Natives: Wie sie leben. Was sie denken. Wie sie arbeiten. 2008, oder Don Tapscott – Grown up digital. How the net generation is changing your world. 2009.

Zusammenfassung

Innovation durch Informationstechnik wird in diesem Buch aus dem Blickwinkel eines Unternehmens oder einer öffentlichen Verwaltung gesehen. Ziel ist es, einen Beitrag zur nachhaltigen Stärkung der Wettbewerbsposition durch Nutzung der Potentiale der Informations- und Kommunikationstechnik zu erreichen. Innovation durch Informations- und Kommunikationstechnik lässt sich in zwei Dimensionen beschreiben. In der ersten Dimension lässt sich Innovation durch Informations- und Kommunikationstechnik in Geschäftsmodelle, Produkte- und Dienstleistungen, Prozesse und Infrastruktur gliedern. Die zweite Dimension der Strukturierung besteht darin, zwei Stoßrichtungen für Innovation durch Informations- und Kommunikationstechnik zu unterscheiden: Geschäft („Innovate the Business") und IT-Abteilung („Innovate the IT").

Die Fallbeispiele zeigen, dass es in innovativen Unternehmen zahlreiche Ansätze zur Institutionalisierung von Innovation durch Informations- und Kommunikationstechnik gibt. Innovation durch Informations- und Kommunikationstechnik kann als Teil von Softwareentwicklungsprojekten, durch eine eigene Stelle oder Abteilung, mit Hilfe eines Labors, durch Beteiligungen an oder dem Kauf von innovativen Unternehmen, durch Open Innovation oder Crowdsourcing oder durch Kooperationen vorgenommen werden. Eine Befragung von Chief Information Officers großer Unternehmen zeigt, dass in der Mehrheit der Unternehmen die Bedeutung von Innovation durch Information- und Kommunikationstechnik erkannt ist, dass es aber nur in einer Minderheit professionelle Prozesse, feste Abteilungen oder Stellen für diese Aufgabe gibt.

Walter Brenner

Christoph Witte

Kapitel 3

Der CIO nimmt am Wettbewerb der Ideen zu selten teil

Gespräch zwischen Walter Brenner und Christoph Witte

Was ist unter dem Wettbewerb der Ideen zu verstehen? Wer kann daran teilnehmen und wer nicht? Welche Rolle spielen dabei der CIO und seine Teams? Und last but not least: Wie kann sich der IT-Chef in diesen Wettbewerb wieder stärker einbringen, um das Innovationspotential der Informations- und Kommunikationstechnik besser für sein Unternehmen zu nutzen? Diese und weitere spannende Fragen diskutieren die beiden Autoren in diesem Gespräch.

Brenner: Unter Wettbewerb der Ideen als wichtigem Teil der Unternehmensführung verstehen wir die ständige Aufgabe aller Führungskräfte und Mitarbeitenden des Unternehmens, Ideen zur Weiterentwicklung des Unternehmens zu generieren und sich dafür einzusetzen, dass sie umgesetzt werden. Das Spektrum an Ideen ist groß. Es reicht von kleinen Verbesserungen bei Abläufen bis zu einer strategischen Neuorientierung des Unternehmens.

In unterschiedlichen Gremien und Prozessen wird entschieden, welche Ideen weiter verfolgt werden. Der Wettbewerb der Ideen reicht von Sitzungen, in denen über Wege zur Lösung eines kleineren Problems diskutiert wird, bis zu Geschäftsleitungssitzungen, in denen Studien oder Prototypen vorgestellt werden, die von großen Teams teilweise mit umfangreicher externer Unterstützung hergestellt wurden. In von rationalen Argumenten, Machtkämpfen und manchmal auch von Emotionalität geprägten Prozessen wird entschieden, ob und welche Idee realisiert wird.

Alle Mitarbeitenden können sich am Wettbewerb der Ideen beteiligen. Am Ende setzt sich die beste Idee durch, manchmal im eigenen Unternehmen, manchmal aber auch außerhalb. Häufig wird der Wettbewerb der Ideen nicht von Gremien entschieden, sondern die Nutzer oder

Kunden entscheiden, wer siegt. Eine Parallele zum Prinzip „Survival of the fittest", wie es von Charles Darwin als Grundlage der Evolutionstheorie beschrieben wurde, drängt sich auf, wenn wir an den Prozess denken, wie innovative Ideen sich in einem Unternehmen durchsetzen.

Witte: Die Aussage, dass der Wettbewerb der Ideen allen Mitarbeitenden des Unternehmens offensteht, widerspricht der traditionellen Denkweise der Chief Information Officers. Schließlich bekämpfen sie in vielen Fällen, allerdings mit wenig Erfolg, Innovationen in den Fachbereichen, die ohne ihre Mitwirkung entstanden sind, als sogenannte „graue" Informatik. Es stellt sich die Frage, welche Rolle die Chief Information Officers und die IT-Abteilung im Wettbewerb der Ideen spielen können.

Brenner: Sie können Treiber oder Moderatoren sein. CIOs können die Rolle des Treibers wahrnehmen, weil sie auf ihre Erfahrungen in der Informations- und Kommunikationstechnik zurückgreifen können, die Prozesse der Unternehmen so gut kennen, wie kaum eine andere Führungskraft und weil sie ihr Ohr am Puls der Entwicklung der Informations- und Kommunikationstechnik haben. Um in die Moderatorenrolle schlüpfen zu können, müssen CIOs lernen, Ideen und Anforderungen der Mitarbeitenden außerhalb der IT-Abteilung ernst zu nehmen und sich ihnen zu öffnen, ohne sie sofort wegen augenscheinlicher Integrationsprobleme in die bestehende Landschaft der Informations- und Kommunikationstechnik abzulehnen.

Die CIOs sollten akzeptieren lernen, dass das Wissen über IKT auch außerhalb des „Elfenbeinturms" der Unternehmensinformatik stark gewachsen ist und den Fachbereichen immer öfter auch andere Quellen zur Lösung ihrer Ideen zur Nutzung der IKT zur Verfügung stehen. In fast jeder Ausbildung wird heute das für das Fach oder den späteren Beruf notwendige Wissen über Informations- und Kommunikationstechnik vermittelt. Der Chief Information Officer als Moderator muss für sprudelnde Quellen sorgen und sie nicht verstopfen. Diese Rolle nehmen viele CIOs heute in den Unternehmen nicht ein.

Witte: Zurzeit erfüllen viele Chief Information Officers und deren Teams die Erwartungen in Sachen Innovation nicht. Der erste Schritt für den CIO und sein Team, um eine prominentere Rolle in diesem Wettbewerb der Ideen zu spielen, ist zu akzeptieren, dass er keine Monopolstellung für Innovation durch Informations- und Kommunikationstechnik besitzt, sondern nur einer von vielen Mitspielern in diesem Wettbewerb ist. Der Chief Information Officer kann sich in diesem Wettbewerb nur durch bessere Ideen, mehr Wissen und größere

Erfahrung durchsetzen. Das Warnen vor späteren Problemen bei der Integration, Problemen bei der Standardisierung oder gar der Versuch, durch formale Regelungen den Wettbewerb der Ideen zu verhindern, festigen seine Rolle als „Bremsklotz", wenn es um die innovative Weiterentwicklung des Unternehmens geht. Der Chief Information Officer muss realisieren, dass er durch Einwirken auf die Spielregeln, zum Beispiel durch Formulieren von Governance-Regeln, die den „ungenehmigten" Einsatz von Informations- und Kommunikationstechnik zu verbieten versuchen, nur seine Rolle als „Verhinderer" im Innovationsprozess festigt.

Brenner: Es ist faszinierend, wie viel innovatives Potential in diesen eigentlich unerlaubten Anwendungen steckt. Ich vergleiche die koordinierten und standardisierten Anwendungen, die in vielen Unternehmen den sogenannten Legacy-Anwendungen zugerechnet werden müssen, mit Tankschiffen, während mir die Anwendungen der „grauen" Informations- und Kommunikationstechnik wie Schnellboote vorkommen. Viele Chief Information Officers blicken neidisch auf diese Schnellboote, die oft von den Fachabteilungen selbst gesteuert werden.

Witte: Aufgrund seines Wissens und seiner Erfahrungen mit diesen Technologien, die das Wirtschaftsleben in den vergangenen zwanzig Jahren enorm verändert haben, kann und sollte sich der CIO an der Weiterentwicklung von Prozessen, Geschäftsmodellen und Produkten beteiligen. Dass er zurzeit nicht an der Spitze dieser Bewegung steht, sondern sogar als Bremser beim Einsatz neuer Technologien gesehen wird, zeigt das starke Wachstum der „grauen" Informations- und Kommunikationstechnik in den Unternehmen.

Brenner: Zum Teil ist die Situation in den Unternehmen grotesk. Bereichsleiter oder Vorstände aus Vertrieb und Marketing zum Beispiel verlangen von der zentralen IT-Abteilung einschneidende Kostensenkungen, setzen aber in ihren Bereichen Gelder frei, um neue innovative Anwendungen der Informations- und Kommunikationstechnik, zum Beispiel mit dem iPad von Apple, zu realisieren. Die Fachabteilungen glauben, so schneller ans Ziel zu kommen. Verstärkt wird dieses Verhalten der Fachbereiche durch das größere Wissen über die Informations- und Kommunikationstechnik, das den Fachbereichsverantwortlichen heute zur Verfügung steht. Dieses Wissen stützt sich immer häufiger auf Erfahrungen aus dem Privatleben.

Witte: Manchmal drängt sich mir der Eindruck auf, dass Fachbereiche, die beispielsweise nach neuen Vertriebswegen suchen, die zentrale IT-Abteilung absichtlich umgehen.

Brenner: Verantwortliche im Fachbereich erkennen Verbesserungspotentiale durch Informations- und Kommunikationstechnik oder kommen auf eine innovative Idee und handeln. Am Beispiel des Einsatzes des iPads im Vertriebsbereich von Unternehmen lässt sich verdeutlichen, was wir mit „Wettbewerb der Ideen" meinen. Die Verbesserung des Vertriebs ist eine gesamtunternehmerische Aufgabe. Es geht zum Beispiel um die Incentivierung des Außendienstes, die gezielte Kundenansprache, um den Ausbau des Vertriebsnetzes, die Einbindung der Partner und auch um den verstärkten oder innovativen Einsatz der Informations- und Kommunikationstechnik, beispielsweise durch iPads. Wenn der Chief Information Officer und sein Team sich diesem Wettbewerb stellen und gute Ideen vorbringen, wird er nicht nur gehört, sondern bekommt auch die nötigen Mittel. Dann besteht keine Veranlassung für den Vertriebschef mehr, über eine „graue" Informatikorganisation für eigene Lösungen zu sorgen.

Witte: Die Chief Information Officers scheinen zu stark mit Betrieb und Kostensenkung beschäftigt zu sein, als dass sie sich mit dem Thema Innovation befassen würden. Es entstehen Lücken, die von Mitarbeitenden aus den Fachbereichen besetzt werden. Es gibt Heerscharen von Anbietern, die diese Lücken nutzen. Sie wissen genau, was sie benötigen, und entwickeln Lösungen, ohne sich darum zu kümmern, ob das in die Informations- und Kommunikationstechniklandschaft passt oder nicht. Ich frage mich, wie die Verantwortlichen für Informations- und Kommunikationstechnik in diese unglückliche Situation geraten sind.

Brenner: Der Chief Information Officer hat sich selbst aus dieser Diskussion ausgekoppelt oder ist ausgekoppelt worden. Um sein Wissen und seine Erfahrung einzubringen, muss man um Rat gefragt werden und an den Prozessen beteiligt werden. Nur wer gefragt wird und akzeptiert ist, findet Gehör. Der Chief Information Officer war nicht immer von den Innovationsprozessen ausgeschlossen. Vor dem Platzen der Internetblase zum Anfang des vergangenen Jahrzehnts galten viele IT-Abteilungen als „Enabler" für Innovation und neue internetbasierende Geschäftsmodelle. Doch getrieben durch den Electronic-Commerce-Hype versuchten CEOs und CIOs gemeinsam mit Hilfe des innovativen Einsatzes der Informations- und Kommunikationstechnik ein zu großes Rad zu drehen und die Geschäftsmodelle zu stark auf das damals noch nicht ausreichend genutzte Internet auszurichten. Nachdem die Blase geplatzt war, ging die Entwicklung in die entgegengesetzte Richtung. Die Chief Information Officers wurden in ihre heutige Rolle als Kostensenker getrieben.

Witte: Ich bin mir nicht sicher, ob in den Unternehmen – mit oder ohne CIO – überhaupt ein Wettbewerb der Ideen stattfindet.

Brenner: Der Wettbewerb der Ideen findet eigentlich in jeder Firma statt. Er ist manchmal klar erkennbar, manchmal weniger sichtbar. Aber Unternehmensführung ist nichts anderes als ein ständiger Wettbewerb um Ideen, die ein Unternehmen voranbringen. Unternehmen, die diesen Wettbewerb nicht mehr austragen, scheiden mittelfristig aus dem Markt aus.

Witte: Ich frage trotzdem nochmals nach: Ist es richtig, innerhalb der Unternehmen überhaupt von einem Wettbewerb zu sprechen? Mir erscheinen die meisten Unternehmen sehr hierarchisch organisiert. Der Chief Executive Officer oder eine sehr kleine Elite, zum Beispiel die Geschäftsleitung, gibt die Ideen vor, denen die Organisation zu folgen hat. Von einem Bottom-up-Ansatz, wie er durch den Wettbewerb der Ideen gefordert wird, bei dem Ideen aus vielen unterschiedlichen Quellen innerhalb des Unternehmens kommen, ist nicht viel zu spüren.

Brenner: Im ersten Moment kann bei vielen Unternehmen bei einem Blick von außen der Eindruck entstehen, dass alle guten Ideen vom Chief Executive Officer kommen oder in der Geschäftsleitung entstehen. Und viele Chefs von Unternehmen arbeiten ihre ganze Karriere lang daran, den Eindruck zu vermitteln, sie seien nicht nur hervorragende Führer, sondern auch die wichtigste Quelle der Innovation. Dies ist aber nur bei wenigen Unternehmen der Fall, eigentlich nur bei Unternehmen, bei dem ein genialer Gründer den Sprung vom Erfinder zum Unternehmenschef geschafft hat. In den meisten Unternehmen aber sind es Mitarbeitende auf unterschiedlichsten Hierarchiestufen und mit verschiedenem Erfahrungs- und Ausbildungshintergrund, die innovative und kreative Ideen entwickeln.

Witte: Der Wettbewerb der Ideen ist eine Vorstellung, die weder schwer zu verstehen noch umzusetzen ist. Trotzdem erlebe ich in meiner täglichen Arbeit immer wieder, dass dieser Wettbewerb in Bezug auf die innovative Nutzung der Potentiale der Informations- und Kommunikationstechnik nicht funktioniert. Wenn ich mit CIOs über Innovation spreche, höre ich häufig, dass sie sich als „fünftes" Rad am Wagen fühlen. Auf der anderen Seite beschweren sich Führungskräfte der Fachbereiche, sie würden in der innovativen Nutzung der Informations- und Kommunikationstechnik behindert.

Brenner: Alle Beteiligten müssen sich darüber klar werden, dass es um die Weiterentwicklung des Unternehmens und nicht um die Verteidigung von Partikularinteressen geht. Dies bedeutet für den CIO, Ideen aus dem Fachbereich gegenüber offen zu sein. Die Führungskräfte aus dem Fachbereich sollten die IT-Abteilung als ausgewiesenen Partner mit Erfahrungen und Fähigkeiten im Bereich der Informations- und Kommunikationstechnik sehen.

Witte: Ich sehe noch weitere Probleme. Die in vielen Unternehmen ungenügende Auseinandersetzung mit den Potentialen der Informations- und Kommunikationstechnik ist auch im Mangel an Strukturen und Prozessen begründet. Der notwendige Wettbewerb der Ideen könnte intensiviert werden, wenn systematischer an der Nutzung der Potentiale der Informations- und Kommunikationstechnik gearbeitet würde.

Brenner: Den Unternehmen fehlen für den professionellen Umgang mit dem Thema Innovation durch Informations- und Kommunikationstechnik Strukturen, Prozesse, Methoden, Werkzeuge und Budget. Diese Innovationen geschehen in vielen Unternehmen zufällig. Damit ist praktisch unkalkulierbar, ob eine Chance wahrgenommen wird oder nicht. Weil wir glauben, dass bei Methoden, Werkzeugen und Prozessen der Hebel angesetzt werden sollte, werden wir mit Design Thinking in diesem Buch eine Methode beschreiben, die für Innovation durch Informations- und Kommunikationstechnik eingesetzt werden kann.

Witte: Ein weiteres Problem resultiert aus dem Fehlen fester Strukturen, beispielsweise Abteilungen oder Unterabteilungen für Innovation durch IKT. In vielen Unternehmen und öffentlichen Verwaltungen findet Innovation durch IKT nur als Nebentätigkeit in den frühen Phasen von Softwareprojekten statt.

Brenner: Noch eine Herausforderung resultiert aus dem Nichtbeachten beziehungsweise Verdrängen aktueller Entwicklungen der Informations- und Kommunikationstechnik, wie beispielsweise den Produkten aus der Unterhaltungselektronik.

Witte: Dazu passt die Einstellung einiger Chief Information Officers, die sagen, jeder Prozess, den es sich lohne zu automatisieren, sei inzwischen durch Mittel der Informations- und Kommunikationstechnik unterstützt. Offenbar überfordert die immer größere Bedeutung der Unterhaltungselektronik im geschäftlichen Umfeld die Chief Information Officers und ihre Mitarbeitenden. Die Problematik wird am iPhone von Apple deutlich. Alle, sowohl Mitarbeitende aus dem Fachbereich wie aus den IT-Abteilungen, sind fasziniert. Mitarbeitende aus dem

Fachbereich sehen es als innovatives Gerät, das neue Möglichkeiten schafft. Die Kollegen in der IT-Abteilung halten es eher für eine Bedrohung. Sie wissen nicht, wie sie Anwendungen für das iPhone in die bestehende IT-Landschaft integrieren sollen und wie die neuen Geräte sicherheitstechnisch zu behandeln sind. Prägen diese Bedenkenträger das Bild des Chief Information Officers und dessen Mitarbeitenden in den Top-Etagen?

Brenner: Das kommt auf den Erfahrungshintergrund des jeweiligen Chief Information Officers an. Ich bin davon überzeugt, dass es viele CIOs mit nachvollziehbaren und belastbaren innovativen Ideen schaffen werden, das Image der IT-Abteilung als Innovationsmotor wieder zu beleben. Unternehmen können ohne Informations- und Kommunikationstechnik nicht mehr erfolgreich sein, und die Chief Information Officers verstehen einfach am meisten von dieser Technik. Einer der Hauptgründe, warum Ideen aus dem Informatikbereich von Führungskräften aus dem Fachbereich selten nachvollzogen werden können, ist ihre abstrakte Präsentation. Daten- und Funktionsmodelle gepaart mit einigen rudimentären Screenshots in Powerpoint-Präsentationen sind nicht anfassbar genug. Die IT-Abteilung muss beginnen, im wahrsten Sinne „haptische" Prototypen zu bauen, die Endbenutzer „anfassen" können. Diese müssen nicht perfekt sein, aber gut genug, damit auch Personen, die sich nicht so gut mit Informations- und Kommunikationstechnik auskennen, den Sinn und Auswirkungen innovativer Ideen begreifen.

Witte: Worauf führst Du den Hang der IT-Abteilungen zum strukturierten Vorgehen und ihre Begeisterung für abstrakte Architekturen zurück?

Brenner: Die Informatik ist aus der Mathematik, die Wirtschaftsinformatik zumindest teilweise aus dem Operations Research entstanden. In beiden Wissensgebieten ist die Fähigkeit zur Abstraktion sehr wichtig.

Witte: Für das Sichtbarmachen von Ideen haben wir aus den Interviews mit den Chief Information Officers, die wir geführt haben, interessante Beispiele. Sie reichen zwar nicht bis zum Prototypen, helfen aber abzuschätzen, wie andere Mitarbeitende der Unternehmen die neuen Ideen beurteilen. Karl Probst, CIO von BMW, setzt dafür ein Web-2.0-Tool ein. Im Wesentlichen handelt es sich um ein Content-Management-System, das die Ideen durch Tags[1] clustert. Diese Ideencluster werden als Grafik angezeigt, und je mehr Diskussionsbeiträge ein Thema auslöst, desto größer erscheint es in der Grafik.

Brenner: Aber in diesen Tools sind die Ideen nur beschrieben. Oft beschränkt die Sprache die Transportierbarkeit von Ideen. Ich würde deshalb funktionierende, „anfassbare" Prototypen verlangen.

Witte: Um ihren Innovationsauftrag erfüllen zu können, muss eine IT-Abteilung erkennen, dass die Integration neuer Technologien in die bestehende IT-Landschaft ein nachgelagerter Prozess ist. Werden Ideen danach beurteilt, ob sie in die heutige Landschaft der Informations- und Kommunikationstechnik passen, droht die Ablehnung mit einer Wahrscheinlichkeit von über 90 Prozent. Integration kann nicht als Begründung verwendet werden, warum eine in allen anderen Belangen nützliche Innovation nicht realisiert wird. Wenn ein Chief Information Officer diesen Wettstreit zunächst in seinem Bereich und dann im gesamten Unternehmen etablieren will, muss er seine Mitarbeitenden und Kollegen von den Vorteilen eines solchen Unterfangens überzeugen und vor den Gefahren schützen.

Was bringt es einem Mitarbeitenden, neue Ideen für Geschäftsmodelle, Vorgehensweise oder Produkte einzubringen? Wird er dafür zusätzlich entlohnt? Wird ihm eine andere Anerkennung zuteil, die ihm sofort oder mittelfristig persönlich nutzt? Außerdem bedeutet es in heutigen, sehr wettbewerbsintensiven Unternehmensumfeldern für jeden ein gewisses Risiko, sich mit neuen Ideen zu exponieren. Schließlich besteht immer die Gefahr, dass die Idee durchfällt, und zumindest in Deutschland fällt mit der Idee meistens auch der Mensch durch, der sie präsentiert. Ein CIO kann diesen Ideenwettstreit nur etablieren, wenn er Fehlschläge toleriert. Das Schaffen und Fördern einer Innovationskultur ist entscheidend. Es geht um vorurteilfreies Zuhören und um Wertschätzung. Das heißt, Personen, die mit einer Idee kommen, auch Vertrauen zu schenken und sie ihre Gedanken weiter ausarbeiten zu lassen, ohne immer sofort die kommerzielle Ausbeutbarkeit in den Vordergrund zu stellen.

Brenner: Um Innovation durch Informations- und Kommunikationstechnik innerhalb der IT-Abteilung zu etablieren, empfiehlt es sich, mit einfachen Vorhaben anzufangen. Mitarbeitende der IT-Abteilung von Wolfgang Gaertner bei der Deutschen Bank hatten angeregt, dass Kunden, die mehr als ein Konto bei der Deutschen Bank haben, nur noch einen Brief bekommen, mit dem ihnen alle Kontoauszüge geschickt werden, statt für jede Kontomitteilung einen gesonderten Brief zu schicken. Es handelt sich um eine simple Idee, die einfach umzusetzen ist, aber sie spart einer Organisation wie der Deutschen Bank über eine Million Euro. An eine Idee, die die Umstrukturierung des gesamten Vertriebs zum Ziel hat, würde ich mich als Chief Information Officer erst trauen, wenn einige kleinere innovative Ideen aus der IT-Abteilung umgesetzt sind.

Witte: Der Wettbewerb der Ideen kann sich je nach Anforderungen der Unternehmen auf einem sehr unterschiedlichen Niveau abspielen. Ideen, die einem Großunternehmen nicht viel bringen, können ein kleines oder mittelständisches Unternehmen weit voranbringen. Während ein Großunternehmen eine klare Electronic-Commerce-Strategie mit den entsprechenden Backend-Prozessen braucht, wenn es die Idee eines Online-Vertriebs umsetzen will, reicht es einem Kleinunternehmen unter Umständen schon, seine überzähligen Lagerbestände über Ebay oder Amazon zu verkaufen.

Brenner: Jedes Unternehmen kann in einem Wettbewerb der Ideen umsetzbare Innovationen erarbeiten, die zum Unternehmenscharakter, den Kunden und den Ressourcen passen. Letztendlich entscheidet der Kunde oder der Anwender darüber, was vernünftig ist, und diese Entscheidung sollte man nicht einem mechanistischen Evaluationsmodell überlassen. Die Prototypen machen eine Idee für den Endkunden nachvollziehbar, und die Unternehmen können herausfinden, ob der Kunde mit der Idee wirklich klarkommt. Ich habe den Eindruck, dass bei herkömmlichen Innovationsmethoden zu großer Wert auf Umfragen und Statistiken gelegt wird und zu wenig auf die echten Bedürfnisse und Probleme des Endkunden.

Witte: Bei der Bewertung neuer Ideen sind Umfragen untaugliche Instrumente. Als man sich SMS oder Social Networks ausgedacht hat, ließen sie sich von den potentiellen Benutzern nicht beurteilen, weil sie sie noch nicht benutzt hatten. Kunden können erst erkennen, ob Innovationen nützlich sind, wenn sie damit umgehen.

Brenner: Die Wünsche des Endkunden sehr früh einzubeziehen ist ein wesentlicher Faktor, um im Wettbewerb der Ideen die verschiedenen Vorschläge auf ihre Tauglichkeit zu überprüfen. Eine Idee wird von einem Team bis zu einem ersten Prototypen entwickelt, der innerhalb des Teams heftig kritisiert wird. Diese Kritik, eventuell sogar das Ergebnis einer zweiten Ideenrunde, führt zu einem zweiten Prototypen, der an einem kontrollierten Marktausschnitt mit Endkunden oder mit Endnutzern getestet wird. Das Feedback des Marktes wird berücksichtigt, der Prototyp zu einem Piloten ausgebaut und noch einmal einem größeren Markttest unterzogen. Markt kann hierbei natürlich ein unternehmensinterner oder ein externer Markt sein. Würde dieses Verfahren öfter angewendet, hätten wir beispielsweise nicht die vielen Applikationen, die Unternehmen für teures Geld entwickeln lassen, die niemand nutzt, weil sie unpraktisch oder einfach nicht nützlich sind. Applikationen, die die Welt nicht braucht, wären die typischen Verlierer im Wettbewerb der Ideen.

Witte: Wettbewerb der Ideen kann aber nicht heißen, jeden Vorschlag umzusetzen, und auch nicht, dass plötzlich beliebige Ressourcen für Innovation durch Informations- und Kommunikationstechnik zur Verfügung stehen. Nach wie vor ist es notwendig, aus der Vielzahl von Ideen im Rahmen formaler Prozesse, wie Priorisierung, informeller Prozesse oder durch Entscheidung des Topmanagements, Vorschläge auszuwählen, die weiterverfolgt werden.

Quellen und Anmerkungen

1   „Ein Tag ist ein Schlüsselwort oder Begriff, der mit einer Information verknüpft wird. Im Gegensatz zu einem Thesaurus werden Tags aber nicht in einem hierarchischen, systematisch geordneten Verzeichnis organisiert, sondern werden informell, meist von den Benutzern selbst, frei vergeben." (Krcmar, H.: Informationsmanagement. Berlin Heidelberg: Springer-Verlag 2010, S. 78)

ZUSAMMENFASSUNG

Unter Wettbewerb der Ideen als wichtigem Teil der Unternehmensführung verstehen wir die ständige Aufgabe aller Führungskräfte und Mitarbeitenden des Unternehmens, Ideen zur Weiterentwicklung des Unternehmens zu generieren und sich dafür einzusetzen, dass sie umgesetzt werden. Alle Mitarbeitenden können sich am Wettbewerb der Ideen beteiligen. Am Ende setzt sich die beste Idee durch, manchmal im eigenen Unternehmen, manchmal außerhalb. Der Wettbewerb der Ideen findet eigentlich in jeder Firma statt. Er ist manchmal klar erkennbar, manchmal weniger sichtbar. Unser Modell des Wettbewerbs der Ideen gilt nicht nur für Ideen, die durch Nutzung der Potentiale der Informations- und Kommunikationstechnik entstehen. Jede neue Idee, die in einem Unternehmen entsteht, ist Teil dieses Wettbewerbs der Ideen. Der Chief Information Officer und seine Mitarbeitenden müssen sich der kreativen und innovativen Konkurrenz aller Mitarbeitenden des Unternehmens stellen.

Anne Cleven

Franco Bühlmann

Martin Ofner

Christoph Witte

Walter Brenner

Kapitel 4

Ich stelle nur noch Informationen online, die jeder wissen darf

Gespräch zwischen Anne Cleven, Franco Bühlmann, Mitarbeiter X[1], Martin Ofner, Christoph Witte und Walter Brenner

Welche Werkzeuge benutzen junge Hochschulabsolventen für ihre berufliche und private Kommunikation? Welche Rolle spielen Smartphones, Skype, Twitter, Blogs und soziale Netzwerke? Welche Infrastruktur der Informations- und Kommunikationstechnik erwarten sie von ihren Arbeitgebern? Welche Kommunikationspolitik und -kontrolle würden sie von Unternehmen akzeptieren, für die sie gerne arbeiten möchten? Ein Gespräch mit drei jungen wissenschaftlichen Mitarbeitenden des Instituts für Wirtschaftsinformatik der Universität St. Gallen und einem Studenten, der während seines Studiums in der Verwaltung dieser Universität beschäftigt war, spiegelt den aufgeklärten Umgang und die realistischen Erwartungen der Digital Natives exemplarisch wider.

Walter: Wie geht Ihr[2] mit den neuen Medien um, vor allem, wie kommuniziert Ihr? Unterscheidet Ihr zwischen privater und beruflicher Kommunikation mit Arbeitskollegen?

Anne: Ich benutze die neuen Medien[3] – Instant Messaging, Internettelefonie, soziale Netzwerke, Blogs – in erster Linie im privaten Umfeld. Mein Studium und die begleitenden Praktika haben mich an die verschiedensten Orte der Welt geführt, an denen ich auch immer neue Personen kennengelernt habe. Um mit ihnen in Kontakt zu bleiben, nutze ich Facebook, meinVZ[4] oder Skype. So schaffe ich es, zum Beispiel auch mit Studienfreunden in den USA den Kontakt zu halten, was wahrscheinlich mit E-Mail oder Telefon nicht gelingen würde. Skype nutze ich auch im beruflichen Umfeld, nicht nur hier, innerhalb des Instituts, sondern auch für die Kommunikation mit Partnerunternehmen, mit denen wir an Forschungsprojekten arbeiten. Das Unternehmen, mit dem ich während der Masterarbeit zusammengearbeitet habe, ist an verschiedenen Standorten weltweit vertreten, und in diesem Unternehmen wird Skype auch aus Kostengründen regelmäßig eingesetzt.

Allerdings trenne ich Privates von Geschäftlichem inzwischen sehr strikt. Die neuen Internetwerkzeuge lenken ab, wenn man dringende Aufgaben zu erledigen hat. Deshalb schalte ich Skype während der Arbeitszeit komplett aus. Mein Netzwerk ist relativ groß, und tagsüber sprechen mich immer wieder Leute an, wenn sie sehen, dass ich am Computer sitze. Das lenkt mich zu sehr ab. Wenn ich jemanden, der mich über Skype „anchattet", länger nicht gesprochen habe, freue ich mich natürlich und antworte. Aber das reißt mich zu sehr aus meiner Konzentration.

Mitarbeiter X: Bei mir ist das etwas anders. Ich habe Skype eigentlich immer an, wenn ich online bin. Mich chattet niemand ohne Grund an. Skype funktioniert für mich wie ein alternatives Telefon. Ich werde tagsüber meistens beruflich kontaktiert und verhalte mich folgendermaßen: Wenn ich Zeit habe oder wenn nichts Dringendes anliegt, antworte ich, sonst lasse ich den Kontaktversuch ins Leere laufen. Darüber ist aber niemand sauer.

Anne: Ich bin meistens offline. Aber wenn ich dann online bin, sprechen mich meine Freunde auch an. Wahrscheinlich habe ich meinen Freundeskreis so „erzogen". Wenn ich von Anfang an ein anderes Kommunikationsverhalten gezeigt hätte, wäre das wahrscheinlich ähnlich wie bei Dir. Aber ich kann daran wohl nichts mehr ändern. Außerdem plagt mich immer ein schlechtes Gewissen, wenn es in der Taskleiste blinkt und ich weiß, da will mich jemand erreichen, und ich diese Person einfach hängen lasse. Deshalb gehe ich lieber offline, wenn ich keine Zeit habe.

Christoph: Mir geht es ähnlich. Instant Messaging heißt für mich „sofort". Und wenn jemand seinen Status mit „ansprechbar" angibt, dann erwarte ich auch, dass mir mein Gegenüber antwortet. Wenn das nicht geschieht, finde ich das leicht unhöflich. E-Mail ist etwas anderes. Bei E-Mails gehe ich von asynchroner Kommunikation aus.

Walter: Du verhältst Dich wie einer meiner Söhne. Der studiert gerade in England und versucht immer wieder, über die Chat-Funktion von Skype und über Videogespräche Kontakt aufzunehmen. Aber obwohl ihm zuliebe Skype meistens läuft, habe ich manchmal keine Zeit, ihm sofort zu antworten. Er sagt mir immer wieder, ich solle doch meinen Skype-Status entsprechend anzeigen. Das vergesse ich aber oft.

Mitarbeiter X: Man kann nicht mehr davon ausgehen, dass die Leute Zeit haben, obwohl sie den Status „verfügbar" anzeigen lassen.

Anne: Mich irritieren die unterschiedlichen Stati ohnehin. Was hilft es mir, wenn ich weiß, dass mein Skype-Partner gerade „busy" ist oder nicht verfügbar?

Martin: Wenn Du weißt, dass Dein Partner „busy" ist, dann kannst Du nicht mit einer sofortigen Antwort rechnen, und er braucht kein schlechtes Gewissen zu haben, wenn er nicht sofort zurückruft.

Anne: Das mit dem schlechten Gewissen ist auch so eine Sache. Die neuen Medien erziehen einen zum sofortigen Antworten und zur ständigen Erreichbarkeit. Mit dem Handy verhält es sich ähnlich. Beim normalen Telefon bist Du nur erreichbar, wenn Du an dem Ort bist, an dem das Telefon steht. Handys machen einen 24x7 Stunden verfügbar. Manche Personen werden regelrecht sauer, wenn sie mich nicht erreichen, weil sie wissen, dass ich ein Handy habe, und weil sie davon ausgehen, dass ich auch erreichbar bin.

Franco: Aus meiner Sicht hat sich die Nutzung von Skype und Instant Messaging in den letzten zwei Jahren professionalisiert. Früher wurde ich vor allem von neu hinzugefügten Kontakten oft über Skype kontaktiert. ohne dass ein konkretes Gesprächsmotiv auszumachen war: „Was machst Du gerade? Wie geht es Dir heute?" Wahrscheinlich hat man mich kontaktiert, da ich gerade online war oder um die neue Technologie auszuprobieren. Inzwischen habe ich auf Skype einen festen Kreis von Kontakten, und der benutzt den Service nur, wenn er auch wirklich etwas mitzuteilen hat, ähnlich wie beim Telefon. Chatten einfach so „zum Spaß" hat extrem nachgelassen.

Martin: Das stelle ich auch fest. Das hat sich aber auch wegen der neuen Plattformen wie Facebook oder studiVZ verändert. Früher fand ich Skype, Google-Chat oder ICQ[5] cool und habe das stark privat genutzt. Jetzt halte ich zu meinem privaten Netzwerk Kontakt über Facebook. Da berichte ich immer mal wieder kurz, was ich gerade mache. Skype nutze ich eigentlich ausschließlich zum Telefonieren oder für Videotelefonate, vor allem ins Ausland.

Franco: Ich benutze Skype vor allem für Videotelefonie, aber ich telefoniere häufig auch klassisch. Ich habe kein drahtloses Headset, mit dem ich mich überall im Haus umherbewegen könnte. Deshalb finde ich es oft bequemer, normal zu telefonieren. Moderner ist nicht immer besser. Das klassische Telefon hat auch seine Vorzüge.

Walter: Mich wundert eigentlich, dass wir so lange über Skype reden und nicht über Twitter oder über Facebook.

Mitarbeiter X: Bei mir ist das ganz einfach. Die Leute, mit denen ich wirklich sprechen möchte, meine Kollegen und Freunde, die habe ich als Kontakte in Skype. Deshalb ist mir das so wichtig. Diese Freunde sind zwar auch in Facebook, aber es sind auch eine ganze Menge „Freunde von Freunden" auf meiner Kontaktliste und deshalb bin ich nicht mehr so häufig in Facebook unterwegs. Außerdem vertraue ich Facebook nicht mehr wirklich, seit die Diskussionen über mangelnden Datenschutz in den Medien aufgetaucht sind. In Facebook ist der Freundeskreis weiter, und ich habe keine genaue Kontrolle, was mit meinen Daten geschieht. Deshalb bin ich bei Facebook vorsichtiger.

Christoph: Gibt es bei den anderen Diskussionsteilnehmenden auch ein Gefälle in der Nutzung der sozialen Netzwerke?

Martin: Ich überlege in der letzten Zeit immer wieder, ob ich meinen Facebook-Account nicht aufgeben soll. Ich habe das aber noch nicht gemacht, weil ich dann nicht mehr weiß, was in Facebook mit meinen Daten geschieht. Jetzt sehe ich noch, wenn jemand von mir ein Foto hochstellt und mich darauf verlinkt. Wenn ich das sehe, kann ich reagieren. Genau wie Mitarbeiter X habe ich meine echten Kontakte bei Skype. Mit 80 Prozent meiner „Facebook-Freunde" habe ich praktisch nie direkten Kontakt. Die habe ich irgendwann einmal als Freunde hinzugefügt und die wissen über die „Wall"[6], was ich mache, aber ich pflege keinen direkten Kontakt zu ihnen.

Walter: Ladet Ihr denn auch sofort Bilder hoch, wenn Ihr eine Party besucht oder irgendetwas Besonderes erlebt habt? Mit meinen Kindern habe ich da schon interessante Erfahrungen gemacht: Wir waren bei einem Bundesligaspiel. Meine Kinder machten Fotos und stellten sie sofort auf Facebook online. Ich warne sie immer wieder davor, weil sie nicht wissen, was mit dem Material, das sie auf Facebook publizieren, in Zukunft noch alles passieren wird.

Franco: Ich habe früher auch Fotos hochgeladen, aber inzwischen habe ich alles wieder gelöscht, weil mir nicht so wohl dabei ist, das Privatleben online zu stellen. Aber ich kenne Personen, die das ständig machen. Manche hinterlassen Status-Meldungen, denen man entnehmen kann, wo sie gerade sind und wie lange sie beispielsweise nicht zu Hause sein werden. Das finde ich sehr leichtsinnig, denn das kann beispielsweise einen Kriminellen dazu ermuntern, während der Abwesenheit die Wohnung leerzuräumen.

Christoph: Favorisiert Ihr ein bestimmtes soziales Netzwerk?

Anne: Ich selbst nutze meinVZ und Facebook. Ich verwende bewusst zwei soziale Netzwerke, weil ich nicht alle Kontakte in einem sozialen Netzwerk haben möchte. Ich möchte noch etwas zu der Datenschutzdiskussion sagen: Man muss selbst aufpassen, was man von sich preisgeben möchte. Ich kann nicht alles kontrollieren, aber ich bin selbst dafür verantwortlich, welche persönlichen Daten ich veröffentliche.

Christoph: War dieses Bedürfnis nach Schutz der privaten Daten von Anfang an vorhanden, oder habt Ihr aus schlechten Erfahrungen gelernt?

Martin: Man lernt mit der Zeit. Anfangs habe ich viele Dinge auch über mich persönlich online gestellt. Dann musste ich erfahren, was mit diesen Informationen passieren kann. Als Konsequenz habe ich viele Informationen gelöscht und bin heute sehr vorsichtig. Heute stelle ich nur Informationen online, die jeder wissen darf. Aber ich kann nicht kontrollieren, wie und womit andere diese Daten anreichern.

Franco: Weil ich ein Auslandssemester in den USA verbracht habe, war ich ziemlich früh auf Facebook. Mir ging es ähnlich wie Martin. Aus der Anfangseuphorie heraus „postet"[7] man sehr viel und gibt viele Informationen über sich preis. Je erfahrener man wird, desto stärker hält man sich zurück. Das habe ich auch bei vielen meiner Freunde beobachtet. Ich würde den typischen Facebook-Lebenszyklus deshalb so beschreiben: Am Anfang herrschen große Begeisterung und ein ausgeprägtes Mitteilungsbedürfnis, die mit der Zeit abebben, bis man zum mehr oder weniger passiven Benutzer wird und nur noch ab und zu auf die Plattform geht.

Walter: Immer mehr Personalabteilungen, Personalberatungen und Unternehmensberater beziehen die virtuelle Persönlichkeit von Kandidaten, die sich in sozialen Netzwerken und Blogs manifestiert, in ihre Eignungsprüfungen ein. Darauf habe ich auch meine Söhne aufmerksam gemacht, die daraufhin viele ihrer Fotos aus ihren Facebook-Profilen gelöscht haben. Wie geht Ihr damit um?

Mitarbeiter X: Bestimmte Verhaltensweisen sind altersbedingt. Personalabteilungen, Personal- und Unternehmensberater sind vielleicht schockiert, wenn sie private Fotos ihrer Kandidaten im Netz finden. Wenn ich Mitarbeitende einstelle, ist es mir wichtig zu sehen, wie sich die Kandidaten im Netz präsentieren. Wenn private Bilder beim Sport oder bei einer Feier dabei sind, dann finde ich das keineswegs negativ, sondern es zeigt mir einfach mehr darüber, wie die Person ist. Allerdings sollte man sich darüber im Klaren sein, was man online veröffentlicht.

Franco: Ich habe meine Facebook-Seite aufgeräumt, bevor ich mich um eine neue Stelle beworben habe. Ich will einfach nicht, dass mein Chef zum Beispiel Partybilder von mir sieht. Das geht die Firma nichts an. Aber ich habe natürlich auch künftige Kollegen und Vorgesetzte „gegoogelt". Schließlich bin ich ja neugierig darauf, mit welchen Leuten ich zusammenarbeite. Es ist schon sehr erstaunlich, was sich da alles finden lässt. Vor dem Bewerben habe ich auch meine Daten in den professionellen Netzwerken[8] wie Xing[9] und LinkedIn aktualisiert. Ich benutze diese Portale, um Kontakte im beruflichen Umfeld zu knüpfen. Facebook nutze ich eher privat. Facebook hat für mich mehr „Fun-Charakter". Ich würde beispielsweise meinen neuen Chef nicht gleich auf Facebook als Freund hinzufügen. Dafür ist die Beziehung noch zu formell. Auf Xing oder LinkedIn geht das hingegen schon.

Christoph: Richtet Ihr in einer konkreten Bewerbungssituation eure Profile auf den sozialen Netzwerken bewusst an den Anforderungen des ins Auge gefassten Jobs aus?

Franco: Als ich mich dieses Jahr für eine neue Stelle beworben habe, habe ich vorher meinen Lebenslauf inklusive einem Profilbild auf allen Portalen aktualisiert.

Anne: Ich halte meine Profile zum Beispiel auf Xing ständig aktuell, vor allem, wenn sich etwas an meinen Interessengebieten ändert. Schließlich geht es bei dieser Plattform darum, mit Personen Kontakt aufzunehmen, die ähnliche Interessen haben. Darüber hinaus passe ich meine Profile aber nicht an eine konkrete Bewerbungssituation an, um mich in einem besseren Licht darzustellen oder mich für eine bestimmte Position interessanter zu machen.

Christoph: Trennt Ihr privates und berufliches Networking?

Franco: Ja, ich trenne das ganz bewusst. Die beruflichen Kontakte versuche ich über Xing und LinkedIn zu pflegen und die privaten Kontakte über Facebook.

Martin: Das ist nicht immer ganz einfach. Zum Beispiel fügen mich auch Kollegen aus verschiedenen Forschungsprojekten in ihre Facebook-Liste ein. Ich weiß noch nicht recht, wie ich damit umgehen soll. Eigentlich will ich diese Kontakte auf Xing verwalten und nicht vermischt mit meinen privaten Kontakten auf Facebook.

Walter: Wie sieht das mit Twitter aus?

Kein Gesprächspartner nutzt Twitter persönlich. Die Gesprächspartner sehen den Nutzen nicht.

Martin: Ein Bekannter von mir arbeitet als Softwareentwickler. Seine Firma arbeitet zurzeit an einem großen Projekt, bei dem verschiedene Entwickler für unterschiedliche Teilprogramme verantwortlich sind. Einmal am Tag wird die gesamte Software kompiliert, damit geprüft werden kann, ob die einzelnen Teilprogramme auch miteinander arbeiten. Auftauchende Fehler werden in diesem Projekt, nach Teilprojekten strukturiert, als Twitter-Feeds[10] angeboten. Auf diese Weise muss sich nicht jeder Entwickler durch die kompletten Fehlermeldungen wühlen, sondern bekommt gezielt die Meldungen, die ihn betreffen. Das halte ich für eine nützliche Twitter-Anwendung. Ich selbst nutze den Dienst nicht.

Walter: Schreibt Ihr an einem Blog?

Martin: Ich bin dazu wohl zu introvertiert.

Mitarbeiter X: Ich habe das einmal gemacht, um ein Forschungsthema zu besetzen. Aber das ist so aufwendig wie eine wissenschaftliche Publikation. Einen Blog kann jeder lesen, und man kann sich als Forscher keine Unwissenschaftlichkeit leisten. Trotzdem wird es nicht als Publikation angesehen. Deshalb habe ich das Schreiben eines Blogs relativ schnell wieder gelassen.

Franco: Während eines Auslandssemesters habe ich privat gebloggt, um meine Freunde auf dem Laufenden zu halten, wie es mir geht und was ich so unternehme. Das war einfacher, als via E-Mail oder Telefon zu kommunizieren.

Anne: Das kann ich mir auch gut vorstellen, vor allem, wenn man den Blog für eine geschlossene Benutzergruppe macht.

Walter: Nutzt Ihr auch Smartphones, wie beispielsweise das iPhone, um soziale Netzwerke zu besuchen oder Texte und Bilder hochzustellen?

Franco: Ich habe kein iPhone.

Martin: Ich benutze mein Smartphone schon für solche Sachen, am Bahnhof beispielsweise, um mir die Zeit zu vertreiben.

Christoph: Walter, Du hast Dich kürzlich beklagt, dass Studierende häufiger Probleme mit dem Lesen schwieriger Texte haben. Du führst das auch auf die verstärkte Nutzung elektronischer Medien und des Internets zurück. Kannst Du die Erfahrungen schildern, die Du in diesem Zusammenhang gemacht hast?

Walter: Ich bekomme mit, dass sich die jungen Leute nicht mehr in den klassischen Massenmedien informieren. Publikationen und Sendungen wie die Frankfurter Allgemeine Zeitung oder die Tagesschau, die für mich sehr wichtige Informationslieferanten sind, spielen für viele Studierende eine geringere Rolle. Die jungen Menschen lesen viel weniger und verbringen diese Zeit stattdessen im Internet.

Mitarbeiter X: Ich schaue zum Beispiel fast jeden Abend die Nachrichten im Fernsehen. Wenn ich Zeit und Lust habe zum Fernsehen, kommt aber oft nichts, was mich interessiert. Dann bediene ich mich einfach bei RapidShare[11] oder einer anderen BitTorrent-Plattform[12] und lade mir Filme herunter, die ich sehen möchte. Aber ich glaube nicht, dass solche Filesharing-Plattformen[13] die klassischen Massenmedien ersetzen. Das Medienumfeld ist sehr viel größer geworden, und man nutzt in der jeweiligen Situation eben das Passende. Man hat mehr Auswahl als früher.

Christoph: Digital Immigrants werfen den Digital Natives pauschal eine große Interessenlosigkeit an Politik vor. Sie denken, dass die „Internetgeborenen" sich nicht mehr für die veröffentlichte Meinung in klassischen Medien interessieren und dass sie sich nicht mehr bemühen, ihr Allgemeinwissen aktuell zu halten, sondern nur noch ihren sehr spezifischen Informationsbedürfnissen nachgehen. Wie seht Ihr das?

Anne: Man muss das differenzierter sehen. Wir selbst sind durch unsere Berufe sicher reflektierter in unserem Medienkonsum, aber auch den jüngeren Leuten kann man nicht absprechen, dass sie über ihren Medienkonsum nachdenken und wissen, wo sie verlässliche Informationen beziehen können. Vielleicht sollte man sie etwas besser dabei unterstützen, um die Qualität der Informationen zu beurteilen. Aber ich glaube nicht, dass sie alles kritiklos konsumieren, was im Internet geboten wird.

Franco: Ich verlasse mich sehr stark auf die „seriösen" Medien. Über die Katastrophe in Duisburg[14] habe ich mich beispielsweise zuerst auf Spiegel-Online informiert. Allerdings habe ich dann nachgeschaut, was es dazu auf Youtube gibt. Für mich ist das eine bereichernde Ergänzung.

Mitarbeiter X: Wir haben über das Internet leichteren Zugang zu den verschiedensten Informationsquellen als früher. Wir sind längst nicht mehr so abhängig von dem, was einige Journalisten schreiben. Wir können Zeitungsberichte miteinander vergleichen und mit dem vergleichen, was in Youtube oder über Twitter und in Blogs veröffentlicht wird. Außerdem kann man sich viel leichter mit anderen über das Geschehen austauschen.

Franco: Es ist zwar eine Unmenge an Informationen verfügbar, aber es ist oft schwierig, zwischen falsch und richtig zu unterscheiden. Nur weil etwas von vielen veröffentlicht wurde, muss es noch lange nicht stimmen. Es wird im Netz auch sehr viel voneinander abgeschrieben. Durch die große Anzahl ähnlicher Meldungen betrachten viele die transportierte Information als wahr, ohne sie wirklich an der Ursprungsquelle zu überprüfen. Manche Dinge verbreiten sich wie ein Lauffeuer: Ich habe bei einer Studentenzeitung gearbeitet. Ich habe da gemerkt, dass sich beispielsweise eine Aussage eines Studierenden oder ein Gerücht schnell von Mund zu Mund unter allen Studierenden verbreitet und bald von vielen als wahr betrachtet wird, wohingegen eine Stellungnahme der Verwaltung von den Studierenden nicht weitertransportiert wird.

Anne: Ich will noch etwas zum Austausch von Informationen sagen. Ich erlebe es auch immer wieder, dass sich viele Leute intensiv über Nichtigkeiten austauschen und aufregen können. Ich frage mich, woher sie die Zeit dafür nehmen.

Christoph: Erhebungen zeigen, dass das auf Kosten anderer Tätigkeiten und anderer Medien geht. Vielen Statistiken zufolge sinkt in erster Linie der Fernsehkonsum.

Walter: Spielt Ihr Computerspiele?

Anne: Ich habe irgendwann mal „Need for Speed"[15] gespielt. Heute beschäftige ich mich nicht mehr mit Computerspielen.

Martin: Ich habe früher sehr intensiv gespielt, aber seitdem ich arbeite höchstens mal im Zug oder am Bahnhof.

Mitarbeiter X: Ich spiele schon, aber meistens sogenannte „Social Games"[16]. Damit muss man sich nicht so intensiv auseinandersetzen. Ich habe über Facebook auch eine Zeit lang Poker gespielt, aber mit Leuten, die ich kannte und mit denen ich früher real gespielt habe.

Anne: Vielleicht sind wir auch schon aus dem Alter raus.

Martin: Die großen Rollenspiele kosten einfach zu viel Zeit, und die Social Games sind zu anspruchslos.

Christoph: Sind eigentlich neue Phänomene oder neue Plattformen wichtiger als bereits bekannte? Ich habe den Eindruck, dass sich viele junge Menschen besonders auf die neuen Anwendungen stürzen. Als Facebook neu war, war das die angesagteste Plattform. Dann kam Twitter, und sehr viele haben das ausprobiert. Im Moment sind Social Games angesagt.

Franco: Nur neu reicht nicht aus. Die neuen Anwendungen müssen auch ein Bedürfnis befriedigen. Wenn dies der Fall ist, wechselt man oder nimmt die neue Plattform hinzu. Ich muss einen direkten Nutzen sehen.

Anne: Der Nutzen entscheidet, ob man dabei bleibt oder nicht. Zurzeit bleibt Facebook in meinem Portfolio, weil es als Kontaktplattform nützlich ist. Wenn das nicht mehr der Fall ist und der Aufwand größer wird als der Nutzen, werde ich die Plattform verlassen.

Martin: Die kritische Masse der Nutzer ist ein ganz wichtiges Argument für mich. Wenn eine neue Plattform auf den Markt kommt, dann interessieren sich die meisten Menschen erst dafür, wenn sie eine kritische Masse an Nutzern aufweist. Neue Features in den Anwendungen helfen nur bedingt. Ich muss möglichst viele Freunde darüber erreichen können, sonst stimmt der Nutzen für mich nicht. So bin ich zu Facebook gekommen. Auf Facebook sind einfach die meisten Leute vertreten.

Franco: Der Netzwerkeffekt ist das Wichtigste. Leider gibt es noch kein Meta-Netzwerk, über das ich alle Kontakte im gleichen Netzwerk erreichen könnte. Aber ich würde auch in einem Meta-Netzwerk zwischen „privat" und „geschäftlich" unterscheiden wollen, beispielsweise indem man alle privaten Netzwerke zusammenfassen und davon getrennt auch alle geschäftlichen Netzwerke zu einem Netzwerk vereinen kann.

Christoph: Seid Ihr Mitglieder von Gruppen[17] auf Facebook, auch von solchen, die Unternehmen eingerichtet haben?

Franco: Ich habe mich von den meisten Gruppen abgemeldet, weil viele dieser Gruppen viel zu häufig belanglose Informationen verschicken, was nervt.

Mitarbeiter X: Ich habe mich bei einigen Facebook-Sites als Fan[18] eintragen lassen. Auf diese Weise bekomme ich Informationen über Produkte oder Veranstaltungen, die mich interessieren. Das finde ich nützlich. An diesem Punkt vermischt sich privates und berufliches Interesse, weil ich über den gleichen Kanal darüber informiert werde, was meine Freunde so treiben und was einige Firmen Neues zu bieten haben.

Christoph: Verwendet Ihr Facebook auch, um das Web für Euch überschaubarer zu machen, zu filtern und es quasi als Portal zu nutzen?

Mitarbeiter X: Für mich ist es genau das. Weil ich Fan von einigen Internetseiten bin, nutze ich Facebook auch als Aggregator von Nachrichten.

Martin: Ich habe Facebook ähnlich genutzt, aber ich habe mich von allen Gruppen abgemeldet und bin kein Fan mehr. Ich habe so entschieden, weil ich nicht weiß, was Facebook mit meinen Daten alles anstellt. Die haben nicht nur meine E-Mail-Adresse und mein Profil, sondern wissen durch das Fan-Feature auch, für welche Produkte ich mich interessiere. Das ging mir einfach zu weit.

Franco: Das sehe ich ganz anders. Ich gebe diese Informationen gerne preis, wenn es mir nützt. Und wenn ich Meldungen bekomme oder auch Werbung, die mich interessieren, finde ich das nützlich. Dafür bin ich gerne bereit, bestimmte Informationen über mich preiszugeben.

Anne: Aber willst Du das wirklich? Du bist doch für die Betreiber dieser Internetseiten vollkommen transparent.

Mitarbeiter X: Ich kann das doch steuern. Ich kann mich als Fan abmelden, ich kann vorgeben, dass die Betreiber mir keine Werbung schicken dürfen.

Anne: Aber da musst Du viel konfigurieren und Dich in den Menüs auskennen. Dafür ist mir meine Zeit zu schade.

Franco: Wenn ich etwas nicht mag, klicke ich schnell weiter. Das kostet mich keine Minute.

Christoph: Bevorzugt Ihr bestimmte Kommunikationsmittel?

Franco: Ich verwende hauptsächlich Telefon und E-Mail. Ich schicke eine SMS, wenn es nicht anders geht. Meistens ist mir das zu umständlich. Das Kommunikationsmittel wähle ich situationsabhängig: Telefon für eine schnelle Antwort und E-Mail wenn ich etwas Schriftliches zur Dokumentation brauche oder wenn die Zielperson Dokumente im Anhang erhalten soll.

Mitarbeiter X: Ich benutze alles. Bei mir ist es situationsabhängig. Wenn ich am Flughafen bin und mich nicht in ein WLAN einloggen kann, schreibe ich eine SMS oder telefoniere. Über Skype haben wir ja schon ausführlich gesprochen. Ich nutze das, was am schnellsten zum Ziel führt und die geringsten Kosten verursacht.

Franco: Mir ist der Kommunikationskomfort wichtig. Dafür bin ich auch bereit, mehr zu zahlen. Wenn ich mich schnell verabreden will, dann telefoniere ich lieber, als dass ich eine SMS oder eine E-Mail schreibe.

Martin: Bei mir kommt es auf die Situation an. Wenn ich mich mit mehreren Leuten verabreden will, dann schicke ich lieber eine SMS oder eine Mail oder mache einen Termin über Doodle[19] aus.

Mitarbeiter X: Es kommt auch immer darauf an, welches Kommunikationsmittel verfügbar ist.

Anne: Haben die neuen Medien bei Euch eigentlich dazu geführt, dass Ihr andere Kommunikationswege weniger oder gar nicht mehr benutzt?

Franco: Es hat sich viel verändert. Ich habe kürzlich den Mietvertrag für eine neue Wohnung unterschrieben und musste als Abschlussvoraussetzung die Versicherungspolice modifizieren lassen. Die Versicherung hat mir die benötigte Bestätigung mit Unterschrift noch am selben Tag als gescanntes Dokument zugeschickt, welches ich dann sofort an den Vermieter weiterleiten konnte. Als dann einige Tage später das Original-Papierdokument ankam, hat mich das kaum noch interessiert, und auch für den Vermieter war die Sache mit dem elektronischen Dokument bereits geregelt. Das hat mich schon beeindruckt.

Christoph: Wie sieht das im Arbeitsleben aus? Bei welchem Unternehmen würdet Ihr, bezogen auf die zur Verfügung stehenden Kommunikationsmittel und die vorherrschende Kommunikationskultur, gar nicht arbeiten?

Mitarbeiter X: Bei Unternehmen, die das Kommunikationsverhalten ihrer Mitarbeitenden mitloggen, aufgerufene Internetseiten überprüfen und Telefonnummern speichern. Wer in manchen Unternehmen zu viel privat surft oder telefoniert, wird vom Vorgesetzten angesprochen und ermahnt, sein Verhalten zu ändern.

Franco: Wenn man sich ordentlich verhält, hat man doch nichts zu befürchten.

Anne: Aber da gilt doch der gleiche Vorwurf, den wir Facebook gemacht haben. Wo bleibt der Datenschutz?

Mitarbeiter X: Ich möchte nicht, dass das Unternehmen, für das ich arbeite, mein ganzes Kommunikationsverhalten überprüft.

Christoph: Wo stößt Eurer Meinung nach das berechtigte Kontrollinteresse eines Unternehmens bezüglich des Kommunikationsverhaltens seiner Mitarbeitenden an seine Grenzen?

Franco: Mein Arbeitgeber darf meine Kommunikation nicht bewerten. Er sollte die Arbeitsergebnisse bewerten, aber nicht, welche Kommunikationsmittel und Informationsmöglichkeiten ich dafür genutzt habe.

Christoph: Für einen Arbeitgeber, der Dein Kommunikationsverhalten mitloggt, würdest Du wirklich nicht arbeiten?

Mitarbeiter X: Da wäre ich zumindest skeptisch, ob in einem solchen Unternehmen das richtige Vertrauensverhältnis aufgebaut werden kann. Wenn ein Unternehmen alles mitloggt, wäre das ungefähr so, als wenn meine Freundin ungefragt alle meine SMS lesen würde. In dem Fall würde ich schon von einem gestörten Vertrauensverhältnis sprechen.

Franco: Ich bin anderer Meinung. Wenn ich bei der Arbeit privat telefoniere, dann mache ich das mit meinem privaten Mobiltelefon. Wenn ich dringend private E-Mails verschicken muss, dann mache ich das, wenn möglich, über mein privates Notebook, mein privates Mobiltelefon oder zumindest über ein privates webbasiertes E-Mail-Konto. Ich gehe davon aus, dass mein Vorgesetzter Zugriff auf meine geschäftliche Mailbox hat. Damit habe ich kein Problem. Ich trenne das sehr strikt.

Mitarbeiter X: Das kommt auch extrem auf den Job an. Wenn Du beispielsweise am Bankschalter einen Nine-to-five-Job machst, arbeitest Du deine Stunden runter und hast danach deinen wohlverdienten Feierabend. Aber wenn Du so arbeitest wie wir, ohne wirkliches Zeitlimit, und wenn Du Projekte auch in der Freizeit bearbeitest und die Forschungskollegen auch privat triffst und bei den Gelegenheiten auch über die Arbeit redest, dann kann das so nicht laufen. Oft lässt sich das gar nicht so klar trennen.

Christoph: Es ist in letzter Zeit sehr viel von den Bedürfnissen der Digital Natives die Rede. Berater postulieren, dass Digital Natives die Trennung von privatem und geschäftlichem Equipment nicht mehr akzeptieren würden, dass eingeschränkter Zugang zum Internet nicht akzeptiert wird und dass ein Mitloggen elektronischer Kommunikation verpönt ist. Digital Natives, so die einschlägigen Berater weiter, können sich nicht vorstellen, für Unternehmen zu arbeiten, die keine modernen internetbasierten Collaboration Tools[20] einsetzen. Stellt Ihr auch solche Ansprüche oder sagt Ihr Euch, dass Ihr die Tools und Kommunikationsregeln akzeptiert, solange der Job attraktiv genug ist?

Franco: Wenn wir beispielsweise als Juniorberater in die Arbeitswelt einsteigen, dann gehe ich von einer relativ klaren Trennung von „privat" und „Geschäft" aus. In Führungspositionen, bei denen es keine klare Trennung zwischen Arbeitszeit und privater Zeit mehr gibt, da kann es schon eine Vermischung geben. Da würde es keinen Sinn mehr ergeben, wenn ein Manager jeweils zwei Handys und zwei Laptops mit sich herumschleppen würde, obwohl er praktisch rund um die Uhr im Dienst ist.

Mitarbeiter X: Die Firmen dringen immer weiter in die Privatsphäre ihrer Mitarbeitenden vor, um mehr Leistung von ihren Mitarbeitenden zu bekommen. Als Juniorberater wirst Du eben oft bis elf oder auch zwölf Uhr nachts vor Deinem Computer sitzen und für die Firma arbeiten. Ich würde in einer solchen Situation wenig Verständnis dafür aufbringen, wenn ich dann auch noch meinen privaten Laptop benutzen müsste, wenn ich zwischendurch einem meiner Freunde eine E-Mail senden will. Durch die hohe Arbeitsbelastung erzwingt die Firma eine Vermischung von Privatem und Geschäftlichem. Da kann sie umgekehrt nicht erwarten, dass die Mitarbeitenden diese Trennung von Arbeitsgerät und privatem Equipment aufrechterhalten. Wenn ich der Firma so viel gebe, dann verlange ich auch, dass sie meine Interessen respektiert und ich mich auch tagsüber mal kurz mit Hilfe von Facebook um meine Freunde kümmern kann. Ich muss auch meine sozialen Kontakte managen können, gerade wenn ich für die Firma so viel zu leisten bereit bin.

Anne: Franco, Dein Argument, wonach für das gehobene Management andere Kommunikationsregeln gelten als für „normale" Mitarbeitende, kann ich nicht akzeptieren. Ich fühle mich in Unternehmen wohl, in denen für alle Mitarbeitenden die gleichen Regeln gelten. Wieso hat ein Manager andere Kommunikationsrechte als ich, die doch genauso viel Vermischung von Privat- und Geschäftsleben zulässt und annähernd die gleiche Zeit investiert?

Martin: Die Firmen sollten keine Kommunikationskanäle einschränken. Im Gegenteil, sie sollten alle Möglichkeiten nutzen und die Mitarbeitenden im Umgang mit diesen Kanälen schulen und klare Regeln aufstellen.

Franco: Mir geht es weniger um die Kommunikationsmittel als um die Softwarepakete, die eine Firma zur Verfügung stellt. Meistens ist die Firmensoftware standardisiert. Zusätzliche Software wird entweder nicht erlaubt oder nicht unterstützt. In diesem Punkt würde ich mir mehr Flexibilität von den Unternehmen wünschen. Beispielsweise bin ich an der Universität St. Gallen für bestimmte Publikationen verantwortlich. Von früher her bin ich es gewohnt, diese Publikationen mit verschiedenen PDF-Tools aufzubereiten, die mir aber von meinem jetzigen Arbeitgeber nicht zur Verfügung gestellt werden. Ich kopiere also die Dokumente auf einen USB-Stick und bereite sie zu Hause auf meinem privaten Notebook entsprechend auf. Das ist ziemlich ineffizient. Deshalb finde ich zu starre Softwarepakete nicht gut. Das müsste individueller gehandhabt werden. Ich möchte ja auch nichts auf meinem Unternehmenscomputer haben, was nicht erlaubt oder unsicher ist. Aber ich möchte effizient arbeiten können, und ich erwarte von einem guten Arbeitgeber, dass er das auch entsprechend unterstützt.

Walter: Könntet Ihr Euch vorstellen, einen Arbeitsvertrag abzulehnen, weil das Unternehmen nicht die Informations- und Kommunikationstechnik-Infrastruktur anbietet, die Ihr Euch wünscht?

Martin: Das kommt auf die Alternativen an.

Mitarbeiter X: Das kommt auf die Firmenkultur an. Wenn ein Unternehmen die Kommunikation seiner Mitarbeitenden intensiv kontrolliert, dann könnte ich mich wahrscheinlich auch mit dem Unternehmen nicht identifizieren.

Ich möchte noch einmal auf die Facebook-Diskussion zurückkommen. Firmen verbieten das ja auch, weil sie fürchten, Facebook würde ihre Mitarbeitenden zu sehr von der Arbeit ablenken. Dabei wird immer vergessen, dass es auch traditionelle Formen der Arbeitsverweigerung gibt, die wahrscheinlich schädlicher für das Unternehmen sind, als wenn Mitarbeitende einige Minuten pro Tag in Facebook oder auf anderen Websites surfen.

Walter: Ich erlebe diese Diskussion jetzt zum dritten Mal. Mitte der 80er Jahre wurde der Personal Computer als Arbeitszeitvergeuder gegeißelt, ab Mitte der 90er das Internet, und jetzt passiert das Gleiche wieder mit den sozialen Netzwerken. Das ist im Grunde lächerlich, weil Mitarbeitende, die nicht arbeiten wollen, immer Wege gefunden haben, ihre Zeit zu vertrödeln.

Anne: Du beschreibst eigentlich sehr schön, was dahintersteckt. Die Unternehmen haben sich immer vor den Möglichkeiten der Informations- und Kommunikationstechnik gefürchtet, weil sie deren Konsequenzen nicht einschätzen konnten. Verhindern konnten sie den Einzug dieser Hilfsmittel nicht, auch dann nicht, wenn diese von einigen Mitarbeitenden missbraucht wurden. Letztlich wurden sie Bestandteil des Unternehmensalltags genauso wie der Personal Computer, das Handy oder das Internet. Auf diese Werkzeuge will ja heute auch niemand mehr verzichten.

Quellen und Anmerkungen

1 Einer der Gesprächsteilnehmer wollte anonym bleiben; wir verwenden für ihn den Namen „Mitarbeiter X".

2 Aufgrund des vorherrschenden vertraulichen Umgangstons am Institut für Wirtschaftsinformatik der Universität St. Gallen duzen sich die Gesprächspartner.

3 Unter neuen Medien verstehen wir in diesem Zusammenhang Anwendungen aus dem Internet wie Skype, soziale Netzwerke oder Instant Messaging: Skype ist eine kostenlose VoIP-Software mit Instant-Messaging-Funktion, Dateiübertragung und Videotelefonie, die ein proprietäres Protokoll verwendet. Soziale Netzwerke im Sinne der Informatik sind Netzgemeinschaften bzw. Webdienste, die Netzgemeinschaften beherbergen. Handelt es sich um Netzwerke, bei denen die Benutzer gemeinsam eigene Inhalte erstellen (User Generated Content), bezeichnet man diese auch als soziale Medien. Instant Messaging ist eine Kommunikationsmethode, bei der sich zwei oder mehr Teilnehmer per Textnachrichten unterhalten (genannt chatten). Dabei geschieht die Übertragung im Push-Verfahren, so dass die Nachrichten unmittelbar beim Empfänger ankommen. Die Teilnehmer müssen dazu mit einem Computerprogramm (genannt Client) über ein Netzwerk wie das Internet direkt oder über einen Server miteinander verbunden sein. Viele Clients unterstützen zusätzlich die Übertragung von Dateien und Audio- und Video-Streams.

4 meinVZ ist Teil von Deutschlands größtem sozialem Netzwerk, der VZnet Netzwerke Ltd. Durch den Online-Austausch der Mitglieder über Fotos, Filme, Nachrichten, und Gruppen ermöglicht es das Netzwerk, mit Freunden, Kollegen und alten Bekannten in Kontakt zu bleiben. Die VZnet Netzwerke Ltd. wurde im Oktober 2005 als studiVZ Ltd. gegründet und gehört seit Januar 2007 zur Verlagsgruppe Georg von Holtzbrinck. Auf den drei Plattformen studiVZ, schülerVZ und meinVZ sind mehr als 17,4 Millionen (Stand Juli 2010) registrierte Mitglieder aktiv. (http://www.meinvz.net)

5 ICQ zählt zu der Gruppe der Instant-Messaging-Systemen, welche neben dem reinen Austausch von Textmeldungen (Chat) noch zahlreiche weitere Dienste anbieten, wie beispielsweise Präsenzdienste, Dateiaustausch, Audio- und Videokonferenzen. (Hansen, H. R.; Neumann, G.: Wirtschaftsinformatik 1: Grundlagen und Anwendungen. Stuttgart: Lucius & Lucius Verlagsgesellschaft mbH 2009, S. 647 f.)

6 Jeder Facebook-Account hat ein Wall- beziehungsweise Pinnwand-Feature, auf dem Besucher oder der Account-Owner selbst Informationen, Bilder, Videos etc. platzieren können.

7 Posten bedeutet das Platzieren von Informationen (Text, Bilder, Videos etc.) im Internet, zum Beispiel in einem Blog.

8 Professionelle Netzwerke wie Xing oder LinkedIn werden häufig zum Aufbau von Geschäftskontakten genutzt, oder um mit ehemaligen Kollegen in Kontakt zu bleiben.

9 Xing ist ein soziales Netzwerk für berufliche Kontakte. Geschäftsleute suchen und finden bei Xing nützliche Kontakte, wichtige Informationen, Aufträge, Mitarbeiter, Jobs, Kunden und Ideen. Das 2003 gegründete Netzwerk zählt inzwischen über 10 Millionen Mitglieder (Stand: Dezember 2010) und stellt in 16 Sprachen über alle Branchen hinweg Online-Kontakte her. (http://corporate.xing.com/deutsch/investor-relations/basisinformationen/q-as/)

10 Ein (RSS-)Feed ist eine automatisch generierte Datei mit neuen Inhalten/Informationen, die von Webseiten-Betreibern (z.B. Twitter) zur Verfügung gestellt wird. Interessierte müssen folglich nicht mehr die Webseite aufrufen, um sich über Aktualisierungen zu informieren, sondern können den Feed abonnieren. Zum Lesen der Feeds wird ein sog. Feedreader benötigt. Aktuelle Browser haben diese Funktion bereits integriert. (Huber, M.: Kommunikation im Web 2.0: Twitter, Facebook & Co, Konstanz: UVK Verlagsgesellschaft mbH 2010, S. 230)

11 RapidShare ist ein Unternehmen das Filehosting-Dienste anbietet, um große Dateien zu speichern oder sie Freunden zur Verfügung zu stellen. Sobald z.B. mehrere digitale Fotos an Freunde oder Bekannte verschickt werden sollen, stoßen andere Serviceangebote (z.B. E-Mail-Dienste) an ihre technischen Grenzen, so dass keine andere Möglichkeit besteht, als die Datei bei einem Filehosting-Dienst abzulegen. Bei der RapidShare AG, mit Sitz in Cham/Schweiz, werden schätzungsweise rund 400.000 Dateien pro Tag auf die Serverfarmen des Unternehmens hochgeladen. (http://www.rapidshare.com/#!rapidshare-ag/rapidshare-ag_portrait)

12 BitTorrent bezeichnet einen in der Programmiersprache Python geschriebenen P2P Filesharing-Client sowie das gleichnamige Netzwerk-Protokoll. Das BitTorrent Netzwerk ist ein Netzwerk, das darauf spezialisiert ist, sehr große Dateien ab 100 Megabyte zwischen sich selbst organisierenden autarken Netzwerken zu tauschen. BitTorrent ermöglicht es schneller als bisher, über Filesharing-Netzwerke z.B. Software, Musik und Filme zu verbreiten. (http://bittorrent-faq.de/#ss1.1)

13 „Filesharing bezeichnet das Weitergeben von Dateien im Internet. Man könnte Filesharing übersetzen mit ‚gemeinsamer Dateizugriff‘, oder ‚Datei teilen‘.“ Meistens wird der Begriff Filesharing im Zusammenhang mit Peer-to-Peer-Netzwerken gebraucht, bei denen gleichberechtigte Computer miteinander durch das Internet verbunden sind. Bei sog. Tauschbörsen handelt es sich um Peer-to-Peer-Filesharing-Netzwerke zum Tausch von Dateien. Die Teilnehmer solcher „Tauschbörsen“ können auf die freigegebenen Dateien anderer Nutzer zugreifen und sich diese herunterladen, d.h. diese kopieren, ohne dass ein Original den Besitzer wechselt. (Baizza, A.: Die Unterhaltungsindustrie gegen das Filesharing: Eine rechtliche und gesellschaftliche Betrachtung, Verlag TU Berlin Universitätsbibliothek, 2009, S. 7 f.)

14 Bei der Loveparade 2010 in Duisburg ereignete sich am 24. Juli 2010 ein folgenschweres Unglück. Im Zugangsbereich zur Veranstaltung kam es zu einem Gedränge unter den Besuchern, in dessen Folge 21 Menschen starben. Während der gesamten Veranstaltung wurden über 500 Menschen verletzt.

15 Need for Speed (kurz NFS; engl. für „Verlangen nach Geschwindigkeit") ist eine Autorennspiel-Serie von Electronic Arts. Neben den Versionen für den PC wurde die Serie auch für 3DO, iPhone, Mobiltelefon, Nintendo DS, Game Boy Advance, Gamecube, Wii, Sega Saturn, Playstation (2/3/Portable), Palm Pre und Xbox (360) veröffentlicht. Die Serie ist bekannt dafür, dass sie schon früh real existierende Serienwagen und Konzeptfahrzeuge mit Herstellerlizenz ins Spiel einband. In anderen Rennspielen waren bis dahin meist fiktive Fahrzeuge zu sehen. (Wikipedia)

16 Social Games sind Spiele, zu denen man Freunde und Bekannte über soziale Netzwerke wie Facebook einlädt, um sich gemeinsam die Zeit zu vertreiben. Im Gegensatz zu aufwendig produzierten und teuren Videospielen wie The Sims oder Halo sind die neuen Social Games in der Regel kostenlos.

17 In einer Facebook-Gruppe können sich Facebook-User unter einem gemeinsamen Namen oder einer gemeinsamen Idee verbinden und Informationen austauschen. Das Schlüsselmerkmal von Gruppen ist, dass der Einsatz „auf Einladung" oder nur für Facebook-Benutzer aus bestimmten Netzwerken zugänglich gemacht werden kann. (Facebook)

18 Im Kontrast zu Facebook-Gruppen, welche auf die Organisation rund um Themen oder Ideen fokussiert sind, können Facebook-Fanseiten oder Facebook-Seiten von Organisationen, Firmen, Vereinen oder öffentlichen Körperschaften als Transportmittel von Informationen zu Ihren „Fans" genutzt werden. Einfach ausgedrückt kann man sagen, dass Facebook-Fanseiten ein Instrument sind, Kunden (Fans) zu engagieren. (Facebook)

19 Doodle ist eine Online-Lösung, die bei der Terminkoordination mit mehreren Beteiligten unterstützt. Statt eines einzigen Datums können mehrere Möglichkeiten vorgeschlagen und mit den anderen Teilnehmern online über die beste Option abgestimmt werden. So sieht man auf einen Blick, welcher der passendste Termin ist. Dies funktioniert „kalenderneutral", also über die Kalendersysteme hinweg. Die Doodle AG, mit Sitz in Zürich, betreibt seit März 2007 den gleichnamigen Webdienst unter doodle.com. (http://www.doodle.com/about/about.html; abgerufen am 11.04.2011)

20 Als Collaboration Tool bzw. Groupware (auch als kollaborative Software oder Gruppen-Software) bezeichnet man eine Software zur Unterstützung der Zusammenarbeit in einer Gruppe über zeitliche und/oder räumliche Distanz hinweg.

ZUSAMMENFASSUNG

Das Gespräch mit drei Mitarbeitenden des Instituts für Wirtschaftsinformatik und einem Studenten und Mitarbeitenden der Universität St. Gallen hat – entgegen vieler Gerüchte – gezeigt, dass die jungen Menschen sehr verantwortungsvoll und sehr nutzenorientiert mit den neuen Möglichkeiten der Informations- und Kommunikationstechnik umgehen. Das Gespräch hat aber auch klar gezeigt, dass die Digital Natives sich in dieser „neuen Welt" zu Hause fühlen. Das gesamte Spektrum an neuen Möglichkeiten wird getestet und, wenn es nützlich ist, auch verwendet.

Die Diskussion zeigt auch, dass es Modewellen gibt und dass die künftige dominante Plattform noch nicht erkennbar ist, auch wenn Facebook große Chancen hat, zu dem Kommunikationskanal der Zukunft zu werden. Nicht zu unterschätzen ist nach wie vor Skype. Die Kombination von Telefonkommunikation, Instant Messaging und Dokumentenaustausch ist immer noch sehr attraktiv. Die jungen Menschen trennen klar zwischen beruflicher und privater Nutzung.

Die Anforderungen an den Arbeitsplatz der Zukunft steigen. Für Arbeitgeber, die hochkarätige Absolventen von Universitäten und Fachhochschulen einstellen wollen, wird es in Zukunft wichtiger werden, sich auf die neuen Möglichkeiten der Informations- und Kommunikationstechnik einzustellen.

Klaus Hardy Mühleck

Kapitel 5

Innovation ist bei uns immer anfassbar

Gespräch mit Klaus Hardy Mühleck,
Chief Information Officer des Volkswagen Konzerns[1]

Klaus Hardy Mühleck, Chief Information Officer des Volkswagen Konzerns, sieht die IT des Konzerns in der gleichen innovativen Tradition wie die Automobilentwicklung. Außerdem erklärt er, wie sein Unternehmen mit den Anforderungen der Digital Natives innerhalb der IT und im Gesamtunternehmen umgehen will.

Der Volkswagen Konzern mit Sitz in Wolfsburg ist einer der führenden Automobilhersteller der Welt und mit 7,14 Millionen im Jahr 2010 an Kunden ausgelieferten Fahrzeugen der größte Automobilproduzent in Europa. Neun Marken aus sieben europäischen Ländern gehören zum Konzern: Volkswagen, Audi, SEAT, Škoda, Volkswagen Nutzfahrzeuge, Bentley, Bugatti, Lamborghini und Scania. Jede Marke besitzt einen eigenen Charakter und operiert selbständig am Markt. Der Volkswagen Konzern betreibt 61 Fertigungsstätten in 15 Ländern Europas und in sechs Ländern Amerikas, Asiens und Afrikas. Im Unternehmen sind weltweit rund 400.000 Frauen und Männer beschäftigt. Der Volkswagen Konzern bietet seine Fahrzeuge in 153 Ländern an.

Brenner: Wie wichtig ist Innovation, insbesondere Innovation durch Informations- und Kommunikationstechnologie, für den Volkswagen Konzern?

Mühleck: Volkswagen ist ein technologiegetriebenes Unternehmen. Da sind Innovationen natürlich von großer Bedeutung für unser Unternehmen, auch aus dem Bereich der Informations- und Kommunikationstechnologie. Gute Ideen bringen uns voran. Bei Volkswagen haben Innovationen Tradition: TDI[2], TSI, erster Doppel-Airbag für Fahrer und Beifahrer in der Golf-Klasse, ESP, DSG, Touchscreen-Navigation, Park-

Assistent. Oder denken Sie an unser Downsizing-Konzept mit den doppelt aufgeladenen Twincharger-Otto-Motoren, an unsere EcoFuel-Erdgasfahrzeuge oder unsere BlueMotion-Modelle. BlueMotion ist übrigens das bekannteste Umweltlabel unserer Branche.

Brenner: Was verstehen Sie im Volkswagen Konzern unter Innovation, was unter Innovationen durch Informations- und Kommunikationstechnologie?

Mühleck: Innovative Ideen und Technologien sind für den Volkswagen Konzern die Grundlage für Wachstum und wirtschaftlichen Erfolg. Dabei geht es nicht nur um das technologisch Machbare. Gut ist eine Innovation nur dann, wenn sie unseren Kunden echten Mehrwert bringt und im Einklang mit der Natur realisiert werden kann. Kurz: Technik, Mensch und Umwelt bestimmen unser Denken und Handeln. Deshalb ist Innovation bei uns immer anfassbar. Lassen Sie mich dies am Beispiel der Entwicklung alternativer Antriebskonzepte für Fahrzeuge aufzeigen. Wir hatten bereits Ende der 1990er mit dem Lupo und dem Audi A2 die ersten Drei-Liter-Autos im Markt. Und der Audi duo war 1997 das erste europäische Hybrid-Serienfahrzeug. Den Golf „CityStromer" gab es schon im Golf der zweiten und dritten Generation. Das waren die ersten Elektrofahrzeuge im regulären Modellprogramm von Volkswagen. Nur wollten damals die Kunden diese Fahrzeuge nicht so recht kaufen. Wir waren der Zeit wohl einige Schritte voraus.

Brenner: Innovationen müssen sich also rechnen?

Mühleck: Ein Wirtschaftsunternehmen muss schon vorausschauen und sich entsprechend der Entwicklung der internationalen Märkte aufstellen. Das Produktangebot ist darauf auszurichten, was der Kunde zu kaufen wünscht und vor allem zu bezahlen bereit ist.

Brenner: Ich unterscheide bei Innovation durch Informations- und Kommunikationstechnik zwischen „Innovate the Business" und „Innovate the IT". Nennen Sie uns bitte Beispiele für Innovation durch Informations- und Kommunikationstechnik im Volkswagen Konzern mit der Stoßrichtung „Innovate the Business".

Mühleck: Ein Beispiel aus dem Finanzbereich: Wir setzen die wahrscheinlich größte Global-Treasury-Plattform in der Industrie ein. Sie ist global vernetzt, mit ihr managen wir zentral über alle Marken und Regionen zweistellige Milliardenbeträge. Innovativ sind auch unsere neuen Vertriebssysteme. Beispielsweise haben wir in Großbritannien kürzlich alle Geschäftsabläufe und Systeme auf den neuesten Stand der Technik gebracht. Diesen Einmalaufwand nutzen wir nun in weiteren Märkten. Ein weiteres Beispiel sind unsere „Global Templates" für unsere Fabriken. Beim Rollout dieser Standardlösungen sparen wir Kosten sowie Zeit und Nerven. Auch unterstützen wir damit schnell und effizient die Neuanläufe zahlreicher Fahrzeugprojekte. Auch beim Customer-Relationship-Management, dem Kundenbeziehungsmanagement, nutzen wir Innovationspotentiale konsequent. So erneuern wir gemeinsam mit allen Konzernmarken in den kommenden Monaten unsere Customer-Relationship-Managementsysteme. Damit standardisieren wir die technische Anbindung von weltweit rund 20.000 Betrieben unserer Handelspartner. Das ist sehr innovativ. Denn dadurch können wir über alle Vertriebsstufen hinweg nicht nur Kundendaten, sondern sämtliche Arten von Daten standardisiert austauschen. Im Engineering-Bereich treiben wir die Zusammenarbeit von Entwicklungsingenieuren weiter voran und gestalten sie innovativ aus. Künftig vernetzen wir über unsere neue Engineering-Collaboration-Plattform weltweit rund 40.000 Ingenieure mit unseren Zulieferern. Hierüber verwalten wir auch Rollen und Rechte und tauschen beispielsweise Stücklistendaten aus. Diese Weiterentwicklung ist möglich, weil wir für die Vernetzung die neuesten Technologien nutzen.

Brenner: Haben Sie auch Beispiele aus dem Volkswagen Konzern für „Innovate the IT"? Wie steht es mit Outsourcing als innovative Entwicklung?

Mühleck: Wir nehmen in Kürze zwei neue, unternehmenseigene Rechenzentren in Betrieb. So stellen wir sicher, dass unsere Informationsservices auch künftig über konzerneigene Infrastrukturen angeboten und verteilt werden. Wir stärken damit nachhaltig die Unabhängigkeit und Handlungssouveränität unseres Unternehmens, indem wir die Steuerungsfähigkeit und Kostenperformance in den eigenen Händen behalten. Deshalb betreiben wir auch kein Outsourcing, sondern ein Outtasking gezielt ausgewählter Dienstleistungen. Hier arbeiten wir mit wenigen strategischen Partnern langfristig zusammen. Unser Outtasking-Anteil beläuft sich auf rund 70 Prozent.

Brenner: Wie reagieren junge Mitarbeiter auf diese Welt? Aus Gesprächen in anderen Unternehmen weiß ich, dass viele junge Menschen die „klassische Informationsverarbeitung" als sehr enges Korsett wahrnehmen.

Mühleck: In der Tat stehen wir vor großen Veränderungen. Junge Leute kommen mit neuen Vorstellungen ins Unternehmen. Sie besitzen Social-

Web-Erfahrungen, gehören der Facebook- und Twitter-Generation an. Sie sind es gewohnt, sich in einer Welt der offenen Kommunikationskultur zu bewegen. In unseren Unternehmen haben wir es heute eher mit einer „Kollaborationswelt" zu tun. Wir haben deshalb mit Digital Natives in Workshops zusammengearbeitet und streuen nun die Erfahrung dieser jungen Mitarbeiter und Mitarbeiterinnen in unser Unternehmen ein. Das beeinflusst auch unsere Unternehmenskultur. Die Internet-Affinität dieser jungen Leute hilft uns, Arbeitsabläufe noch innovativer und effizienter zu gestalten, denn ihr interaktives Verhalten im Netz ist sehr auf Zusammenarbeit ausgerichtet. Auch Neuentwicklungen aus der Consumer-IT bewirken veränderte Verhaltensweisen in Unternehmen. So nutzen unsere Entscheidungsträger neben dem Blackberry auch zunehmend ein iPhone. Bei Audi werden wir 1.000 dieser Apple-Smartphones einführen. Parallel dazu haben wir im Konzern erste Pilotprojekte mit dem iPad gestartet. Zwar sind hier noch einige Sicherheitsaspekte zu klären, aber am Ende werden sich diese neuen Mobilgeräte durchsetzen.

Brenner: Welche Fragen stellen sich vor diesem Hintergrund? Wie gehen Sie vor? Was ist Ihre Strategie?

Mühleck: Klassische Industrieunternehmen wie der Volkswagen Konzern müssen sich mit der Frage auseinandersetzen, wie sie die eigene Unternehmenskultur weiterentwickeln. Deshalb haben wir nun Transformationsprozesse in Gang gesetzt, um die klassische Informationsverarbeitung mit neuen Web-2.0- und Social-Web-Applikationen sowie neuen mobilen Endgeräten zu verbinden.

Beispielsweise sollte man die neuen Apple-Mobilgeräte nicht einfach mit den klassischen Microsoft-Standard-PCs vergleichen. Denn die neue Mobilgerätegeneration und die junge Mitarbeitergeneration der Digital Natives beeinflussen nicht nur die Art und Weise, sondern auch die Qualität der Zusammenarbeit in Unternehmen. Da unser Konzern-IT-Bereich auch an seiner Innovationskraft für den Konzern gemessen wird, wäre es zu kurz gesprungen, nur die klassische Desktop-Welt oder Standard-IT-Prozesse zu optimieren. Deshalb entwickeln wir unsere IT-Strategie stetig weiter, um auch Ideen der neuen „Web-Art" für unser Unternehmen nutzen zu können.

Brenner: Wie gehen Sie mit der neuen und der alten Welt um?

Mühleck: Wir haben beide Welten parallel im Blick. Die klassische Informations- und Kommunikationstechnik brauchen wir weiterhin, um unsere bestehenden Geschäftsabläufe zu unterstützen. Wir integrieren aber zügig Web- und Kollaborations-Tools. Hier bieten sich für Pilotprojekte vor allem Open-Source-Produkte an. Mit unseren Digital Natives haben wir in jungen Projektteams neue Kollaborationsplattformen eingerichtet. Diese neuen Technologien haben wir kürzlich in unser „Book of Standards" aufgenommen. Damit werden auch dauerhaft Pflege und Support sowie die Kompatibilität dieser Anwendungen im Zusammenspiel mit der Hard- und Software sichergestellt, die im Unternehmen IT-Konzernstandard sind.

CIO 1 aus dem Publikum: Ich wollte eine Bemerkung machen zum Thema Digital Immigrants und Digital Natives. Ich überlege im Moment, bei mir im Konzern den Begriff „Digital Immigrants ohne Visum" einzuführen. Ich hoffe, dass die Digital Immigrants sich öffnen und sich mit der neuen Welt in der Informations- und Kommunikationstechnik auseinandersetzen. Auch in unserem Unternehmen geben wir den Mitarbeitenden neue Geräte, damit sie damit spielen können. Auf Vorstandsebene gibt es aber „Digital Immigrants ohne Visum". Sie äußern sich zum Beispiel mit den Worten: „Ich hab vor zehn Jahren schon mal mit einem Personal Computer zu tun gehabt" oder „Mein Sohn hat auch einen PC und deshalb kenne ich mich mit der Informations- und Kommunikationstechnik aus und kann mitreden". Diesen Personen ist es unmöglich zu sagen, dass es konzernweite Standards gibt und dass Kompromisse zugunsten der gesamten Architektur der Informations- und Kommunikationstechnik in unseren Unternehmen gemacht werden müssen.

Mühleck: Diese Situation ist mir nicht unbekannt. Hier haben wir sehr viel erreicht. Wir führen unsere Entscheidungsträger – nicht nur auf Vorstandsebene, sondern das Management auf allen Ebenen – bewusst an diese neuen Geräte heran. Da muss man im Einzelfall auch Geräte tolerieren, die nicht unseren Standards entsprechen. Ausnahmen sind immer eine Herausforderung, insbesondere unter den Aspekten Kompatibilität und Datensicherheit. Bislang hatten wir es im Bereich der Desktops mit einer geschlossenen Microsoft-Welt zu tun. Zunehmend kommen nun auch andere Geräte wie MacBook und iPad zum Einsatz. Denn es nützt nichts, wenn ich allen Nutzern einen Windows-Laptop zur Verfügung stelle, mit dem sie dann nicht arbeiten. Wir müssen mit diesen Veränderungen umgehen und Akzeptanz und Einfachheit erzeugen, dann erledigt sich auch die „Visa"-Frage.

Brenner: Vor diesem Hintergrund stellt sich für mich die Frage, wie die Governance der Informations- und Kommunikationstechnik im Volkswagen Konzern aussieht?

Mühleck: Die Informations- und Kommunikationstechnologie ist im Volkswagen Konzern operativ dezentral organisiert, und unsere Governance basiert auf einer Konzern-Marken-Matrix. Auf der einen Seite steuern wir die Marken und Regionen, auf der anderen über Querschnittsfunktionen die IT-Services, Technologien, Standards und Projekte. Die Kernaufgabe der IT-Abteilungen heißt Kundennähe. Unsere dezentralen CIOs sind direkt in das Geschäft eingebunden. Sie kümmern sich gleichermaßen um das Stakeholder-Management wie um Projekte und Services.

Brenner: Wie kommunizieren Sie als Chief Information Officer des Volkswagen Konzerns über Innovation durch Informations- und Kommunikationstechnik auf Ebene der Unternehmensleitung?

Mühleck: Wir treffen uns einmal im Jahr mit dem Chief Executive Officer, dem Konzernvorstand und der Spitze des Betriebsrates. Dieses Jahr haben wir uns einen halben Tag mit Innovation durch Informations- und Kommunikationstechnik beschäftigt. Hier stellten wir der Führungsspitze unseres Unternehmens Umsetzungsbeispiele und IT-Innovationen anhand von Vorträgen und Exponaten vor.

Brenner: Gibt es Strategien für Innovation durch Informations- und Kommunikationstechnik?

Mühleck: Wir haben im Rahmen unserer digitalen Business-Strategie neun Projekte gestartet, die sich ausschließlich mit der neuen digitalen Welt des Internets beschäftigten. Hier befassen wir uns mit der optimalen Ansprache unserer Kunden und Interessenten in den kommenden Jahren.

Brenner: Für mich sind die Ausstattung des neuen Audi A8 und des neuen Volkswagen Phaeton mit Anwendungen von Google gute Beispiele für Innovation durch Informations- und Kommunikationstechnik im Volkswagen Konzern.

Mühleck: Wir werden dies im Laufe der Zeit auf die weiteren Fahrzeuge unserer Modellpalette ausdehnen. Innovationen in der Automobilindustrie finden sich in der Regel zuerst im Premium-Segment. Auch ESP war anfänglich nur im Premium-Segment verfügbar und fand dann im Laufe der Zeit Eingang in kleinere Fahrzeuge. Das wird bei der Einführung von Internetapplikationen im Automobil sicher ähnlich sein. Wir sind heute schon in der Lage, in jedem Fahrzeug alle Extras anzubieten. Es ist nur die Frage, zu welchem Preis und ob unsere Kunden bereit sind, dafür zu bezahlen. Die top-aktuellen Infotainment-Stationen mit Google-Services sind noch teuer.

CIO 2 aus dem Publikum: Ich muss die Spaßbremse ziehen. Wenn Sie über die Digital Natives sprechen, frage ich mich, wie viel Relevanz das für mein Tagesgeschäft hat. Bei mir macht das nur einen ganz kleinen Teil aus. Natürlich verwenden wir in unserem Unternehmen Twitter und Facebook. Für mich geht es darum, dem Geschäft zusätzlich Wertschöpfung zuzuführen. Vor diesem Hintergrund stellt sich die Frage, welche Kernkompetenzen notwendig sind, um dieses Ziel zu erreichen? Die Digital Natives müssen Projektmanagement können, müssen Prozesskompetenz haben und müssen in der Lage sein, sich Informationen auch aus schriftlichen Informationen zu erarbeiten. In meinem Unternehmen haben wir die Erfahrung gemacht, dass gerade die Digital Natives sich zwar mit Facebook und Xing auskennen, aber keine Ahnung von einem Personal Computer haben. Die müssen die Dinge, die wir brauchen, um im Business voranzukommen, erst lernen.

Mühleck: Sie sprechen einen wesentlichen Punkt an. Man kann ein Industrieunternehmen nicht über Nacht in ein Internetunternehmen umwandeln. Sie müssen eben mit den bestehenden Kompetenzen, Prozessen und Strukturen umgehen. Die Digital Natives, die mit ihrer eigenen Sicht auf die Informations- und Kommunikationstechnik und Erfahrungen ins Unternehmen kommen, müssen sich auch mit unseren internen Prozessen auseinandersetzen. Projektmanagement ist dabei ein wesentlicher Bestandteil. So haben die jungen Leute auch unsere stärker strukturierte Welt zu akzeptieren, offene Internetwelt hin oder her.

Brenner: Die neuen Wirklichkeiten der Informations- und Kommunikationstechnik sind Tatsache und nicht Fiktion. Die jungen Leute kommunizieren anders und haben an manchen Dingen, wie zum Beispiel dem Studium von schwierigen Texten, weniger Freude. Die Frage ist: Wie verbindet man die neue Welt mit konservativem, klassischen Arbeiten? An der Universität St. Gallen haben wir das Problem, dass unsere Internetseiten und elektronischen Dienstleistungen, beispielsweise zur Verteilung von Vorlesungsunterlagen, nicht auf dem Stand sind, den die jungen Leute akzeptieren. Wir stehen im Kampf um die besten Studierenden. Internetauftritt und elektronische Dienstleistungen spielen in diesem Wettbewerb eine wichtige Rolle. Es hilft uns nicht, wenn wir sagen, wir haben eine tolle Bibliothek mit Büchern. Die jungen Leute entscheiden sich für oder gegen unsere Universität, bevor sie unsere Bibliothek betreten haben.

Ich habe ein gewisses Verständnis dafür, dass Sie die Diskussion über Digital Natives und ihr Verhalten als „Nebenkriegsschauplatz" empfinden. Aber denken Sie daran, Anfang der 80er Jahre haben viele Chief Information Officers den Personal Computer auch als irrelevanten Nebenkriegsschauplatz betrachtet. Und nur einige Jahre später fanden sich in fast jedem Büro Personal Computer.

CIO 3 aus dem Publikum: Herr Mühleck, glauben Sie, dass neue Services, wie beispielsweise Anwendungen von Google, in einem Automobil für einen Fahrzeughersteller ein Differenzierungspotential darstellen?

Mühleck: Ihre Frage ist nicht einfach zu beantworten. Ich denke, dass wir die überall verwendeten neuen elektronischen Mobilgeräte, dazu gehören Blackberry und iPhone, in unsere Fahrzeuge integrieren sollten. Wir bieten heute schon Schnittstellen an. Wir haben es im Wesentlichen mit zwei Kundengruppen zu tun: Ein Kundensegment kauft hochwertige Fahrzeuge, die mit den besten Plasmabildschirmen oder LED-Technologien ausgestattet sind. Das andere nimmt lieber seine eigenen Mobilgeräte mit ins Fahrzeug. Diese Kunden möchten einen Bildschirm im Fahrzeug haben, an den sie ihre Geräte anschließen können. Wir stellen uns auf beide Kundengruppen ein.

Lassen Sie mich noch ein wenig von der Zukunft erzählen: Die Prototypen unserer neuen Navigationssysteme sind haptisch sehr angenehm und intuitiv zu bedienen. Unsere Kunden werden diese Geräte über die Benutzeroberfläche navigieren, etwa wie beim iPhone. Daneben arbeiten wir an einem Szenario, das davon ausgeht, dass die Kunden ihr iPhone ins Fahrzeug mitbringen und es als Navigationsgerät nutzen wollen. Im Auto der Zukunft wird nahezu alles machbar sein, ähnlich wie zu Hause. Lassen Sie mich noch eine andere Entwicklung ansprechen. In den USA haben unsere jungen Forschenden Informationen zu Verbrauch und Umweltbelastung eines Fahrzeugs zusammengestellt, die Kunden künftig über ein Software-Serviceportal abrufen können.

Bei der Integration von Consumer-IT-Geräten in das Auto geht es vor allem darum, unterschiedliche Entwicklungsgeschwindigkeiten zu synchronisieren. Ein Auto wird weit länger als fünf Jahre lang angeboten. Geräte der Unterhaltungselektronik sind nicht länger als ein paar Monate im Verkauf. Die Kunden erwarten, dass sie von den neusten Entwicklungen der Unterhaltungselektronik profitieren. Unsere Autos werden im Durchschnitt 16 Jahre alt, die Unterhaltungselektronik hingegen verändert sich alle sechs bis zwölf Monate. Wir müssen schauen, wie wir diese beiden Welten auf Dauer synchronisieren können.

CIO 4 aus dem Publikum: Digital Natives vernetzen sich weltweit untereinander, unabhängig von Unternehmensgrenzen. Ist es nicht wahrscheinlich, dass sich durch die neuen Möglichkeiten der Informations- und Kommunikationstechnik ein Unternehmen mit anderen Unternehmen vernetzen muss? Die Unternehmen folgen dem Weg der Digital Natives.

Mühleck: Wir werden uns damit beschäftigen müssen, denn die Web-2.0-Tools werden in den Unternehmen Einzug halten, soweit sie nicht schon genutzt werden. Diese grundsätzliche Diskussion haben wir auch bei uns im Unternehmen geführt. Wir unterscheiden zwischen unterschiedlichen Segmenten. In einem Segment beschäftigen wir uns damit, wie wir neue Technologien ins Unternehmen holen. Im zweiten Segment zielen wir darauf ab, wie wir die neuen Technologien nach außen nutzen, beispielsweise um die Kommunikation mit Kunden oder Handelspartnern zu optimieren. In einem weiteren Segment befassen wir uns mit der internen Vernetzung und Nutzung dieser neuen Technologien innerhalb des Unternehmens. Hier geht es auch darum, dass schützenswertes Unternehmenswissen nicht nach außen gelangt. So können sich Entwicklungsingenieure innerhalb des Unternehmens über Blogs und Plattformen austauschen, die nach außen abgeschlossen und gesichert sind.

CIO 4 aus dem Publikum: Ich kann mir aber auch vorstellen, dass sich vielleicht Ingenieure von BMW, Volkswagen und Mercedes über einen Blog unterhalten, ganz unabhängig von Unternehmensgrenzen.

Mühleck: Führungskräfte in IT-Bereichen sind extrem durch Themen wie Corporate Governance oder Compliance gefordert. Dazu erarbeiten wir Policies zum Umgang mit den neuen Technologien. Wir wollen nicht, dass Ingenieure die neuesten Entwicklungen in einen Blog werfen und schauen, was die Kollegen von Wettbewerbern dazu meinen. Schließlich trägt jeder Mitarbeiter im hohen Maße Verantwortung für das ganze Unternehmen, das machen auch Arbeitsverträge und Geheimhaltungsbestimmungen deutlich.

Quellen und Anmerkungen

1 Das Gespräch mit Klaus Hardy Mühleck wurde im Rahmen des Executive Forum am Tegernsee der IDG-Gruppe am 14. Juli 2010 als Dialog zwischen Klaus Hardy Mühleck und Walter Brenner live aufgezeichnet und nachbearbeitet. Weitere CIOs aus dem Publikum sind an dem Gespräch beteiligt. Sie sind nicht namentlich erwähnt, sondern mit CIO 1, CIO 2 usw. bezeichnet.

2 TDI, TSI, DSG und Twincharger sind eingetragene Markenzeichen der Volkswagen AG oder anderer Unternehmen der Volkswagen Gruppe in Deutschland und weiteren Ländern. TSI (Turbo Spark Injection) steht für direkteinspritzende, aufgeladene Otto-Motoren von Volkswagen. TDI (Turbo Direct Injection) kennzeichnet bei Volkswagen die Dieselfahrzeuge mit Direkteinspritzung und Turboaufladung. ESP (Elektronisches Stabilisierungsprogramm) erkennt kritische Fahrsituationen, zum Beispiel Schleudergefahr, und beugt einem Ausbrechen des Fahrzeuges gezielt vor. DSG (Direktschaltgetriebe) bestehen aus zwei voneinander unabhängigen Teilgetrieben. Über die Doppelkupplung werden die beiden Getriebe über zwei Antriebswellen je nach Gangstufe abwechselnd mit dem Motor kraftschlüssig verbunden. Die Doppelkupplung erlaubt dabei einen automatischen Schaltvorgang ohne Zugkraftunterbrechung. Twincharger bezeichnet die effiziente Aufladungstechnologie bei Otto-Motoren von Volkswagen, die Abgasturbolader und Kompressor miteinander kombiniert.

ZUSAMMENFASSUNG

Für Klaus Hardy Mühleck, Konzern CIO der Volkswagen AG, sind innovative Ideen und Technologien Grundlage für Wachstum und wirtschaftlichen Erfolg. Gut ist eine Innovation nur dann, wenn sie Kunden echten Mehrwert bringt und im Einklang mit der Natur realisiert werden kann. Er sieht auf sein Unternehmen große Veränderungen durch neue Entwicklungen der Informations- und Kommunikationstechnik zukommen. Vor diesem Hintergrund führt er aus, dass die Konzern-IT eher an ihrer Innovationskraft für das Gesamtunternehmen gemessen werde als an Optimierungen der klassischen Desktop-Welt. Deshalb entwickelt Volkswagen seine IT-Strategie stetig weiter, um Ideen der neuen „Web-Art" für das Unternehmen nutzen zu können.

Mühleck führt aus, dass junge Leute mit neuen Vorstellungen in sein Unternehmen kommen. Diese Digital Natives finden im Volkswagen Konzern eine „Kollaborationswelt" vor, die sich vom Internet unterscheidet. Der Volkswagen Konzern hat im Rahmen seiner digitalen Business-Strategie neun Projekte gestartet. Sie werden dazu führen, dass Kunden des Volkswagen Konzerns in den kommenden Jahren noch besser angesprochen werden.

Steffen Roehn

Kapitel 6

Es geht um das Aufspüren und Ausprobieren von neuen Potentialen der IT

Gespräch mit Steffen Roehn, CIO der Deutschen Telekom[1]

Bei der Telekom gilt in Sachen Innovation Arbeitsteilung. Der Chief Product and Innovation Officer beglückt den Endkunden mit neuen Produkten. Für Geschäftsprozessinnovationen und Automatisierung zeichnet dagegen der Chief Information Officer verantwortlich. Steffen Roehn erklärt die Vorteile und Eigenarten dieses Modells.

Die Deutsche Telekom mit Sitz in Bonn ist mit 258.000 Mitarbeitenden eines der größten Telekommunikationsunternehmen der Welt. Sie ging aus der Privatisierung der staatlichen Deutschen Bundespost und deren Bereichen für Telekommunikation und Fernmeldedienst hervor. Das Unternehmen hat im Geschäftsjahr 2009 einen weltweiten Umsatz von 64,6 Milliarden Euro erzielt. Mit ihren verschiedenen Tochtergesellschaften ist die Deutsche Telekom in mehr als 50 Ländern weltweit vertreten und bietet ein breites Spektrum an Dienstleitungen an. Dies erstreckt sich von der Festnetz-Telefonie über Breitbandinternetangebote und Mobilfunk bis hin zu komplexen Informations- und Kommunikationslösungen für Geschäftskunden. Mit diesem Portfolio an Produkten und Dienstleistungen ist das Unternehmen in fast allen Lebensbereichen – zu Hause, am Arbeitsplatz und unterwegs – präsent.

Brenner: Was bedeutet für Sie beziehungsweise die Deutsche Telekom Innovation? Unterscheiden Sie zwischen Geschäftsmodell-, Produkt-, Prozess-, Technologie- und Verfahrensinnovation?

Roehn: Die Deutsche Telekom unterscheidet diese fünf Formen der Innovation. Für Verfahrensinnovation kann ich Ihnen ein Beispiel nennen. Wir haben einen Weg gefunden, um alle wichtigen Stakeholder des Unternehmens in die Planungsprozesse des zentralen IT-Bereichs der Deutschen Telekom einzubinden. Wir priorisieren so unsere Projekte und gleichen sie mit der Unternehmensstrategie ab. Die Einführung dieser Verfahrensinnovation war sehr wichtig, weil sie dazu beiträgt, das Beste für das Unternehmen und somit auch für unsere Kunden zu entscheiden und umzusetzen.

Witte: Wie unterscheiden Sie zwischen Verfahrens- und Prozessinnovation?

Roehn: Verfahrensinnovation betrifft die IT-Prozesse. Unter Prozessinnovation verstehen wir bei der Deutschen Telekom das Thema Geschäftsprozessinnovation. Ein Beispiel dafür ist das Projekt „Next Best Offer", welches sehr eng mit unseren Customer-Relationship-Management-Anwendungen verbunden ist. Aus dem bisherigen Verhalten eines Kunden können wir Prognosen erstellen, auf welches Anschlussangebot er mit hoher Wahrscheinlichkeit eingehen wird. Dieses Projekt hat sehr viel mit Informations- und Kommunikationstechnik zu tun. Allerdings lässt sich mit dieser neuen Anwendung nichts erreichen, wenn seitens des Marketings nicht die richtigen Fragen gestellt und somit nicht die richtigen Verknüpfungen hergestellt werden können. Deshalb ist dieses Projekt für mich eine Prozessinnovation und keine Verfahrens- oder Technologieinnovation. Die Maßnahme verbessert den Geschäftsprozess „Kundenbindung".

Witte: Können Sie uns auch ein Beispiel für Technologieinnovation geben?

Roehn: Wir arbeiten sehr erfolgreich an der Weiterentwicklung der Spracherkennung. Wir können inzwischen nicht nur ganze Sätze erkennen, sondern auch das Geschlecht und das ungefähre Alter der sprechenden Person sowie ihren Gemütszustand. Das hilft uns enorm, wenn Kunden mit unseren „Active-Voice-Interfaces" in Verbindung treten. Für diese Technologie sind wir bereits mehrfach ausgezeichnet worden.

Brenner: Was ist bei diesen verschiedenen Innovationen der Beitrag des CIOs und seines Teams?

Roehn: Bei den Technologie-Innovationen geht es darum, sie zunächst einmal aufzuspüren und sie dann im Unternehmen zu platzieren. Nehmen Sie die Spracherkennung als Beispiel: Als wir damit vor fünf Jahren anfingen, konnte sich praktisch niemand vorstellen, wie das Unternehmen konkreten Nutzen daraus ziehen sollte. Trotzdem haben wir ein kleines Team an der Spracherkennung arbeiten lassen und es mit Budget ausgestattet. Wir haben mit Lieferanten und mit unseren eigenen T-Labs in Berlin zusammengearbeitet. Heute ist die Spracherkennung so ausgereift, dass wir sie im operativen Geschäft einsetzen. Wenn wir damals nicht am Ball geblieben wären, hätten wir diese Möglichkeit für das Geschäft nicht schaffen können. Diesen Prozess zu gestalten und die daraus entstehenden Innovationen den richtigen Leuten zum richtigen Zeitpunkt unter die Nase zu halten, das ist meine Rolle. Es geht ums Aufspüren und Ausprobieren von neuen Potentialen der Informations- und Kommunikationstechnik, den Bau von Prototypen und darum, im Unternehmen für die neuen Möglichkeiten zu werben. Wir sind ein Technologiekonzern. Da hat das Thema Innovationsmanagement einen hohen Stellenwert.

Witte: Was ist Ihre Rolle als CIO in der Produktinnovation?

Roehn: Für Produktinnovation haben wir einen eigenen Bereich. Er heißt „Produkte und Innovation". Dieser Bereich gehört nicht zum Unternehmens-IT-Bereich. Da wird derzeit ein „Developergarden" etabliert, um Entwicklungs-Communities an uns zu binden. Diese Abteilung verhandelt zum Beispiel mit Apple über das iPhone und weitere neue Geräte. Das heißt zusammenfassend, dass dieser Bereich im klassischen Sinne Produktinnovation betreibt. Meine IT-Mannschaft und der Bereich „Produkte und Innovation" arbeiten allerdings gemeinsam an Projekten, die diese Innovationen unseren Mitarbeitenden zugänglich machen. So gehörten wir zu den ersten Konzernen in Deutschland, die ihre Top-Führungskräfte mit einem in die Unternehmens-IT integrierten iPad ausgestattet haben.

Brenner: Diese „Trennungslinie" zwischen klassischem Innovationsmanagement und Innovation durch Informations- und Kommunikationstechnik habe ich in vielen Unternehmen gesehen. Persönlichkeiten aus der Automobilbranche erzählen mir, dass diese Trennungslinie zu Problemen führt. Informations- und Kommunikationstechnik in den Produkten rückt immer näher mit der Informations- und Kommunikationstechnik in Prozessen zusammen, beispielsweise wenn es sich um Neuerungen im immer wichtigeren Service für Kunden handelt. Aber sind Sie mitverantwortlich, wenn es um Verfahrens-, Technologie- und Geschäftsprozessinnovation geht?

Roehn: Ja, aber ich bin dafür nicht exklusiv verantwortlich. Es wäre ziemlich vermessen zu glauben, dass der Chief Technology Officer, der zum Beispiel für das Mobilfunk- und Festnetz verantwortlich ist, nicht auch Innovationen im Netzbereich vorantreiben will und muss.

Witte: Wie stimmen Sie sich ab?

Roehn: Wir haben gemeinsame Architekturgruppen, die für eine einheitliche Architektur sorgen. Außerdem leben wir Arbeitsteilung. Für alle Innovationen, die in erster Linie für die Endkunden sind, zeichnet der Chief Product and Innovation Officer verantwortlich und nachgelagert der Chief Technology Officer. Für Innovation in den Geschäftsprozessen und ihre Automatisierung bin ich verantwortlich. In diesen beiden Gebieten geht es nicht nur um Standardisierung und Automatisierung, sondern auch um das Geschäft.

Brenner: Würden Sie die Spracherkennungssoftware nicht auch als Prozessinnovation definieren?

Roehn: Die Spracherkennungssoftware hat – wie ich ja schon gesagt habe – die Unternehmens-IT vorangetrieben, weil es dabei vor allem darum ging, die Prozesse in den Callcentern effizienter zu machen. Wir können beeindruckende Zahlen vorweisen, wie viele Telefonanrufe komplett über diese automatisierten Plattformen abgewickelt werden, ohne dass ein Mensch involviert werden muss.

Witte: Sie haben gesagt, Sie müssten die Innovationen auch im Markt aufspüren. Gibt es denn ein Scouting-Team in Ihrem Bereich?

Roehn: Ein vollamtliches Scouting-Team haben wir nicht. Aber es gibt andere Wege, um an innovative Ideen zu kommen. Wir bekommen neue Ideen von den Kunden. Geschäftskunden äußern ihre Wünsche meistens unaufgefordert und sehr klar. Privatkunden laden wir zu Fokusgruppen ein und versuchen herauszubekommen, welche Bedürfnisse sie haben und was sie sich wünschen. Für mich ist der direkte Kundenkontakt sehr wichtig. Die Geschäftskunden erzählen mir, was sie vorhaben. Wir zeigen ihnen einige unserer Projekte und holen ihr Feedback ein. Das erledige ich natürlich auch nicht alleine. Im Applikationsbereich haben die Kollegen ebenfalls den Auftrag, sich um Innovationen zu kümmern. Die besten Ideen entstehen im Gespräch mit unseren externen und internen Kunden.

Die gleichen Erfahrungen machen wir im Kontakt mit den Endanwendern. In den Zielvereinbarungen unserer Applikationsverantwortlichen steht, dass sie regelmäßig in den Callcentern sein und regelmäßig unsere Shops aufsuchen müssen. Nur so können sie die Bedürfnisse der Endanwender verstehen und begreifen, was die Personen „vor Ort" brauchen. Ich habe ein System etabliert, das sicherstellt, dass die Applikationsentwickler und -betreiber nah am Endkunden bleiben.

Brenner: In den Callcentern existiert eine sehr ausgeklügelte Feedback-Struktur, vor allem im Umgang mit dem Endkunden. Beschwerden werden aufgezeichnet und sind sogar maschinell auswertbar. Haben Sie ähnliche Systeme auch für den Umgang mit Endanwendern in Ihrem Bereich etabliert?

Roehn: Im Unternehmens-IT-Bereich ist das etwas anders. Da gibt es Problem-Management-Werkzeuge, aber insgesamt sind die Prozesse nicht so stark systematisiert. Es geht auch darum, über die aktuellen Probleme hinaus zu gucken und mittelfristige Entwicklungen zu berücksichtigen. Wir haben in jedem Applikationsbereich verschiedene Power-User, die von den IT-Kollegen regelmäßig kontaktiert werden, um sich über die Entwicklungen im Fachbereich zu informieren und zu hören, was auf uns demnächst zukommen wird.

Für einen funktionierenden Unternehmens-IT-Bereich ist es meiner Meinung nach sehr wichtig, dass sie den Endanwendern nutzt. Ohne die Rückkopplung der Endbenutzer würden wir vieles nicht erkennen, was in den Anwendungen nicht funktioniert. Wir kennen zwar im Prinzip die Bedürfnisse unserer Callcenter-Agenten und unserer Key-Account-Manager, aber wir arbeiten nicht täglich mit diesen Programmen und Masken. Manchmal schießen wir neben das Ziel und erkennen es erst, wenn wir „Schulter an Schulter" mit einem Callcenter-Agenten arbeiten.

Witte: Gibt es weitere Quellen, aus denen Sie Ideen für Innovationen erhalten?

Roehn: Neben den Kunden ist der Austausch mit anderen CIOs für mich sehr wichtig. Über alle Branchengrenzen hinweg existieren zahlreiche gemeinsame Herausforderungen, zu denen man Ideen austauschen kann.

Und natürlich ist auch der Austausch mit einigen streng ausgewählten strategischen Herstellern, die mich auf Trends und Innovationen aufmerksam machen, sehr wichtig. Wir bekommen von ihnen neue Technologien und Best Practices aus anderen Branchen gezeigt. Wir können ihnen sehr spezifisches Feedback zu ihren Produkten geben und sie auf Widersprüche zwischen ihrem Marketing und der Produktrealität aufmerksam machen.

Neben dem unbedingt notwendigen Endanwenderkontakt geht es auch um das Selbstverständnis des IT-Bereichs. Früher waren wir zufrieden, Aufträge von der Fachseite in die Sprache der Informations-

und Kommunikationstechnik zu übersetzen und dann auszuführen. Dieses Vorgehen reicht heute nicht mehr aus. Wir müssen uns auch fragen, ob die Fachseite das Richtige will oder ob man ihre Ziele nicht auf andere Art und Weise effizienter unterstützen kann. Auch die Frage, wie relevant die Forderung der Fachseite für das Gesamtunternehmen ist, müssen wir beantworten können.

Brenner: Die Deutsche Telekom hat mit der T-Systems International einen der weltweit größten Anbieter von Dienstleistungen in der Informations- und Kommunikationstechnik in ihrem Konzern. Welche Rolle spielt die T-Systems International bei Innovation durch Informations- und Kommunikationstechnik?

Roehn: Die T-Systems International beteiligte sich in den vergangenen zwei Jahren sehr aktiv an unserem Innovationsprozess, weil sie am Markt erfolgreich operiert. Wenn Sie mit einem Anbieter zusammenarbeiten müssen, der am Markt nicht erfolgreich ist, haben Sie nicht viel innovativen Input. Wenn Sie mit einem Anbieter zusammenarbeiten dürfen, der einen wichtigen Auftrag nach dem anderen erhält, dann profitieren Sie von sehr mehr Input. Die T-Systems International ist insbesondere im Umfeld des Dynamic-Computing sehr erfolgreich, und wir wollen das auch nutzen, um unseren alten „Zoo" an Hardware, den wir an vielen Stellen noch haben, zu ersetzen. Ich wäre kein guter CIO, wenn wir dieses Potential aus dem eigenen Konzern nicht nutzen würden.

Witte: Wie funktioniert die Zusammenarbeit mit Forschungsinstituten, besonders die mit den T-Labs der Deutschen Telekom in Berlin?

Roehn: Beim Thema Spracherkennung haben wir intensiv mit den T-Labs zusammengearbeitet. Wir waren der interne Kunde, der den T-Labs, die auch Niederlassungen im Silicon Valley haben, den Auftrag gegeben hat, eine Spracherkennung für unsere Zwecke zu entwickeln. Wir sind sehr froh, dass wir auf einen leistungsstarken Partner zugreifen können.

Brenner: Entsteht aus der Zusammenlegung von Fest- und Mobilnetz für Sie Innovationsdruck?

Roehn: Obwohl circa 80.000 Mitarbeitende die Organisation wechseln und obwohl es dabei um die größte Umstrukturierung in der Geschichte des Unternehmens geht, gibt es keinen Mitarbeitenden, der den Grund dafür nicht versteht. Wir können unsere Kunden sehr viel besser bedienen, wenn wir Fest- und Mobilfunknetz in eine Hand geben. Aber natürlich treffen zwei verschiedene Welten aufeinander, was die Prozesse und die Technologie betrifft. Im Festnetz befinden sich Installationen, die 40 Jahre alt sind und seitdem gepflegt und immer erweitert worden sind. Die Systeme in der Mobilfunkwelt sind jünger. Sie verändern sich dynamisch und sind nicht weniger komplex. Das allein kulturell zusammenzubringen ist eine enorme Herausforderung. Für mich geht es dabei weniger um Innovation, sondern um die Frage, wie man eine Organisation so aufbaut, dass sie den hohen Erwartungen hinsichtlich integrierter Kundenführung, integrierter Produkte und Upgrade-Fähigkeit gerecht wird. Wir müssen dafür sorgen, dass wir die dahinterliegenden Business Cases mit unserer Infrastruktur gehoben bekommen.

Witte: Geschäftsprozessinnovation spielt in diesem Prozess keine große Rolle?

Roehn: Wir müssen das Integrationsdilemma lösen. Wir reden von riesigen Dimensionen. Die Zusammenlegung von Fest- und Mobilnetz ist so komplex, dass Sie nicht etwas auf der grünen Wiese daneben stellen und dann sukzessive von alt nach neu migrieren können. Beim Migrationsplan müssen wir genau darauf achten, dass wir uns von den Legacy-Anwendungen befreien können. Wir müssen uns aber darüber im Klaren sein, dass drei oder vier Jahre Parallelbetrieb notwendig sein werden. Es ist unmöglich, unsere Datenvolumina auf neue Systeme zu migrieren und dabei die gesamte Zeit rückfallfähig zu bleiben, wenn auf den neuen Plattformen etwas nicht funktioniert.

Das Stichwort „Proaktiver IT-Bereich" bekommt einen besonderen Stellenwert. Schon vor drei Jahren, als niemand im Unternehmen von einer solchen Fusion geredet hat, haben wir mit wichtigen Projekten begonnen. So haben wir zum Beispiel die Kundendaten aus dem Festnetz- und Mobilbereich zusammengelegt. Wenn wir damals nicht gegen die vorherrschende Meinung, dass beide Bereiche getrennt seien, aktiv geworden wären und uns nicht Fachbereiche zur Unterstützung gesucht hätten, wären wir heute nicht handlungsfähig. Wir könnten diese schwierige Zusammenlegung nicht meistern. Deshalb sage ich es noch einmal: Als Unternehmens-IT-Bereich dürfen wir nicht kurzfristig denken. Wenn wir nur die Wünsche für das nächste Release abholen, betreiben wir Marketing, machen aber keinen Job als Verantwortliche für Informations- und Kommunikationstechnik. Wir müssen zwei bis vier Jahre in die Zukunft denken und mutig sein. Wenn wir überzeugt sind, dass das Unternehmen in eine bestimmte Richtung geht und künftig eine bestimmte technische Plattform braucht, dann müssen wir dafür die Weichen lange vorher stellen. Sonst erreicht das Unternehmen seine Ziele nicht.

Brenner: Wir fordern einen Wettbewerb der Ideen und fordern den CIO auf, sich an diesem Wettbewerb zu beteiligen. Was halten Sie davon? Unterstützen Sie diese Idee?

Roehn: Ein CIO, der sich nicht an diesem Wettbewerb beteiligt, der nicht vorausdenkt und keine neuen Ideen ins Spiel bringt, hat keinen Gestaltungsspielraum. Er könnte somit auch durch einen Dienstleister ersetzt werden.

Witte: Viele Innovationen werden vom Radar des IT-Bereichs nicht erfasst, weil sie vom Fachbereich beschafft und betrieben werden. Trotzdem ist diese „graue" Informations- und Kommunikationstechnik ein starker Innovationstreiber. Wie gehen Sie damit in Ihrem Unternehmen um?

Roehn: Ich bin diesbezüglich unsicher. Die „graue" Informations- und Kommunikationstechnik ist langfristig gesehen nicht gut für unser Unternehmen. Wenn nennenswerte Budgets, Equipment und Personal außerhalb des zentralen IT-Bereichs existieren, führt das langfristig – und ich habe noch nie ein positives Beispiel gesehen, das mich eines Besseren belehrt hätte – zum ineffizienten Einsatz der Mittel und zu mittleren bis großen Fehlern in der Architektur, die Unternehmen durchaus in Krisen führen können. „Graue" Informations- und Kommunikationstechnik darf es nicht geben. Das haben wir sogar per Vorstandsbeschluss schriftlich festgehalten. Aber schlage ich deswegen jemandem auf die Finger, der etwas Neues in kleinem Rahmen mit einem Dienstleister ausprobiert? In der Regel nicht. Entweder sterben diese Lösungen sehr schnell, und dann hat man sich umsonst aufgeregt, oder sie sind so erfolgreich, dass sie sehr zügig wachsen. An dieser Stelle wird in der Regel der zentrale IT-Bereich gefragt, ob er die Lösung nicht übernehmen will. Deshalb gehe ich mit der „grauen" Informations- und Kommunikationstechnik pragmatisch um.

Witte: Sie haben kürzlich in einem Vortrag zwischen „grundlegenden" und „differenzierenden" Fähigkeiten der Informations- und Kommunikationstechnik unterschieden. Hilft Ihnen diese Unterteilung in der Steuerung von Innovationen?

Roehn: Innovationen müssen natürlich in beiden Bereichen stattfinden. Dynamic Computing mit seinen niedrigeren Kosten, höherer Verfügbarkeit und größerer Transaktionssicherheit verbessert beispielsweise unsere grundlegenden Fähigkeiten. Der Trend der Softwarehersteller, in ihre Software Best Practices aus vielen Unternehmen einzubauen, hilft, die differenzierenden Fähigkeiten zu verbessern. Aber

98

man muss in beide Richtungen aktiv werden. Es geht darum, die grundlegenden Prozesse effizienter zu machen und gleichzeitig neue Geschäftsinnovationen zu unterstützen oder zu ermöglichen. Bei den grundlegenden Fähigkeiten hat der IT-Bereich den Hebel selbst in der Hand. Er kann zu 80 Prozent eigenständig bestimmen, was und wie er etwas macht. Je mehr es aber zur differenzierenden Seite geht, desto stärker haben auch andere Stakeholder ein Wort mitzureden. Je mehr es in Richtung Geschäftsinnovation geht, umso stärker übernimmt der Fachbereich die Führung.

Brenner: Nutzen Sie bestimmte Methoden, um Innovationen zu erzeugen?

Roehn: Nein, wir nutzen keine systematischen Methoden für Innovation durch Informations- und Kommunikationstechnik. Wir haben einige praktische Dinge eingeführt wie den Priorisierungsprozess. Wir arbeiten mit „Körben", wie „Umsatzsteigerung", „Effizienzsteigerung", „End-of-Live-Situationen" und einem Korb für Innovation. Wir legen top-down fest, wie viel Prozent unserer Investitionen in Informations- und Kommunikationstechnik für welchen Korb zur Verfügung steht. Mit welchen Projekten der Korb gefüllt wird, ist Gegenstand eines Verfahrens, an dem Fachbereich und IT-Bereich beteiligt sind. Wenn man ernsthaft Innovation betreiben will, ist es enorm wichtig zu wissen, welche Mittel zur Verfügung stehen.

Witte: Das bestätigen auch empirische Studien. Es braucht für Innovation ein Budget und Personen, die sich hauptamtlich um das Thema kümmern.

Roehn: Dieser Aussage kann ich zustimmen. Aber genauso wichtig ist die Motivation der Mannschaft. Deshalb veranstalten wir beispielsweise Innovationswettbewerbe. Dabei stellen sechs oder sieben Teams ihre innovativen Ideen auf Managementmeetings vor. Das Management beurteilt die Ergebnisse. Das Gewinnerteam erhält Mittel, um an seiner Idee weiterzuarbeiten. Ich bin ein Freund solcher praktischen Vorgehensweisen. Generische Beraterprozesse funktionieren in unserer Organisation nicht richtig.

Brenner: Wie und nach welchen Gesichtspunkten werden die finanziellen Mittel verteilt?

Roehn: Ich verantworte das gesamte IT-Budget, verstehe meine Aufgabe aber als eine Art Treuhänder. Ich verteile diese Gelder nicht allein. Am Verteilungsprozess sind alle wichtigen Stakeholder aus den Fachbereichen beteiligt. Am Ende des Prozesses wird das Geld auf die verschiedenen Körbe verteilt.

Vor ein paar Jahren haben wir massiv umsteuern müssen. Wir haben in rascher Folge neue Produkte auf den Markt gebracht, aber der Vertrieb kam nicht mehr mit dem Verkauf nach. Im Support war es nicht mehr möglich, diese neuen Produkte richtig zu unterstützen. In dieser Situation haben wir entschieden, dass wir den Korb „Produkte" nicht mehr so stark füllen, sondern den Korb „Prozessverbesserungen" mit mehr Mitteln ausstatten. Die Höhe der Mittel lege ich nicht allein fest, sondern das geschieht in einem strategischen, bereichsübergreifenden Prozess.

Witte: Welche Bremsen sehen Sie im Bereich Innovation?

Roehn: Eine große Hürde ist die Wahrnehmung des IT-Bereichs durch andere Bereiche. Ich muss als CIO zur Kenntnis nehmen, dass der IT-Bereich oft als Bremser gesehen wird. Er ist tatsächlich auch zu langsam und kompliziert. Das liegt an einer zu heterogenen Entscheidungsstruktur, an den noch immer vorhandenen Alt-Plattformen an zu vielen statt zu wenigen Ideen, die wir gleichzeitig verfolgen. Wenn man den Priorisierungsprozess nicht gut steuert, endet das im Durcheinander. Nicht jede gute Produktidee kann man an den Endkunden bringen. In den Fachbereichen, in denen die Diskussionen sauber laufen und klare Priorisierungen stattfinden, agiert der IT-Bereich nicht als Bremser. Wir können eine gute bis sehr gute „Time-to-Market" vorweisen. Der Priorisierungsprozess ist wichtig. Er muss stattfinden, bevor irgendeine Umsetzung in Angriff genommen wird. Wenn die Zahl der Innovationen zu groß wird, können Sie nicht mehr folgen und bewältigen Ihre Aufgaben nicht.

Brenner: Welche Kriterien in der Deutschen Telekom gelten für die Priorisierung?

Roehn: Ein Kriterium ist der Wertbeitrag. Daneben zählen der Umsatz- und Ertragszuwachs, Kostenersparnis und auch das strategische Argument. Nehmen Sie Entertain. Der Rollout dieses Produktes ist sehr aufwendig und sehr teuer, aber nur so können wir das Thema „Connected Life and Work" besetzen, das die Deutsche Telekom als Strategie gewählt hat.

Witte: Hat der IT-Bereich nicht auch deswegen das Bremserimage, weil er sehr stark mit dem Legacy-Problem belastet ist, das heißt, die Systeme ausnutzen muss, die er nun einmal hat, die aber noch nicht abgeschrieben sind?

Roehn: Ja, deshalb müssen wir sehr stark standardisieren und unsere Legacy-Systeme abbauen. Am Ende des Tages bin ich auf einer standardisierten Plattform schneller, als ich es heute sein kann. In der Vergangenheit haben wir bei großen Produkteinführungen, beispielsweise ISDN, nicht nur ein neues Produkt entwickelt, sondern es wurde auch ein komplett neues System der Informations- und Kommunikationstechnik danebengestellt. Das war damals schneller. Wir sind dabei, die so entstandene Heterogenität abzubauen.

Brenner: Wie halten Sie die Balance zwischen Standardisierung und Innovation?

Roehn: Wir rüsten unsere bestehenden Systeme in Bezug auf Konfigurationsmöglichkeiten auf, damit wir nicht für jede neue Anforderung programmieren müssen. Dafür müssen wir gegenüber den Fachbereichen stärker als Vermittler dieses Konzeptes auftreten und ihnen erklären, dass wir auf bestehenden Systemen Lösungen aufbauen können, die vielleicht nicht 100-prozentig passen, sondern nur 90-prozentig, dafür aber in drei Monaten zu realisieren sind statt in neun. Ich habe sehr viel Wert darauf gelegt, dass meine Business-Analysten diese Botschaft den Fachabteilungen nahebringen. Wir müssen zum einen aufpassen, dass nicht jede hereinkommende Anforderung zu einer Systemänderung führt, und zum anderen braucht man clevere Migrationsstrategien, nicht einfach einen Big Bang. Bei der Zusammenlegung von Mobilfunk und Festnetz haben wir nicht entschieden, beide Systeme abzuschalten und ein drittes zu bauen, sondern wir werden eines fortführen, müssen aber noch beide Systeme für eine Zeitlang betreiben. So können wir die aktuellen Anforderungen zumindest eingeschränkt weiter abarbeiten und trotzdem zu einer standardisierten Plattform kommen.

Witte: In welcher Art und Weise kann der IT-Bereich Beschleuniger sein, wenn es um Innovation durch Informations- und Kommunikationstechnik geht?

Roehn: Der IT-Bereich sollte sich stärker den Fachabteilungen zuwenden, das heißt, aktiv zuhören, welche Bedürfnisse das Geschäft hat, und diese Anforderungen mit der eigenen Leistung abgleichen. Wenn der IT-Bereich entsprechende Angebote machen kann, dann sollte er diese Lösungen aktiv verkaufen. Das wird heute noch nicht ausreichend praktiziert.

Weiterhin müssen wir in Zukunft die Mitarbeitenden mehr mit innovativen Lösungen im Unternehmen ausstatten, so dass diese die dramatischen Veränderungen am Markt, die sich gerade mit dem starken Wachstum der Smartphones, Tablets und mobilen Endgeräte vollziehen, für die Deutsche Telekom positiv genutzt werden können.

Quellen und Anmerkungen

1   Dieses Gespräch fand in Form eines Telefonats am 28. Januar 2010 statt.

ZUSAMMENFASSUNG

Die Deutsche Telekom unterscheidet Geschäftsmodell-, Produkt-, Prozess-, Technologie- und Verfahrensinnovation. Steffen Roehn führt aus, dass der Kontakt mit Kunden die wichtigste Quelle für Innovationen im Wettbewerb der Ideen ist. Privatkunden lädt die Deutsche Telekom zu Fokusgruppen ein und versucht herauszubekommen, welche Bedürfnisse sie haben und was sie sich wünschen. Die Geschäftskunden erzählen der Deutschen Telekom direkt ihre Wünsche. Die Deutsche Telekom zeigt ihnen einige neue Projekte und holt ihr Feedback ein.

Für Steffen Roehn ist es für einen funktionierenden Unternehmens-IT-Bereich wichtig, dass er den Kontakt zu den Endanwendern nutzt. Ohne die Rückkopplung der Endbenutzer kann der Unternehmens-IT-Bereich vieles nicht erkennen, was in den Anwendungen nicht funktioniert. Der Telekom-Konzern profitiert von seinem IT-Dienstleister, der T-Systems-International. Dieses Unternehmen ist insbesondere im Umfeld des Dynamic Computing sehr erfolgreich, und Steffen Roehn und sein Team nutzen die Erfahrungen ihres IT-Dienstleisters, um den alten „Zoo" an Hardware, den sie an vielen Stellen noch haben, zu ersetzen. Für Steffen Roehn muss ein Unternehmens-IT-Bereich aktiv sein. Wenn der Unternehmens-IT-Bereich nicht immer wieder gegen die vorherrschende Meinung aktiv wird, besteht die Gefahr, dass ein Unternehmen seine Handlungsfähigkeit verliert. In Zeiten des rasanten Wachstums von Smartphones, Tablets und mobilen Endgeräten ist es Aufgabe des Unternehmens-IT-Bereichs, den Mitarbeitenden diese Innovation zukommen zu lassen.

Wolfgang Gaertner

Kapitel 7

Bei uns resultiert der Innovationsdruck aus den Prozessveränderungen

Gespräch mit Wolfgang Gaertner,
CIO Core Banking der Deutschen Bank[1]

Die Deutsche Bank unterscheidet zwar zwischen „Innovate the Business" und „Innovate the IT". Ihr CIO, Wolfgang Gaertner, hat aber erkannt, dass Geschäftsinnovationen Erneuerungsdruck auf die IT ausüben. Dieses Spannungsverhältnis nutzt er, um beide Innovationsbereiche zu fördern und zu steuern.

Die Deutsche Bank ist im Jahr 2010 mit einer Bilanzsumme von 1.958 Milliarden Euro und einer Mitarbeiterzahl von 82.504[2] die größte Kreditanstalt Deutschlands. Das im Jahre 1870 gegründete Unternehmen hat seinen Sitz in Frankfurt am Main und bietet in mehr als 70 Ländern Dienstleistungen über die gesamte Bandbreite der Bank- und Finanzdienstleistungen an. Dabei ist die Bank in folgenden Kerngeschäftsbereichen aktiv: Private und Geschäftskunden, Private-Wealth-Management, Asset-Management sowie Corporate und Investment Banking. Entsprechend kann die Deutsche Bank in die Kategorie der Universalbanken eingeordnet werden. Unser Gesprächspartner Wolfgang Gaertner ist CIO Core Banking des Unternehmens.

Brenner: Bei unserem ersten Besuch zum Thema Innovation durch Informations- und Kommunikationstechnik vor zwei Jahren haben Sie uns gezeigt, dass Sie das Thema anders auffassen als viele andere CIOs: Innovation ist für Sie mehr als die Installation der jeweils neusten Generation von Standardsoftware. Sie haben uns damals das noch bescheidene Innovationslabor der Deutschen Bank gezeigt und haben von Innovationsmessen und einem Wettbewerb der Ideen in Ihrem

Haus erzählt. Wie hat sich der Umgang mit Innovation durch Informations- und Kommunikationstechnik in Ihrem Haus seitdem weiter entwickelt?

Gaertner: Schon vor zwei, drei Jahren hatten wir es geschafft, den Innovationsbegriff wieder in der IT-Abteilung zu verankern: Dieses Ziel haben wir mit relativ großen Veranstaltungen erreicht, in denen wir den Geschäftsbereichen zeigen konnten, welche Innovationen die IT-Abteilung zu bieten hatte. Wir riefen Wettbewerbe ins Leben, in denen die besten Ideen aus der IT-Abteilung von Business-Sponsoren ausgezeichnet wurden. Schon vor zwei Jahren konnten wir stolz auf unsere Innovationen sein. Aber wir hatten noch nicht so viel Einfluss auf das Geschäft der Bank. Wir drangen mit unseren Vorschlägen, die das Geschäft verbessern konnten, nicht richtig durch. Das hat sich in den vergangenen zwei Jahren verändert. Wir arbeiten inzwischen – übrigens unter anderem auch mit der Design-Thinking-Methode[3] – an der Verbesserung der Schnittstelle zum Kunden und an den Geschäftsprozessen. Die Spezialisten in den Fachbereichen haben inzwischen erkannt, dass es auch für sie eine Riesenchance ist, wenn sie mit uns zusammen an Innovationen arbeiten. Unser Beitrag findet inzwischen Anerkennung. Am Beispiel Microsoft-Surface[4], auf dessen Basis wir eine interaktive Präsentation unserer Produkte entwickelt haben, sehen Sie, dass unsere Arbeit in der direkten Kunde-Berater-Beziehung immer präsenter wird. Wir haben in den Fachbereichen etwas ausgelöst. In den nächsten zwei bis drei Jahren werden Sie einige Ergebnisse dieser konkreten Zusammenarbeit zwischen Informatik- und Fachabteilung erleben.

Witte: Was steht dabei im Vordergrund: „Innovate the Business" oder „Innovate the IT"?

Gaertner: „Innovate the IT" ist nicht unser Hauptthema. Im Vordergrund steht die Veränderung der Bank. Wir verfolgen relevante Themen für Kunden sowie die Mitarbeitenden. Das passt auch in die Unternehmensstrategie der Bank, die sich für die nächsten Jahre eindeutig eine Wachstumsagenda gegeben hat. Die Fachbereiche fordern uns inzwischen immer öfter auf, in dieser Hinsicht noch mehr zu tun. Das stimmt uns sehr zuversichtlich und zeigt uns, dass wir den richtigen Weg verfolgen.

Innovation spielt sich häufig über Gadgets ab, wie beispielsweise dem iPhone oder dem iPad, und macht da aber leider oft halt. Bei uns resultiert der Innovationsdruck aus den Prozessveränderungen. Wir verändern unser Geschäft, beispielsweise unsere Schnittstelle zum Kunden, und wir sehen, dass wir in unseren bisherigen Kernbanksystemen diese Veränderungen nicht mehr oder nur zu langsam abbilden können. Das bringt die IT-Abteilung in eine einzigartige Situation. Auf der einen Seite helfen wir, die Bank zu innovieren, auf der anderen Seite erzeugen diese Geschäftsinnovationen so viel Veränderungsdruck, dass wir dadurch nun selbst unsere Kernbanksysteme in absehbarer Zeit innovieren müssen. Punktuelle Verbesserungen reichen nicht mehr aus. Mit unseren alten Systemen können wir die veränderten Prozesse und die Informationsversorgung unserer Kunden nicht mehr darstellen. Die Altsysteme sind nicht mehr kraftvoll und flexibel genug, um mit dieser Entwicklung Schritt zu halten. Wir haben die Innovationen sicher mit ausgelöst, bekommen aber jetzt auch Rückkopplungen, die uns auffordern, schneller und flexibler zu agieren.

Unsere Business Cases rechnen sich nicht aufgrund von günstigeren Kosten für Informations- und Kommunikationstechnik, sondern aufgrund sinkender Prozesskosten und aufgrund neuer, sich aus neuen Systemen ergebenden Geschäftsmöglichkeiten. Manchmal sind die großen Informatikprojekte sogar Voraussetzung dafür, um Geschäfte überhaupt realisieren zu können. Im Grunde legen sich das Geschäft und die IT-Abteilung die nächste Hochsprunglatte gegenseitig höher. Wenn wir etwas entwickeln, das dem Geschäft direkt nutzt, erwartet die Bank höhere Umsätze oder Erträge. Wenn der Fachbereich eine neue Geschäftsidee hat, sind wir aufgerufen, diese möglichst gut mit Informations- und Kommunikationstechnik zu unterstützen oder sie mit Hilfe von Informations- und Kommunikationstechnik überhaupt zu ermöglichen.

Brenner: Welche Rolle spielt der CIO?

Gaertner: Aus dem Bereich des Chief Information Officers heraus müssen wir immer wieder Ideengeber und Antreiber sein. Meine Teams wissen, was man mit und aus neuen Technologien machen kann, und tragen diese neuen Ideen in die Geschäftsbereiche. Die andere Rolle ist die des Enablers. Wenn der Appetit geweckt ist und die Technologien da sind, müssen wir sie in konkrete Anwendungen umsetzen. Gerade in einer Bank heißt umsetzen nicht herumzuspielen. Die IT-Abteilung muss die Innovation fundiert und letztlich auch sicher in einer weltweiten Organisation implementieren.

Witte: Wie gehen Sie vor diesem Hintergrund mit der sogenannten „grauen" Informations- und Kommunikationstechnik um? Durch die immer stärkere Durchdringung der Unternehmen mit Informations- und Kommunikationstechnik auf der einen Seite, dem zunehmenden

Wissen ganz „normaler" Mitarbeitenden auf diesem Gebiet und der Verfügbarkeit von Services der Informations- und Kommunikationstechnik in der Cloud auf der anderen Seite spielt diese nicht von der IT-Abteilung getriebene und kontrollierte Informations- und Kommunikationstechnik für Innovation eine immer größere Rolle.

Gaertner: In der Deutschen Bank existieren in dieser Hinsicht Unterschiede zwischen dem Investmentbanking und dem Privat- und Firmenkundengeschäft, für das ich als CIO verantwortlich bin. Für Letzteres kann ich sagen, dass die Umsetzung der innovativen Ideen in allererster Linie Aufgabe der zentralen IT-Abteilung ist, die sie in der Deutschen Bank auch erfüllt. Wir sind froh, in den Fachabteilungen immer öfter auf Kollegen zu treffen, die gutes Wissen über Informations- und Kommunikationstechnik besitzen und die neue Geräte und neue Anwendungen selbst ausprobieren. Aber sobald diese Anwendungen für den Kunden bedeutend werden, wenn Last auf die Lösungen kommt, übernimmt die IT-Abteilung. Das ist klar geregelt. Die Kunden müssen sicher sein, dass die Daten vertraulich behandelt werden, dass sie immer von jedem Ort und jeder Zeit verfügbar sind. Das gehört zu dem Bild unserer Bank. Also insofern gilt bei der Deutschen Bank: Experimentierfeld ja, übereilte Produktion nein. Das ist meine Verantwortung als CIO. An dieser Stelle gehen wir keine Kompromisse ein.

Brenner: Wie steht es um den innovativen Aspekt dieser „Schatten-Informations- und Kommunikationstechnik"? Spielt dieser Aspekt in der Deutschen Bank keine Rolle?

Gaertner: Fast alle Innovationen kommen aus der IT-Abteilung. Idealerweise sollte sich die Fachabteilung darauf konzentrieren, Innovationen der Informations- und Kommunikationstechnik in neue Bankprodukte und damit in zusätzliche Erträge umzusetzen. Darauf konzentrieren sich die Fachabteilungen in der Deutschen Bank auch. Im Grunde ist klar, wofür die Fachabteilung und wofür die IT-Abteilung zuständig ist. Wir ziehen die Grenze aber nicht so strikt. Die eine oder andere Abweichung von dieser Linie kann durchaus befruchtend wirken.

Witte: Wie haben Sie die Reputation eines Innovationstreibers erworben? Das wurde Ihrer Abteilung nicht in den Schoß gelegt.

Gaertner: Das hat bestimmt fünf Jahre gedauert und entwickelte sich über verschiedene Stufen. Zunächst einmal muss die IT-Abteilung ernst genommen werden. Sie muss der unbestrittene Anführer in allen Angelegenheiten sein, die Informations- und Kommunikationstechnik betreffen. Sie muss in ihren Handlungen transparent und verlässlich sein. Sie muss liefern, was sie verspricht, einen ordentlichen Betrieb gewährleisten und die Geschäftsbereiche unterstützen. Danach muss sie in Sachen Innovation einen „Trackrecord" aufbauen.

Mit dem Aufbau dieses „Trackrecord" haben wir vorsichtig nach der letzten Konsolidierungswelle 2005 begonnen. Wir riefen erste Ideenwettbewerbe ins Leben und konnten Führungskräfte aus dem Business als Juroren gewinnen. Unsere Mitarbeitenden konnten ihnen ihre Ideen vorstellen. Das klappte gut und hinterließ einen so guten Eindruck, dass die Juroren versprachen, wieder mitzumachen. Wir haben die Ziele nach und nach höher gesteckt. Zunächst sollten hundert Ideen gesammelt werden, dann tausend Ideen. Dann haben wir das Management der IT-Abteilung verpflichtet, die besten Ideen zu implementieren. Schließlich wollten wir die Qualität verbessern und haben den „100 x 100-Wettbewerb" gestartet. Es sollten hundert Ideen implementiert werden, die jeweils einen Nutzen von mindestens 100.000 Euro haben sollten. Weil durch die Umsetzung der Ideen reale Effekte erzielt wurden, wurden die Fachabteilungen auf die Innovationsoffensive der IT-Abteilung aufmerksam. Im nächsten Schritt haben wir ein kleines Labor aufgebaut, erst draußen vor der Tür in einem Container und inzwischen hier mitten im Herz der IT-Abteilung der Bank. Wir veranstalten Innovationstage, zu denen wir die Fachabteilungen einladen. An diesen tragen wir die neuesten Themen vor.

Brenner: Können Sie uns Beispiele geben für Innovationen aus der Stoßrichtung „Innovate the Business", die von der IT-Abteilung angestoßen wurden?

Gaertner: Ich habe mich in der letzten Zeit sehr intensiv mit der Informations- und Kommunikationstechnik in den Filialen auseinandergesetzt. Kundenberater, die in den Filialen in unserer Legacy-Umgebung arbeiten, haben mehrere Oberflächen, verschiedene Logins und unklare Navigationen. Sie brauchen viel Zeit, sich Informationen zu beschaffen. Diese Kollegen können wir entlasten: Zum einen, indem wir Ballast aus dem System entfernen, zum anderen, indem wir sie in Kundensituationen schneller machen, ihnen eine einfachere Informationssuche bieten, vereinfacht gesagt, die von ihnen benutzten Systeme zusammenführen und in einer Oberfläche unterbringen. Gerade in der Kundenbetreuung lassen sich neue Technologien gut einsetzen. Wir nutzen beispielsweise Technologie auf Basis von Microsoft-Surface oder dem iPad. Wir können die Filialmitarbeitenden mit interaktiven und adaptierbaren Präsentationsprogrammen ausrüsten, mit denen sie zusammen mit dem Kunden zum Beispiel dessen momentane Finanzlage analysieren und ihm daraufhin die passenden Produkte anbieten. Wir sind noch nicht ganz so weit, dass wir gleich in der Präsentationssoftware Verträge abschließen können. Das müssen wir heute noch gesondert machen. Aber es wird nicht mehr lange dauern, dann werden unsere Mitarbeitenden direkt auf dem iPad mit dem Kunden verbindliche Verträge schließen können.

Das Gleiche gilt für unsere neuen großen Präsentationstische. Auch sie werden schon bald mit einem Zugang zu unseren Backend-Systemen ausgestattet. Wenn man sich die neuen Oberflächen anschaut, dann ist sofort klar, wie stark sie das Arbeiten in der Filiale erleichtern. Dieses Projekt basiert auf Ideen aus der IT-Abteilung. Unsere Teams haben sich überlegt, was den Filialkollegen helfen könnte, um ihre Kunden besser bedienen zu können. Ziel ist es, dass die Deutsche Bank mehr Umsatz erzielen kann. Natürlich haben die IT-Kollegen bei der Entwicklung ihre Vision mit dem Geschäftsbereich abgeglichen und weiter konkretisiert. Dann sind sie losgezogen und haben in Filialen vorgesprochen und Überzeugungsarbeit geleistet. Heute stehen wir kurz davor, die Lösung in den ersten Filialen im Echtbetrieb auszuprobieren.

Witte: Das hört sich nach viel mehr an als nach klassischer Arbeit einer IT-Abteilung. Offenbar arbeitet Ihr Bereich nicht nur als Enabler für die Ideen anderer Bereiche, sondern betreibt selbst Innovation. Wo geschieht das? In den Fachabteilungen oder in der IT-Abteilung? Wandelt nicht jeder Ihrer Mitarbeitenden aus der IT-Abteilung auf einem ganz schmalen Pfad, den er nicht überschreiten darf, weil sonst die Kollegen in den Fachabteilungen irritiert sind?

Gaertner: Es geht nicht darum, festgeschriebene Pfade nicht zu verlassen – sondern im Gegenteil gerade um das Überwinden solcher Grenzen. Wir wollen die Menschen zusammenbringen, damit sie aus ihren verschiedenen Kompetenzbereichen heraus gemeinsam Ideen entwickeln. Jede Seite muss bereit sein, ihre Grenze ein Stück weit zu überschreiten. Wir von der IT-Abteilung müssen Bankprozesse verstehen, sonst können wir nicht helfen. Auf der Geschäftsseite braucht es Menschen, die sich vorstellen können, was aus einer bestimmten Technologie einmal werden kann. Wenn es die nicht gäbe, könnten wir keine Lösungen auf Basis des iPhones, des iPads oder Microsofts 3D-Tisch bauen. Für mich ist es spannender, den Kollegen in der IT-Abteilung eine starke Heimatbasis zu geben und sie zu ermutigen, Ausflüge in andere Abteilungen zu machen und intensiv mit Teams aus dem Fachbereich zusammenzuarbeiten. Deshalb interessieren mich weder „Schatten"-Informations- und Kommunikationstechnik noch Grenzziehung. Mich interessiert, wie ich die Menschen zusammenbringen kann.

Brenner: Das passiert in Unternehmen eher selten. Woran liegt das?

Gaertner: Wir haben es in dieser Hinsicht als Bank sehr gut. Im Retail-banking ist Informations- und Kommunikationstechnik für den Erfolg sehr wichtig. Sie ist ein zentrales Element. Deshalb wird zwar von der IT-Abteilung viel gefordert, sie wird aber auch ernst genommen und bekommt die nötigen Ressourcen. Das ist in vielen anderen Unternehmen anderer Branchen sicher nicht immer so.

Witte: Wir haben jetzt intensiv über die Ideen gesprochen, die die IT-Abteilung für die Fachbereiche entwickelt. Wie gehen Sie mit Ideen um, die aus den Fachbereichen kommen? Gibt es bereits Strukturen?

Gaertner: Wenn ein Thema identifiziert ist, kümmern sich gemischte Teams aus dem Geschäftsbereich und der IT-Abteilung darum, das Thema weiterzutreiben und zu entwickeln. Dabei benutzen sie zum Beispiel Innovationsmethoden wie Design Thinking. Zwar gibt es noch keinen spezifischen Prozess, mit dem wir in den Fachabteilungen systematisch Ideen sammeln, so wie wir das in der IT-Abteilung getan haben. Aber wir beginnen, diese Lücke zu schließen mit einem Projekt, das wir Innovationsradar nennen. Hiermit versuchen wir, Ideen aus dem Fachbereich und der IT-Abteilung strukturiert zu einer gemeinsamen Perspektive zusammenzuführen. Unser Ziel ist dabei, schon sehr früh ein gemeinsames Verständnis zu entwickeln.

Brenner: Sie haben eben gesagt, die IT-Abteilung muss unbestrittener Anführer in Fragen der Informations- und Kommunikationstechnik sein. Das bedeutet ja auch für Sie persönlich eine enorme Verpflichtung, immer auf dem neuesten Stand zu bleiben. Wie bewältigen Sie diese Aufgabe?

Gaertner: Man muss Chancen erkennen. Ich muss nicht wissen, wie Apple seine Computer oder seine iPads baut. Ich muss aber die Fantasie entwickeln, um die enormen Vorteile von einer Verbindung zwischen iPad und Backend-Systemen zu erkennen. Mein Fokus liegt deshalb mehr auf Lösungen und Ideen für den externen Kunden und den Endanwender in der Bank. Das Kundenerlebnis möchte ich weiter zum Nutzen der Bank verbessern. Technologie als solche interessiert mich in diesem Zusammenhang hauptsächlich als etwas, mit dem man dieses Erlebnis verbessern kann. Ein schnellerer Rechner oder ein preiswerteres Speichersystem interessieren mich deshalb zunächst nicht so sehr.

Witte: Im Grunde versuchen Sie zu selektieren. Sie interessieren sich für das Potential neuer Entwicklungen der Informations- und Kommunikationstechnik.

Gaertner: Ja, ich versuche die Chancen bestimmter Technologien zu sehen.

Brenner: Arbeiten Sie mit Innovationspartnern? Wie gestaltet sich die Zusammenarbeit mit diesen Partnern?

Gaertner: Natürlich arbeiten wir mit Technologiepartnern zusammen. Wir können nicht alles selbst entwickeln. Wir sind das Bindeglied zu diesen Partnern. Unsere Aufgabe ist es, aus den Technologien die Anwendungen abzuleiten, aber nicht im Sinne der Einführung einer neuen Standardsoftware. Wir müssen das Potential identifizieren und umsetzen. Wir müssen noch stärker in Partnerschaften denken. Da sind andere Unternehmen weiter als wir.

Witte: Wie steht es mit Partnerschaften zu Unternehmen, die eher aus dem Konsumgüterbereich kommen, wie Apple und Google? Wir hören immer wieder, dass Unternehmen durchaus Schwierigkeiten haben, mit diesen Firmen Partnerschaften auf Augenhöhe einzugehen. Sind Unternehmen wie Apple oder Google noch nicht bereit, enge Partnerschaften mit Anwenderunternehmen zu knüpfen?

Gaertner: Im Moment sehe ich die Schwierigkeiten noch nicht. Das heißt aber nicht, dass es sie nicht gibt. Vielleicht sind wir noch nicht weit genug vorgedrungen. Aber wir haben klare Vorstellungen von Partnerschaften und den Regeln, unter denen wir sie eingehen. Die Deutsche Bank wird immer auf die Einhaltung ihrer Regeln pochen. Allerdings ändern sich diese auch im Laufe der Zeit. Wir werden sehen, ob wir sie anpassen müssen. Zurzeit steht da aber nichts Konkretes an.

Brenner: Wie viel Budget stellen Sie für Innovation durch Informations- und Kommunikationstechnik zur Verfügung?

Gaertner: Neue Themen finanzieren wir anfangs recht bescheiden. Die Personenaufwände sind klein und die Budgets liegen im sechsstelligen Bereich, wenn wir Dinge ohne Business Case ausprobieren und lostreten wollen. Wenn wir größere Dinge unternehmen wollen, brauchen wir einen Sponsor aus dem Fachbereich. Dafür müssen wir werben und die Mitarbeit des Geschäfts gewinnen. Ich sehe nicht viel Sinn darin, größere Summen für Innovationen auszugeben, wenn wir keinen Business-Sponsor dafür haben.

Witte: Bedeutet Business-Sponsor, dass die für die Entwicklung nötigen Ressourcen nicht aus dem Budget der IT-Abteilung bestritten werden?

Gaertner: Ein Teil des Budgets der IT-Abteilung ist für die verschiedenen Geschäftsbereiche allokiert. Und wenn ein Geschäftsbereich sich für das Sponsoring einer Innovation entscheidet, werden die nötigen Mittel aus dem für ihn allokierten Budget bestritten. Wir benötigen Mitstreiter auf der Business-Seite, die bereit sind, in einen neuen Filialarbeitsplatz oder etwa in neue Systeme für unsere Filiale „Q110 – die Bank der Zukunft" in Berlin zu investieren, die wir als Versuchslabor nutzen. Ohne Mitwirkung des Fachbereichs geben wir keine großen Summen aus.

Brenner: Wie macht ein iPhone oder ein iPad in der Deutschen Bank „Karriere"? Die anfängliche Idee wird mit sehr wenigen Mitteln finanziert. Wie geht es weiter? Gibt es einen strukturierten Prozess, in dem Ideen begutachtet werden und an dessen Ende beschlossen wird, dass sie ihr Embryonalstadium verlassen dürfen oder ob man sie den Weg allen Irdischen gehen lässt?

Gaertner: Ich glaube, man kann nicht alles strukturieren. Letztlich kommt es auf die Menschen an, die sich und andere für eine Sache begeistern können. Wenn sie wollen, geben wir Innovatoren ein kleines Startgeld, das es ihnen erlaubt, Teile ihrer Arbeitskraft und einige Ressourcen in die Entwicklung ihrer Idee zu stecken. Aber sie müssen Partner in der Bank finden, die diese Idee unterstützen. Ohne Partner wird nichts daraus.

Nehmen Sie das Beispiel Grid-Computing. Inzwischen machen wir das in der Deutschen Bank schon in großem Maßstab. Aber losgetreten wurde das Thema von zwei Leuten in meinem Architekturteam, die von den Vorteilen so überzeugt waren, dass sie in Eigenregie einen kleinen Piloten gebaut haben. Sie haben mir Grid-Computing nahe gebracht und mir einen ersten, groben Business Case vorgelegt. Dann wurde ein größerer Pilot aufgesetzt, der zusammen mit einem wirklich nachvollziehbaren Business-Case zu einem Sponsoring aus dem Fachbereich geführt hat. Inzwischen sparen wir durch Grid-Computing, das noch nicht einmal auf alle Bereiche der Bank ausgerollt wurde, pro Jahr eine siebenstellige Summe. Idee und Biss sind notwendig, um eine Idee durchzusetzen. Außerdem muss man die Menschen machen lassen und sie positiv unterstützen.

Witte: Gibt es Hürden für Innovation durch Informations- und Kommunikationstechnik?

Gaertner: Klar, eine so große Organisation wie die Deutsche Bank entwickelt ein gewisses Beharrungsvermögen. Außerdem stehen wir alle unter täglichem Zeitdruck, der manchmal Innovation verhindert. Wir müssen immer wieder zwischen den Pflichten, die uns das Alltagsgeschäft auferlegt, und den Möglichkeiten, die uns Innovationen bieten, abwägen. Ein Thema, mit dem wir uns in diesem Zusammenhang immer wieder beschäftigen müssen, ist die manchmal mangelnde Bereitschaft, sich zu verändern. Die Deutsche Bank hat inzwischen verstanden, wie wichtig Informations- und Kommunikationstechnik für ihre Weiterentwicklung ist. Aber diese Erkenntnis ist noch nicht überall vorgedrungen. Wir müssen dazu kommen, dass es völlig „uncool" ist, wenn eine Führungskraft erklärt, sie verstehe nichts von Informations- und Kommunikationstechnik und sie interessiere sich dafür auch nicht. Die Bedeutung der Informations- und Kommunikationstechnik muss noch stärker in der DNA der Fachabteilungen verankert werden.

Brenner: Was halten Sie von Innovationsmethoden wie beispielsweise Design Thinking?

Gaertner: Wenn Sie ein Thema halbwegs identifiziert haben und wissen, dass Sie das mit kleinen Teams nicht bewältigen können, halte ich Methoden wie beispielsweise Design Thinking für sehr sinnvoll, vor allem wenn es sich um eher unscharfe Fragestellungen handelt.

Witte: Wann stören Strukturen und wann helfen sie?

Gaertner: Da gibt es nicht nur eine Antwort. Es gibt innovative Ideen, bei denen eine Persönlichkeit die richtige Technologie kennt, ein relativ gutes Gefühl für die Prozesse und das Machbare hat und die richtigen Leute begeistern kann. Dieser Persönlichkeit muss man einfach den Raum und das Geld geben und sie unterstützen. Es gibt aber auch andere Themen, wie die Frage nach der Entwicklung der Branche, nach der Bedeutung der Consumer-Elektronik für unsere Branche oder wie der Arbeitsplatz in der Filiale der Zukunft aussieht. Bei solchen amorphen Fragen haben Methoden wie Design Thinking Sinn. Bei Fragen, auf die man die Antworten im Prinzip kennt und bei denen es nur die Kreativität und den Durchhaltewillen eines Einzelnen oder eines kleinen Teams braucht, sind diese Dinge weniger sinnvoll.

Brenner: Bei einem Gespräch vor zwei Jahren haben Sie uns ein Web-2.0-Tool gezeigt, das half, die Ideen im Unternehmen bekannt zu machen. Das Tool zeigte, wie stark oder wie schwach einzelne Ideen von anderen aufgenommen wurden. Was ist daraus geworden?

Gaertner: Sie meinen DB-Inspire. Es ist nach wie vor aktiv und hat inzwischen einen so guten Ruf, dass der Investmentbereich der Deutschen Bank es ebenfalls nutzen möchte. Es ist für das nächste Jahr eine Weiterentwicklung geplant.

Quellen und Anmerkungen

1   Das Gespräch fand am 23. August 2010 in Frankfurt am Main statt.

2   Zahlen per Q3 2010.

3   In Kapitel 11 wird die Design-Thinking-Methode ausführlich beschrieben.

4   Bei Microsoft-Surface handelt es sich um eine Plattform, die auf der Multi-Touch-Technologie basiert. Darunter „... versteht man die Eingabe auf einem berührungsempfindlichen Bildschirm (engl.: touchscreen) oder auf einem Steuerfeld (engl.: touchpad) mittels mehrerer Finger. Bei Multi-Touch erkennt die zugrundeliegende Software nicht nur einen, sondern mehrere [...] Berührungspunkte und kann den Eingaben je nach Zahl der Berührungspunkte und Fingerbewegungen unterschiedliche Aktionen zuweisen." (Hansen, H. R.; Neumann, G.: Wirtschaftsinformatik 1: Grundlagen und Anwendungen. Stuttgart: Lucius & Lucius Verlagsgesellschaft mbH 2009, S. 450)

ZUSAMMENFASSUNG

Wolfgang Gaertner verankert Innovation wieder in der IT-Abteilung. Es geht ihm um „Innovate the Business" und nicht um „Innovate the IT", da die Veränderungen der Bank und somit Prozessveränderungen im Vordergrund stehen. Es gilt, Systeme zu schaffen, welche kraftvoll und flexibel genug sind, um mit den permanenten Entwicklungen Schritt zu halten. In diesem Sinn muss die IT-Abteilung auch mit den einzelnen Fachabteilungen zusammenarbeiten und sich austauschen. Voraussetzung dafür ist, dass die Abteilung als Enabler und Treiber für Innovationen wahrgenommen wird. Entsprechend soll die IT-Abteilung unbestrittener Anführer im Bereich Informationstechnologie sein sowie Transparenz und Verlässlichkeit bezüglich Ideen und Umsetzung ausstrahlen. Nur so kann ermöglicht werden, dass Mitarbeitende mit Ideen auf die Abteilungen zukommen.

Ziel der IT-Abteilung ist es, die verschiedenen Systeme zusammenzuführen und in einer Oberfläche unterzubringen, das heißt, das Erlebnis für den Kunden mit Hilfe von Informations- und Kommunikationstechnik zu verbessern. Technologie als solche interessiert in diesem Zusammenhang hauptsächlich als etwas, mit dem man dieses Erlebnis verbessern kann. Entsprechend werden innovative Ideen von Mitarbeitenden unterstützt, indem die Deutsche Bank ihnen den Raum und die nötigen Ressourcen gibt, um die Ideen voranzutreiben.

Dr. Jürgen Sturm

Kapitel 8

Wer Innovationen haben will, muss auch bezahlen

Gespräch mit Dr. Jürgen Sturm,
Chief Information Officer der BSH Bosch und Siemens Hausgeräte GmbH[1]

CIO Sturm hat mit neuen IT-Konzepten die Steuerungsfähigkeit und Transparenz seines Unternehmens entscheidend vorangebracht. Innovation sieht er als Ergebnis der Zusammenarbeit von IT- und Fachabteilung, macht aber deutlich, dass im Bereich „Innovate the Business" die Fachbereiche die Pilotenrolle einnehmen. Die IT betrachtet er als strategische Befähigungstechnologie.

Die BSH Bosch und Siemens Hausgeräte GmbH ist eine weltweit tätige Unternehmensgruppe mit einem Umsatz von rund 8,4 Milliarden Euro im Jahr 2009. Sie entstand aus einem Joint Venture zwischen der Robert Bosch GmbH (Stuttgart) und der Siemens AG (München) im Jahr 1967. Heute besitzt die BSH 41 Fabriken in 13 Ländern in Europa, USA, Lateinamerika und Asien. Zusammen mit einem weltumspannenden Netz von Vertriebs- und Kundendienstgesellschaften sind mehr als 60 Gesellschaften in fast 40 Ländern mit nahezu 40.000 Mitarbeitern für die Bosch und Siemens Hausgeräte GmbH tätig. Die sogenannte „Weiße Ware"-Industrie ist seit vielen Jahren durch ein extrem wettbewerbsintensives Umfeld sowohl beim Handel als auch beim Endverbraucher geprägt. Für die BSH war von Anbeginn die Innovation der Produkte und Prozesse des Unternehmens ein wesentlicher Erfolgsfaktor für beständiges und nachhaltig profitables Wachstum. Unser Gesprächspartner, Dr. Jürgen Sturm, ist Chief Information Officer der BSH Bosch und Siemens Hausgeräte GmbH.

Brenner: Herr Sturm, was verstehen die BSH Bosch und Siemens Hausgeräte GmbH und Sie unter Innovation?

Sturm: Die BSH Bosch und Siemens Hausgeräte GmbH verfolgt die Vision „Wir wollen Benchmark der Branche sein". Aus dieser Vision leitet sich auch der Anspruch an das Themenfeld Innovation ab: „Als Innovationsführer gehen wir der Branche voraus." Diese Zielvorstellung bezieht alle denkbaren Innovationen, beispielsweise im Hinblick auf die Leistungsfähigkeit und Qualität unserer Produkte, unsere Kundenorientierung, Mitarbeiterorientierung, Verantwortung für die Umwelt, Energie- und Ressourceneffizienz sowie Klimaschutz mit ein.

Witte: Wie geht die BSH Bosch und Siemens Hausgeräte GmbH vor, wenn sie ihre Produkte und Dienstleistungen weiterentwickelt?

Sturm: Um Wettbewerbsvorteile zu erarbeiten, bewerten wir Basisinnovationen ständig danach, ob sich aus ihnen ein konkreter Nutzen generieren lässt, der einen wirklichen Mehrwert für unsere Kunden schafft. Dies kann sich beispielsweise in unseren Produkten in einer verbesserten Nutzungs- und Bedienerfreundlichkeit, Zeit- und Energieersparnis, Geräuscharmut oder verbessertem Design ausdrücken. Der Nutzen der Innovation muss für den Endkunden direkt ersichtlich sein, wie beispielsweise mehr Komfort durch „Nie wieder Herd reinigen", einfachere Bedienkonzepte, weniger Energie- und Wasserverbrauch.

Innovationen bei „weißer Ware" können nur durch eine Kombination unterschiedlichster Technologieelemente erzeugt werden. Das hervorragende Zusammenspiel von Sensorik, Aktorik und intelligenten Steuerungen ist nur im Rahmen einer integrierten Gesamtlösung erfolgreich. Die Software, Informations- und Kommunikationstechnik ist das Bindeglied in den Steuerungen der Produkte, die vorwiegend auf Mikroprozessorbasis und mikroelektronischen Schaltungen basieren. Außerdem steigt in den Informationssystemen der Produkte die Bedeutung von Bedieneroberflächen und Multimedia. Die Produktinnovation durch Informations- und Kommunikationstechnik ist aber nicht mein Aufgabengebiet als Chief Information Officer der BSH Bosch und Siemens Hausgeräte GmbH.

Brenner: Wie verstehen Sie in Ihrer Rolle als CIO der BSH Bosch und Siemens Hausgeräte GmbH Innovation?

Sturm: Innovation ist für mich eine praktische Verbesserung, die im Gegensatz zu einer reinen Idee tatsächlich in die Realität umgesetzt wurde. Alle Geschäftsprozesse unseres Hauses sind sehr stark durch Informations- und Kommunikationstechnik unterstützt. Deshalb spielt sowohl bei kleinen als auch bei großen Prozessinnovationen die

Informations- und Kommunikationstechnik immer eine sehr wichtige Rolle. Sie ist für uns eine strategische Befähigungstechnologie zur Steigerung der Wettbewerbsfähigkeit. Zum Beispiel haben wir in den vergangenen Jahren mit Hilfe von Informations- und Kommunikationstechnik die Steuerungsfähigkeit des Unternehmens dramatisch verbessert. Das beginnt bei der genaueren Ermittlung und Abstimmung von Absatzprognosen mit den Beschaffungs- und Produktionsplänen in den weltweiten Fabriken und setzt sich über die gesamte Wertschöpfungskette fort bis zur Supply-Chain-Excellence und der Service-Excellence gegenüber unseren Endkunden. Die wichtigste Maxime für die Aktivitäten der Informations- und Kommunikationstechnik ist dabei, die Navigation und Steuerungsfähigkeit und die Prozessexzellenz des Unternehmens in jeder Beziehung zu unterstützen und wann immer möglich zu verbessern. Das gilt für alle operativen Prozesse und Systeme wie das Customer-Relationship-Management, Supply-Chain-Management, Enterprise Resource Planning ebenso wie für alle unterstützenden Reporting- und Entscheidungssysteme, wie Business-Intelligence-Anwendungen.

Wir pflegen damit für die gesamte Breite der Prozesse und Systeme einen nicht allzu eng gefassten Innovationsbegriff. Auch kleine Verbesserungen, die in unseren Business-Plattformen als Change Requests abgearbeitet werden, betrachten wir als Innovation. Wir wollen der Benchmark unserer Industrie sein und Maßstäbe setzen, wie wir mit unseren Kunden, Partnern und selbstverständlich auch mit unseren Mitarbeitern umgehen. Wir haben ein Vorgehen entwickelt, um unsere Innovationsvorhaben über eine Art „Härtegradmodell" über Phasen zu steuern. Im ersten Schritt der Potentialermittlung stellen wir durch regelmäßige Vergleiche mit den Besten innerhalb und außerhalb unserer Branche mögliche Verbesserungspotentiale in unseren Prozessen fest, die wir daraufhin recht ehrgeizig zu heben versuchen. Das ist ein fester Bestandteil unserer Unternehmenskultur. Wenn wir ein Delta erkannt haben, entscheiden wir in diesem ersten Schritt, wie wir mit dem Verbesserungspotential umgehen: Wollen wir zur Konkurrenz oder zu den Benchmarks anderer Branchen „nur" aufschließen oder die Zielvorstellungen sogar übertreffen? Dann entwickeln wir im nächsten Schritt unseres „Härtegradprozesses" geeignete Ideen und Maßnahmen und bewerten deren Umsetzbarkeit. Erst im dritten Schritt geht es dann um die tatsächliche Umsetzung in die Praxis. Hierbei müssen wir die notwendigen Mittel bereitstellen und das für die Innovation notwendige umfassende Change-Management sicherstellen. Schließlich betrachten wir das angestrebte Innovationsvorhaben erst als abgeschlossen, wenn die Maßnahmen erfolgreich und nachhaltig in der Praxis implementiert sind.

Witte: Wenden Sie diesen „Härtegradprozess" auch in der IT-Abteilung an?

Sturm: Selbstverständlich. Im IT-Bereich setzen wird zur Identifikation von Verbesserungspotentialen ein Innovationsradar ein. Auf einem Radarchart halten wir mit Hilfe verschiedener Kriterien fest, welche zukünftigen Entwicklungen der Informations- und Kommunikationstechnik wir für „Innovate the Business" und welche wir für „Innovate the IT" als wichtig einstufen und zu welchem Zeitpunkt sie für uns relevant werden. Die Ideen und Vorhaben prüfen und bewerten wir dann regelmäßig gemeinsam mit unseren Fachbereichen auf deren Umsetzbarkeit. Sofern wir ein Potential heben wollen, gehen wir in die nächste Stufe zur Umsetzung der Maßnahmen und pilotieren erste Praxistests.

Nehmen Sie RFID als etwas älteres Beispiel. Seit zehn oder fünfzehn Jahren steht das Thema auf unseren Charts, und es wurde über viele Jahre mit einer Reihe von Pilotanwendungen bereits an der praktischen Umsetzung gearbeitet. Das Ganze hat aber bis heute noch nicht die notwendige Reife erzielt, um auf wirklich breiter Front den Barcode abzulösen. Die flächendeckende Einführung von RFID in unserem Unternehmen scheitert an ganz profanen Dingen, wie wir in entsprechenden Praxistests herausgefunden haben. So eignet sich die RFID-Technik nicht wirklich, wenn es um Teile mit großen strahlungsabweisenden Metallflächen, wie beispielsweise unseren Waschmaschinen, geht.

Für uns wäre es wunderbar, wenn die Endprodukte, die unser Fertiglager verlassen, nur per RFID als Warenausgang erkannt und so alle entsprechenden Buchungs- und Prozessschritte automatisiert würden. Ähnlich wie im Future Store von Metro, wo der Kunde mit seinen Waren auch nur noch durch eine entsprechende Schleuse gehen muss und seine Kreditkarte mit dem entsprechenden Warenwert belastet wird. Ein solcher Einsatz von RFID wäre eine tolle Idee – funktioniert für uns aber leider technisch noch nicht.

Brenner: Können Sie uns anhand von Beispielen erklären, an welchen Projekten Sie in den letzten Jahren im Sinne von „Innovate the Business" beteiligt waren?

Sturm: Die Produktentwicklung auf Basis von 3-D-CAD ist heute bei uns eine Selbstverständlichkeit. Im Zuge eines Konsolidierungsprozesses unterschiedlicher Entwicklungswerkzeuge ist in den letzten Jahren eine weltweit einheitliche Engineering-Plattform entstanden. Die konsequente Nutzung der 3-D-Technologie und der digitale Zusammenbau ermöglichen die effiziente Zusammenarbeit und das ganzheitliche

Management der Produktdaten in Entwicklung, Produktion, Industrial Engineering, Einkauf, Vertrieb und Kundendienst. Unser Produktdatenmanagementsystem ist dabei die zentrale Grundlage. Auch der Kundendienst nutzt die 3-D-Produktdaten der Entwicklung als Grundlage seiner Abläufe. Es geht um eine Vielzahl von Dokumenten, wie beispielsweise Illustrationen zum Zerlegen und zum Zusammenbauen von Geräten durch die Techniker des Kundendienstes. Die Darstellungen der Ersatzteile jedes Produktes werden direkt aus den Entwicklungsdaten abgeleitet. Bevor wir dieses durchgehende Produktdatenmanagement hatten, verging geraume Zeit, bis die Mitarbeitenden in der Entwicklung Zeit hatten, die von den Technikern im Kundendienst benötigten Informationen bereitzustellen.

Ein weiteres Beispiel für „Innovate the Business" ist ebenfalls auf der Grundlage des integrierten Produktdatenmanagements entstanden. In einer globalisierten Produktentwicklung stellt ein effizientes und effektives Gleichteilemanagement eine große Herausforderung dar. Der klassische Ansatz zur Bewältigung dieser Herausforderung ist die Entwicklung eines komplexen Klassifizierungssystems mit Sachmerkmalleisten. Von zentraler Bedeutung für den Erfolg dieses Ansatzes sind weltweite gültige und akzeptierte Namenskonventionen.

In einem weltweiten Verbund stößt die Festlegung einer konzernweiten Sprache auf unüberwindbare Probleme. Die Wahrscheinlichkeit ist hoch, dass die angestrebte Wiederverwendung von Gleichteilen scheitert. Wir arbeiten an einem neuen Lösungsansatz, bei dem die Gleichteile ohne Materialklassifikation direkt auf Basis der Ähnlichkeit der spezifischen Teilegeometriedaten identifiziert werden. Wir setzen eine neue Technologie als Suchmaschine ein. Über einen Webbrowser kann jeder Mitarbeitende, der Zugriff auf die 3-D-Datenbasis hat, auf der Basis eines Referenzteils alle bezüglich Form oder Größe ähnlichen Teile im ganzen Konzern finden. Die Pilotierung des Ansatzes ist jedenfalls vielversprechend. Der Einsatz dieses Systems rechnet sich bereits, wenn es gelingt, durch Gleichteileverwendung ein komplexes Werkzeug zur Produktion eines Teils pro Jahr zu vermeiden.

Witte: Wie funktioniert bei „Innovate the Business" die Zusammenarbeit zwischen Fachbereich und der IT-Abteilung?

Sturm: Vorweg möchte ich betonen, dass wir für die Anbahnung von Innovationsvorhaben keine scharfe Rollentrennung haben. Innovationen entstehen immer durch Menschen, die gemeinsam aus dem Zusammenspiel von Produkten, Prozessen und Technologien Neues kreieren. Nur die Verbindung aller Betrachtungswinkel führt letztlich zum Erfolg. Die

IT-Abteilung hat dabei primär die Rolle, neue Technologien frühzeitig auf den Radarschirm zu nehmen, sie zu evaluieren und gemeinsam mit weiteren Beteiligten innerhalb des Unternehmens Vorstudien zu machen.

Entscheidend für mich ist, dass die IT-Abteilung hierfür Verbündete in den Fachbereichen findet, die diese neuen Technologien für sich haben wollen, weil sie sich davon konkrete Vorteile versprechen, wie zum Beispiel der Einsatz der semantischen Suche, um bessere Marktbeobachtungen zu generieren. Wenn ich als Chief Information Officer keine Verbündeten finden kann, ist es manchmal klüger, den Pfeil für das Innovationsvorhaben etwas länger im Köcher zu behalten. Wenn ich ihn zu früh abfeuere, kann ich dem Erfolg des Innovationsvorhabens manchmal mehr schaden als nutzen.

Zwischen Business und IT-Abteilung verhält es sich so wie zwischen Rallye-Pilot und Co-Pilot. Der Co-Pilot kennt zwar die Strecke, unterstützt mit Hinweisen, weiß, welche Kurve wie am besten zu nehmen ist. Letztlich entscheidend ist aber der Fahrer, der für den Gesamtprozess verantwortlich ist. Als CIO sitze ich in den meisten Situationen zwangsläufig auf dem Beifahrersitz, denn es geht ja um die Prozessexzellenz insgesamt, die durch die jeweiligen Fachbereichsverantwortlichen getragen werden muss. Das umfasst viel mehr als nur den Ausschnitt, den wir aus dem IT-Bereich dazu beitragen. Wenn es um die Supply Chain geht, muss der Logistikchef seine Lieferkette im Griff haben und braucht hierfür – neben vielen weiteren Dingen – natürlich auch ausgezeichnete IT-Systeme. Der Kundendienstmanager muss die Servicetechniker so organisieren und schulen, dass unsere Endkunden vom Markenservice der BSH begeistert sind und jederzeit wieder ein neues Gerät unserer Marken kaufen. Natürlich braucht der Kundendienst dafür ebenfalls eine ganze Menge ausgezeichneter Informations- und Kommunikationstechnik. Aber im Endeffekt ist es ein Mensch, der als Techniker vor Ort beim Kunden kompetent auftreten und einen ausgezeichneten Job machen muss.

Kurzum, als Chief Information Officer ist es meine Aufgabe, andere erfolgreich zu machen. Wir von der IT-Abteilung sind hierfür mitdenkende Dienstleister und auch Ratgeber. Sämtliche meiner Kolleginnen und Kollegen in unserem Unternehmen betrachte ich als Kunden des IT-Bereichs. Sie will ich maximal erfolgreich machen. In dieser Rolle werden wir im Unternehmen sehr geschätzt.

Brenner: Im Bereich „Innovate the Business" haben Sie die IT-Abteilung auf dem Beifahrersitz positioniert. Wie sieht das in Sachen „Innovate the IT" aus? Trennen Sie da überhaupt? Wie gehen Sie damit um?

Sturm: Sämtliche geschäftsgetriebenen Prozesse, die die IT-Abteilung unterstützt, werden selbstverständlich vom Business gesteuert. Hier gilt „Business drives IT". Aber in unserem ureigenen Aufgabengebiet Informationstechnik sitzen natürlich ganz klar und ausschließlich wir selbst im Fahrersitz. In der eigenen Domäne Informationstechnologie gilt „IT drives IT". Es gibt für alles Profis und Spezialisten. Ich schätze es nicht, wenn Kollegen aus den Fachbereichen meinen, Sie könnten Systeme der Informations- und Kommunikationstechnik besser bauen als die erfahrenen Kollegen aus der IT-Abteilung.

Sämtliche Entwicklungen der Informations- und Kommunikationstechnik, die eine Bedeutung für „Innovate the IT" haben könnten, sind daher ebenfalls Bestandteil unseres Radar-Screens. Natürlich kommt es dabei auch auf die persönliche Vernetzung des CIOs und seiner Mitarbeitenden mit der IT-Branche insgesamt an, damit wir keine wichtigen Trends verpassen. Im Rahmen unserer Plattformstrategien nehmen wir die Verbesserungen und technischen Weiterentwicklungen auf, die uns nutzen. Für die rein IT-spezifischen Innovationsvorhaben können wir auch unsere Roadmaps für die Technologieplattformen und Prozesse des IT-Bereichs weitgehend selbst gestalten. Wir gehen hier ebenfalls nach unserer Härtegradmethode vor und arbeiten mit Vorgehensweisen des Benchmarking.

Zurzeit betrachten wir speziell in der Informationstechnologie gemeinsam mit der SAP AG das Thema „in memory computing". Durch die neue Technologie können sehr große Datenbanken direkt im Hauptspeicher zugreifbar zur Verfügung gestellt werden. Dies erlaubt viel schnellere neue Algorithmen und Auswertungen. Ich bin fest davon überzeugt, dass sich dadurch viele Geschäftsprozesse grundlegend ändern werden. Beispielsweise werden durch viel schnellere Reporting-Zyklen schnellere Regelkreise in der Geschäftssteuerung und bessere Aussagen gegenüber Kunden möglich.

Die IT-Abteilung sollte für IT-getriebene Innovationen der Pfadfinder im Unternehmen sein, sollte aber nicht zu weit alleine nach vorn preschen, sondern immer frühzeitig Allianzen mit den Fachbereichen aufbauen. Das kann schon eine gewisse Zeit dauern. Bei vielen Themen muss man mit einer Latenzzeit von zwei bis drei Jahren rechnen, bis sie aktiv aufgenommen werden. Das klingt lange, ich bin mir aber sicher, dass sich das in anderen Professionen wie im Marketing, Vertrieb oder der Produktionstechnik ähnlich verhält. Wahrscheinlich gibt es auch in diesen Bereichen heute bereits Innovationen, von denen ich ebenfalls bislang noch nichts gehört habe, die meine Kollegen in ihren Verantwortungsbereichen aber bereits sehr intensiv beobachten. Spannend ist dann der frühzeitige interdisziplinäre Austausch untereinander, den es aktiv zu fördern gilt.

Ein weiteres Beispiel für „Innovate the IT" stellt unser Framework von IT-Produkten dar, das wir analog zu den Plattformstrategien in den Produkten und Prozessen der BSH Bosch und Siemens Hausgeräte GmbH etabliert haben. Wir haben ein geeignetes und skalierbares Lösungsportfolio auf der Grundlage standardisierter und unternehmensweit wiederverwendbarer IT-Standardkomponenten für die Anforderungen der BSH Bosch und Siemens Hausgeräte GmbH und ihrer Tochtergesellschaften entwickelt. Die einzelnen IT-Produkte sind in einem IT-Produkt-Katalog verankert, der mit den einzelnen Produktelementen als Strukturierungskriterium eine kundenorientierte Leistungserbringung und verursachungsgerechte Leistungsverrechnung ermöglicht. Auf der Basis dieses Produktkataloges wird unser Service-Level-Management durchgeführt. Sämtliche dem Produkt zurechenbaren Kosten, die beispielsweise in Form von Softwarelizenzen, Hardwareinvestitionen, Betrieb und Wartung notwendig sind, werden den IT-Produkten zugeordnet und finden sich im Produktpreis wieder. Auf der Basis der Leistungsverrechnung für IT-Produkte und -Projekte werden über 95 Prozent der Kosten der Informations- und Kommunikationstechnik verursachungsgerecht verrechnet.

Witte: Wie wichtig ist Ihrer Meinung nach das Timing bei Innovationen durch Informations- und Kommunikationstechnik?

Sturm: Das richtige Timing ist sehr wichtig, damit Innovationen erfolgreich sind. Ich habe früher für Grundig in Nürnberg gearbeitet, dort hatten wir schon sehr früh in den internettauglichen Fernseher investiert. Wie sich herausstellte, waren wir damit viel zu früh. Grundig und auch andere Hersteller verloren mit dieser zu früh in den Märkten platzierten Technologie Millionen. Die Idee war gut, wie man heute sieht, aber damals waren der Markt und die Technologie noch nicht weit genug.

Als Innovationsführer hat sich die BSH Bosch und Siemens Hausgeräte GmbH sehr früh mit dem intelligenten vernetzten Haus beschäftigt. Unsere Aktivitäten in diesem Bereich waren trotz hoher Investitionen, guter Ideen und guter Produkte damals auch noch kein großer Markterfolg. Zur damaligen Zeit bestand noch keine ausreichende Nachfrage. Erst heute, einige Jahre später, erscheinen diese Innovationen vor dem Hintergrund des gestiegenen Bewusstseins für Energie- und Ressourceneffizienz wieder sehr interessant. Neuestes Beispiel für die Nachfrage nach energie- und ressourcenschonenden Produkten ist etwa unsere intelligente Waschmaschine, die selbständig durch geeignete Sensoren und automatische Steuerung die richtige Waschmitteldosierung übernimmt und so bei guten Waschergebnissen zusätzlich viel Energie und Wasser spart.

Brenner: Wie bekommen Sie denn das richtige Timing in Ihrem IT-Bereich hin?

Sturm: „Küchenmeister Schmalhans" stellt von vorneherein sicher, dass wir nicht zu früh zu viel investieren. Die IT-Abteilung ist vom Budget und von der Manpower her schlank aufgestellt. Deshalb überlegen wir uns sehr genau, bevor wir etwas Neues anfassen. Das hat nichts mit fehlender Begeisterung zu tun, sondern eher mit einer ohnehin hohen Arbeitsbelastung der Mannschaften. Vielleicht sind wir zuweilen ein bisschen zu sehr auf robuste Prozesse in der IT fixiert. Nicht zuletzt auf meine Initiative hin, haben wir die IT-Abteilung sehr stark in Richtung Prozess- und Betriebssicherheit und Kostenexzellenz geführt.

Wir haben in unserem Unternehmen sehr mächtige Systeme aufgebaut, die sehr nützlich sind. Umgekehrt ist von deren Funktionsfähigkeit inzwischen das gesamte Unternehmen extrem abhängig. Deshalb haben wir in den vergangenen Jahren auch bei Neueinführungen immer sehr stark auf die Themen Prozess- und Betriebssicherheit geachtet. Das Streben nach Perfektion und Robustheit im Bestehenden steht den Veränderungen und Innovationsvorhaben manchmal ein bisschen im Weg.

Außerdem habe ich zugegebenermaßen während der Wirtschaftskrise auch einige Innovationsprojekte im IT-Bereich aus Kostengründen zeitweise gestoppt. Das war vielleicht falsch. Natürlich hätten wir nach der Krise lieber gleich die Ergebnisse der Projekte vorliegen gehabt. So als hätte es nie eine Krise gegeben, um mit den Innovationsvorhaben sogleich wieder durchzustarten. Dennoch wäre unter den gegebenen Randbedingungen im Jahr 2008 ein ungebremstes Weitermachen aller Vorhaben im IT-Bereich ein falsches Signal gewesen. Wir können uns nicht als einzelner Funktionsbereich vom Gesamtkontext im Unternehmen abkoppeln. Das gesamte unternehmerische Umfeld war komplett auf Sparen und sehr verantwortungsbewusste unternehmerische Vorsorge bei zeitweise unklaren wirtschaftlichen Entwicklungsperspektiven ausgerichtet.

Brenner: Können wir nochmals auf das Thema „Timing" und auf das Thema „strukturierter Innovationsprozess" zu sprechen kommen? Sie haben dargestellt, wie viel die IT-Abteilung in die Transparenz und

Steuerungsfähigkeit des Unternehmens investiert hat. Nicht zuletzt den Anstrengungen und Erfolgen in Sachen Business Intelligence, die Ihre Organisation erzielt hat, ist die Transparenz zu verdanken, die die Geschäftsführung der BSH Bosch und Siemens Hausgeräte GmbH in der Steuerung des Unternehmens sicher zu schätzen weiß. Sie haben eben gesagt, bei Ihnen ist Schmalhans Küchenmeister. Auf diese Weise wird innovationsmäßig die Spreu vom Weizen getrennt, aber es muss doch mehr vorhanden sein als das, wenn man pünktlich und bedarfsgerecht große Business-Intelligence-Systeme und andere Anwendungen ausrollt und betreibt.

Sturm: Das war nur ein Beispiel unter vielen anderen. Der Wertbeitrag der der IT-Abteilung bei BSH Bosch und Siemens Hausgeräte GmbH resultiert aus unserer Fähigkeit, alle Kernprozesse und alle Unterstützungsprozesse der BSH so mit Informations- und Kommunikationstechnik zu unterstützen, dass die Geschäftsprozesse im Tagesgeschäft reibungslos ablaufen können. Darüber hinaus müssen auch alle Vorhaben zur Prozessverbesserung im Sinne der Steigerung der Prozess-Excellence für noch effizientere und effektivere Abläufe optimal unterstützt werden.

Konkret führen wir jedes Jahr rund 200 bis 300 große, mittlere und kleine Projekte über alle Prozessbereiche hinweg durch, die einzig und allein der Prozessverbesserung im Unternehmen dienen. Letztlich unterstützen wir also nicht nur die Steuerungsfähigkeit des Unternehmens durch Business Intelligence, sondern grundsätzlich alle Prozesse des Unternehmens. Die IT ist unter anderem mit ihrer Funktion als Leiter des unternehmensweiten „IT Steering Committees/Process Decision Boards" ein Bindeglied für alle Prozess-Excellence-Initiativen des Hauses. Für alle Kernprozesse des Unternehmens sind pro Prozessbereich sogenannte Business Process Teams fest etabliert, die für die unternehmensweite Prozess-Governance verantwortlich sind. Das IT-Projektportfolio wird dadurch aktiv im Sinne des „Business drives IT" gesteuert.

Witte: Entstehen in diesen Gremien die innovativen Ideen, die Sie zusammen mit dem Business umsetzen?

Sturm: Die innovativen Ideen entstehen natürlich nicht ausschließlich und direkt in diesen Prozessgremien. Der Zündfunke für neue Ideen kann von überall herkommen. Es wird aber definitiv in diesen Gremien über die Ideen diskutiert und entschieden, und es wird daraufhin festgelegt, welche Ideen mit welchen Budgets weiterverfolgt werden.

Brenner: Werden auch Ideen, die eigentlich gut klingen, in diesen Sitzungen, hoffentlich nach kontroversen Diskussionen, abgelehnt?

Sturm: Ja, das kommt vor. Wenn es um verbindliche Budgets geht, gibt es in einem konsequent und gut geführten Unternehmen immer sehr harte Diskussionen. Mitunter agiere ich dabei bewusst auch als der gar nicht nette Chief Information Officer, der Innovationen ablehnt, solange es nicht gelingt, zugleich mit dem prinzipiellen Interesse an der Innovation auch den unternehmerischen Willen zur verbindlichen Freigabe der erforderlichen Budgets aufzubringen. Provozierend gefragt: Wenn niemand dafür bezahlen will, kann es ja nicht so wichtig sein, oder?

Beispielsweise haben wir im vergangenen Jahr 2010 rund 120 hochauflösende Videokonferenzsysteme weltweit ausgerollt, eigentlich ein bis zwei Jahre später, als wir technisch gekonnt hätten. Ich habe den ursprünglichen Rollout zunächst stark motiviert, dann aber zunächst abgelehnt, weil für diese Systeme kein zusätzliches Budget bereitgestellt werden konnte. Im bestehenden mehrjährig fixierten IT-Budget wollte ich keine anderen Positionen streichen, denn das wäre zu Lasten von anderen extrem wichtigen Themen gegangen. Ich bin in allen Diskussionen unmissverständlich: Wer Innovationen haben will, muss auch bezahlen. Innovation ohne Bereitstellung der notwendigen Mittel und Kapazitäten und damit auch Geld funktioniert nicht.

Brenner: Sie haben sehr viel von der Innovationskultur in der Bosch und Siemens Hausgeräte GmbH gesprochen. Wie etablieren Sie diese Kultur, die Innovation fördert?

Sturm: Vermutlich geht diese Innovationskultur sehr weit zurück bis hinein in die Geschichte der beiden Stammhäuser Robert Bosch GmbH und Siemens AG. Dieses Streben nach permanenten Verbesserungen und Innovation in den Produkten ist auch in den Statistiken der Patentanmeldungen zu sehen, in denen alle drei Unternehmen Jahr für Jahr immer oberste Plätze belegen. Wir verankern das ständige Streben nach Innovation in unserem Unternehmen durch Programme zur Förderung von Innovation, Ideenmanagement, kontinuierliche Verbesserungsprogramme und zur Verbreitung von Best Practices im Unternehmen. Unsere Anstrengungen in der Vergangenheit waren erfolgreich. Wir haben zahlreiche externe Auszeichnungen für die Umsetzung von Innovation erhalten, neben den vielen Testsieger-Auszeichnungen für unsere Produkte unter anderem 2008 den ersten Deutschen Nachhaltigkeitspreis und 2010 den IKU Innovationspreis für Klima und Umwelt.

Witte: Gibt es in Ihrem Unternehmen „graue" Informations- und Kommunikationstechnik, die nicht durch den IT-Bereich getragen wird?

Wie gehen Sie mit diesem Phänomen um? Welche Politik verfolgen Sie in diesem Zusammenhang?

Sturm: Selbstverständlich haben wir auch Informations- und Kommunikationstechnik, die nicht direkt durch den IT-Bereich verantwortet und betrieben wird. Der Anteil ist nicht groß, aber es gibt dieses Phänomen sehr wohl. Ich nehme dazu allerdings inzwischen eine andere Haltung ein als noch vor einigen Jahren. Prinzipiell bin ich ein Verfechter von Standardisierung, weltweit einheitlichen Business-Plattformen und der zugehörigen Spezialisierung und Professionalisierung von IT-Services. Das spricht alles gegen die „graue" oder „hidden IT". Als Enabler und Standardüberwacher waren beziehungsweise sind wir in der IT-Abteilung mit dieser Haltung aber oft zwangsläufig in der Nein-Fraktion gegenüber unseren Kunden, den IT-Anwendern: „Nein, es gibt keinen zweiten Standard. Nein, wir unterstützen das iPhone derzeit nicht."

Ich habe das in den vergangenen Jahren dahingehend aufgeweicht, dass wir Dinge nicht mehr ablehnen, die sich vermutlich ohnehin durchsetzen werden. Man kann sich auch an den Strand stellen und gegen Wellen predigen, nur es wird nicht zum Erfolg führen. Wir versuchen also zukünftige Entwicklungen so früh wie möglich zu erkennen und im Sinne des Unternehmens und der Mitarbeiter intelligent zu begleiten. Vor dem Hintergrund, dass es ohnehin passiert, ist es besser, die Dinge von Anbeginn an zu begleiten, selbst wenn dadurch einmal ein gesetzter Standard de facto verletzt wird.

Des Weiteren muss man sich einfach darüber im Klaren sein, dass diese neuen Produkte und Technologien früher oder später sowieso in die zentralen Systeme überführt oder integriert werden müssen, sonst sind sie mehr oder weniger nutzlos. Nehmen Sie das iPad. Im Unternehmenskontext ist es erst sinnvoll nutzbar, wenn Sie auch die Unternehmensdaten nahtlos aus den Business-Plattformen auf dem iPad darstellen können. Wenn es also um die Integration in die Abläufe des Unternehmens, zum Beispiel Zugriff auf geschützte Daten, verschlüsselte E-Mails oder Darstellungen von Business-Intelligence-Auswertungen auf dem iPad geht, dann sind das Wissen und die Erfahrung der IT-Abteilung unverzichtbar. Oder nehmen Sie das Thema Cloud Computing und „Software as a Service" als Beispiel.

Wir haben einen sehr gut funktionierenden Customer-Relationship-Management-Ansatz auf Basis eines proprietär von uns entwickelten Systems. Unsere Fachbereiche hatten aber eine Zeitlang die Wahrnehmung, wir seien damit zu teuer und zu langsam. In solchen Momenten erscheint den Vertriebs- und Marketingspezialisten natürlich ein

Ansatz wie „Software as a Service" wie zum Beispiel Salesforce.com oder ähnliches als sehr attraktiv. Wir haben daraufhin gemeinsam mit unseren Fachbereichen in zwei Ländern einen Pilotversuch mit Salesforce.com durchgeführt und können nun die Vor- und Nachteile beider Ansätze sehr gut auf Basis konkreter Erfahrungen bewerten. Unser eigenentwickeltes System ist als Maßanzug perfekt auf unsere Abläufe abgestimmt und hundertprozentig in unsere Backend-Systeme integriert. Die „Software as a Service"-Lösung ist zunächst schneller und erscheint kostengünstiger, wird aber bei wachsenden Anforderungen an die Prozessintegration ebenfalls teurer. Es hängt einfach vom angestrebten Einsatzfall ab, und unsere Fachbereiche wissen nun auch die Vorteile der proprietären Lösung sehr zu schätzen.

Heute müssen wir also die Verschiedenheit der Einsatzfälle managen können. Wir versuchen das, zusammen mit unseren Fachabteilungen, hinzubekommen. Die sind froh, wenn wir dabei sind, weil wir einfach die spezifischen Fähigkeiten in Bezug auf Informations- und Kommunikationstechnik mit an den Tisch bringen, ohne die man bei der Bewältigung der Herausforderungen nicht auskommt. Im Moment wird jedenfalls in Summe viel mehr an uns herangetragen, als wir bewältigen können. Die Fachbereiche trauen uns also zu, dass wir mit den Anforderungen klarkommen, und man ist froh, wenn die „graue" Informations- und Kommunikationstechnologie an die Profis von der IT-Abteilung abgegeben werden kann.

Wenn Sie aber als IT-Abteilung in der Nein-Fraktion verbleiben, hat die Fachabteilung keine andere Wahl, als das aus ihrer Sicht Erforderliche „U-Boot-mäßig" selbst zu verfolgen. Das führt dann letztlich zu höheren Kosten und Nichtfunktionalitäten oder schlimmstenfalls auch zu nicht beherrschten Risiken auf Unternehmensebene. Das kann also nicht die Lösung sein.

Brenner: Sehen Sie die „graue" Informations- und Kommunikationstechnik als eine Art Innovator oder zumindest als Test für eine Nachfrage nach bestimmten Leistungen?

Sturm: Man sollte sich das auf jeden Fall in aller Offenheit genau anschauen, falls es dieses Phänomen gibt. Liegt es etwa an Mängeln in der Leistungserbringung im IT-Bereich, die den Kunden zwingen, andere Wege zu gehen? Ist es ein natürlicher Ausdruck von prinzipiell neuen Herangehensweisen abseits der etablierten Kern-Services der IT, der nun aus den Randbereichen schrittweise in die Kernbereiche der Leistungserbringung für IT-Services vordringen wird? Fest steht, dass sich die Leistungsausweitung der IT permanent fortsetzt, das heißt, heute noch periphere Dienste, die noch irgendwie außerhalb der IT-Abteilung erbracht werden, sind eventuell schon morgen ein Standard-Service der IT-Abteilung.

Witte: Wie sehen Sie die Rolle des Chief Information Officer in der Bosch und Siemens Hausgeräte GmbH im Innovationsprozess?

Sturm: Die Rolle des CIOs würde ich im Kontext von IT-gestützten Innovationsvorhaben mit den Worten „Initiator", „Katalysator", „Wegbegleiter", „Trusted Advisor" und schließlich auch mit „Nichtverhinderer von Innovation, die nicht aus der IT-Abteilung kommt" beschreiben. Natürlich passe ich auf, dass das Ganze aus IT-Sicht nicht aus dem Ruder läuft.

Witte: In den Gesprächen mit Chief Information Officers über Innovation durch Informations- und Kommunikationstechnik sind wir immer wieder der „Consumerization" der Informations- und Kommunikationstechnik begegnet. Was halten Sie von folgendem Statement: „Für stark prozessorientierte IT-Abteilungen ist die immer stärker um sich greifende Consumerization der Informations- und Kommunikationstechnik die größte Bedrohung ihrer Existenz?"

Sturm: Keineswegs! Dieser Aussage stimme ich nicht zu. Das Gegenteil ist der Fall! Für stark prozessorientierte IT-Abteilungen steht das Management von Informationen für unternehmerische Zwecke an sich bereits heute im Mittelpunkt, daran wird sich also nichts ändern. Um Ihr Schlagwort aufzugreifen: Mit den Entwicklungen, die mit der „Consumerization der IT" verbunden werden, rücken wir den schon lange verfolgten Ansätzen „anything – anywhere – anytime – any device" näher. Ohne Schlagworte gesprochen: Der Anwender soll möglichst barrierefrei auf alle für einen Geschäftsvorfall erforderlichen Informationen über beliebige Endgeräte auf verschiedenen Wegen jederzeit und allerorten sehr einfach zugreifen können. Das ist doch hervorragend, wenn man sich dann in der IT-Abteilung weniger um das Handwerkszeug der IT-Technologien kümmern muss und sich stattdessen noch stärker als bisher auf die in einer prozessorientierten IT-Abteilung ohnehin im Zentrum stehenden Fragen der Unternehmensarchitektur und der dafür erforderlichen Informationsarchitektur kümmern kann.

Die unternehmerische Frage, welcher Anwender die Daten und Informationen in der Verknüpfung notwendiger Inhalte lesen können oder verändern können soll, ist weiterhin gegeben. Der Bedarf an Informationsbereitstellung aus den unterschiedlichsten Quellen nimmt weiter zu, und zugleich steigt die Bedeutung von Datenschutz und Informationssicherheit ebenfalls dramatisch an. Die Aufgaben gehen uns also nicht aus.

Quellen und Anmerkungen

1 Das Gespräch mit Herrn Dr. Jürgen Sturm fand am 23. Dezember 2010 in München statt. Teile der Antworten von Herrn Sturm sind bereits im Artikel „Innovation in Produkten und Prozessen durch fortschrittlichen Einsatz von IT" enthalten, den Jürgen Sturm in dem Buch „Innovation durch IT – Erfolgsbeispiele aus der Praxis", das von Lothar Dittrich und Wolfgang Schirra 2006 im Springer-Verlag herausgegeben wurde, publiziert hat.

Zusammenfassung

Für Jürgen Sturm ist – wie für einige unserer Gesprächspartner – Innovation eine praktische Verbesserung, die im Gegensatz zu einer reinen Idee in der Realität umgesetzt wurde. Die Informations- und Kommunikationstechnik sieht er als eine strategische Befähigungstechnologie zur Steigerung der Wettbewerbsfähigkeit. Sturm vergleicht das Verhältnis zwischen Business und IT-Bereich mit dem von Pilot und Co-Pilot im Rallyesport. Als Chief Information Officer sitzt er in den meisten Situationen auf dem Beifahrersitz, denn wenn es um Prozessexcellenz geht, liegt die letztendliche Verantwortung beim Fachbereich. Im ureigenen Aufgabengebiet Informations- und Kommunikationstechnik sitzt der IT- Bereich auf dem Fahrersitz.

Jürgen Sturm schätzt es nicht, wenn Kollegen aus dem Fachbereich meinen, sie könnten Systeme der Informations- und Kommunikationstechnik besser bauen als der IT-Bereich. Die BSH Bosch und Siemens Hausgeräte GmbH hat während der Wirtschaftskrise im IT-Bereich einige Innovationsprojekte gestoppt. Unser Gesprächspartner hat seine Einstellung zur „grauen" Informations- und Kommunikationstechnik in den letzten Jahren verändert. Der IT-Bereich der BSH Bosch und Siemens Hausgeräte GmbH versucht, unabwendbare Entwicklungen so früh wie möglich zu erkennen und im Sinne des Unternehmens und der Mitarbeitenden intelligent zu begleiten.

Jürgen Laartz

Kapitel 9

Integration hat Innovation nicht gerade leichter gemacht

Gespräch mit Jürgen Laartz, Director bei McKinsey & Company[1]

Für Jürgen Laartz laufen Chief Information Officers Gefahr, von Innovatoren zu Bewahrern und Betreibern von integrierten, industrialisierten IT-Systemen zu werden. Dieser Falle können sie seiner Ansicht nach nur entkommen, wenn sie getrennte Strukturen für den Betrieb der inzwischen enorm komplexen Systemlandschaften und für Innovation einrichten. Er sieht drei Modelle für das Verhalten eines Chief Information Officer in der Zukunft: Er reagiert, er ist proaktiv oder er ist der Motor der Innovation.

McKinsey & Company ist eine weltweit führende Strategie- und Unternehmensberatung mit Büros in 52 Ländern. Das Unternehmen wurde 1926 von James Oscar McKinsey in Chicago gegründet und beschäftigt heute etwa 17.000 Mitarbeitende, darunter circa 9.000 Berater. Das Unternehmen ist im vollständigen Besitz von circa 1.100 Partnern. Das Beratungsgeschäft von McKinsey & Company gliedert sich in industrielle Sektoren, funktionale Abteilungen und Initiativen wie das Business Technology Office, das alle Facetten der Informations- und Kommunikationstechnologie auf Managementebene abdeckt. Zu den Klienten zählen große Unternehmen und Konzerne, Regierungsstellen und öffentliche Institutionen.

Brenner: Herr Laartz, während der Arbeiten an diesem Buch haben wir den Eindruck gewonnen, dass eine der schwierigsten Herausforderungen für Chief Information Officers darin besteht, einen für das gesamte Unternehmen erkennbaren Beitrag zum Wettbewerb der Ideen zu liefern. Warum gelten IT-Abteilungen heute nicht mehr als Innovatoren?

Laartz: Der Rechtfertigungszwang für die IT-Abteilung war zu Recht immer da. Vor 20 Jahren hat die IT-Abteilung für alle sichtbare Beiträge geleistet, wenn es darum ging, Prozesse neu zu strukturieren, das Unternehmen anders am Markt zu positionieren oder wettbewerbsfähiger zu machen. Jeder neue Server, jede zusätzliche Anwendungssoftware zeigten klare Effekte. Der Chief Information Officer und seine Mitarbeitenden galten automatisch als Innovatoren. Inzwischen ist die Automatisierung in diesem Bereich so weit vorangeschritten, dass es nicht mehr ausreicht, in neue Hard- und Software zu investieren, um weiterzukommen. Heute besteht die zentrale Herausforderung darin, Innovationen mit den bestehenden Systemen, die gerne als Legacy-Systeme bezeichnet werden, zu verbinden.

Damit Altes und Neues miteinander funktionieren konnte, haben die Chief Information Officers in den späten 80er und 90er Jahren begonnen, ihre Systemlandschaft neu zu strukturieren. Parallel dazu begannen die IT-Abteilungen, verschiedene Systeme zu integrieren. Plötzlich hing nicht mehr nur Alt und Neu zusammen – auch die verschiedenen Anwendungen benötigten Daten und Services voneinander, sowohl intern als auch unternehmensübergreifend. In diese hochintegrierten Systeme kann jedoch nicht an irgendeiner Stelle etwas eingeschoben werden, ohne vorher zu testen, wie die anderen Teilsysteme reagieren.

Auf einen Nenner gebracht: Integration hat Innovation nicht gerade leichter gemacht. Mit der wachsenden Komplexität der Systeme nahmen die Bedeutung des Betriebs und die Strukturierung der Systemlandschaft durch Architekturen, die von den IT-Abteilungen geschaffen wurden, immer weiter zu.

Witte: Innovation durch Informations- und Kommunikationstechnik findet in den Unternehmen aber trotzdem statt. Fachbereiche betreiben ihre Hardware und Software selber und erneuern auf diese Weise Prozesse, Produkte und Geschäftsmodelle. Vor diesem Hintergrund stellt sich für mich die Frage, ob von den IT-Abteilungen tatsächlich keine Innovation mehr ausgeht.

Laartz: Das möchte ich auch nicht sagen. Ich glaube vielmehr, dass sich der Schwerpunkt in den Unternehmen verschoben hat. Statt mit neuen Technologien dem Motto „Innovate the Business" zu folgen, geht für viele CIOs Innovation heute nur in Richtung eines effizienten und ausfallsicheren Betriebs. Da findet heute die Innovation statt. Entsprechend hat sich die Rolle der Chief Information Officers und der IT-Abteilungen verändert. Sie sind vom Innovator zum Betreiber und Bewahrer geworden. Ein CIO, der nicht nur Bewahrer sein will, muss den scheinbaren Widerspruch zwischen Innovation und Industrialisierung aufheben. Angesichts der Komplexität der heutigen IT-Landschaften und -Anforderungen muss er Fabrikbetreiber und Entwickler sein. Innovation kommt nicht mehr, wie früher, nur durch mehr Funktionalität und intelligentere Integrationsarchitektur, sondern auch durch Lean-Management, Global-Operating-Models, intelligenten Einsatz von Hardware-Innovation, beispielsweise das „Internet of Things", und innovative Betreibermodelle, wie beispielsweise die Cloud. Er muss daher die Klammer um Architekten, Entwickler und Betreiber bilden und dafür sorgen, dass statt kultureller Gräben zwischen dem SOA-Evangelisten, dem Agile- und dem Mainframe-Betreiber ein wirklich multikulturelles Amalgam entsteht.

Brenner: In den vielen Gesprächen, die wir in den vergangenen Monaten geführt haben, war deutlich zu spüren, wie Chief Information Officers sich mit allen Kräften gegen die Rolle des Bewahrers wehren. Sie starten Innovationsinitiativen und beschäftigen sich mit neuen Geräten aus der Unterhaltungselektronik. Gleichzeitig aber ist von Mitarbeitenden aus den Fachbereichen zu hören, dass diese Aktivitäten nicht zur Kenntnis genommen werden. Die CIOs werden in erster Linie mit der Vergangenheit der Informations- und Kommunikationstechnik und nicht mit ihrer Zukunft in Verbindung gebracht.

Laartz: Begonnen hat diese negative Positionierung während des sogenannten Electronic-Business-Hypes vor rund zehn Jahren. Die Chief Information Officers waren nicht gegen das Internet. Aber sie haben es nicht geschafft, die neuen Online-Anwendungen mit der bestehenden Anwendungs- und Infrastrukturlandschaft zu verbinden. Die IT-Abteilungen hatten den Einsatz der traditionellen Informations- und Kommunikationstechnik in ihren Unternehmen weitgehend professionalisiert und beispielsweise schlaue Betriebs- und Integrationskonzepte entwickelt. Dann kamen Internet und World Wide Web, die anders funktionierten. Die meisten IT-Abteilungen scheiterten daran, beides miteinander zu kombinieren – auch weil die Chief Information Officers sich nicht weit genug auf das Neue einließen und im Hintergrund die traditionellen Anwendungen schützen wollten. Nur Wenigen ist es gelungen, sich sowohl im World Wide Web als auch in der angestammten Systemlandschaft wohl zu fühlen.

Das Scheitern der Web-Integration führte in vielen Unternehmen dazu, dass die IT-Abteilungen auf das Management der traditionellen Informations- und Kommunikationstechnik beschränkt wurden und seither mit Innovation nur noch wenig zu tun hatten. Das lässt sich zum Beispiel daran ablesen, wie viele Electronic-Business-Projekte außerhalb der Verantwortung der IT-Abteilung liegen. Während des E-Business-Hypes haben Provider geschickt die IT-Abteilung umgangen und Client-Server-Lösungen direkt ans Business verkauft. An den Folgen für die Komplexität und damit Effizienz und Agilität leiden wir heute noch. Mit Cloud-Services wird, so fürchte ich, genau dasselbe passieren.

Witte: Ein Grund für diese Entwicklung ist sicher auch das fehlende Wissen in den IT-Abteilungen über neue Entwicklungen der Informations- und Kommunikationstechnik. Die Mitarbeitenden und Führungskräfte in den Fachbereichen wissen darüber heute oft viel mehr als noch vor zehn Jahren. Sie fragen die IT-Abteilungen gar nicht erst nach neuen Lösungen, sondern geben innovative Projekte bei externen Lieferanten in Auftrag. Das Thema Integration kümmert sie dabei nicht. Ihnen geht es nur darum, dass die Anwendung schnell verfügbar und einfach zu bedienen ist. Auf diese Weise entstehen in den Fachabteilungen immer wieder „Schnellboote". Sie stellen mittlerweile die eigentliche Innovation durch Informations- und Kommunikationstechnik dar.

Laartz: Ich sehe das eher zwiespältig. Ich bin mir keineswegs sicher, ob sich die Linienmanager heute wirklich besser mit Informations- und Kommunikationstechnik auskennen als vor einigen Jahren. Sie können zwar mit Endgeräten, wie beispielsweise dem iPhone, dem iPad oder ihrem MP3-Player, umgehen, aber deshalb verstehen sie die Technik nicht besser. Es ist etwas ganz anderes, mit einer isolierten Funktionalität als Nutzer umzugehen, als sie in eine Anwendungslandschaft in einem Unternehmensumfeld zu integrieren. Deshalb stimme ich auf der einen Seite zu: Die Mitarbeitenden aus dem Fachbereich kennen sich heute mit ihren persönlichen Rechnern besser aus als früher. Aber auf der anderen Seite halte ich dagegen: Das iPhone oder eine Google-Anwendung haben mit einer komplexen Anwendungslandschaft in einem Unternehmen wenig zu tun.

Ich vergleiche das mit Autofahren. Gute Fahrer können mit 200 Stundenkilometern und mehr über die Autobahnen jagen und haben ihr Fahrzeug im Griff. Vom Zusammenspiel der Fahrzeugkomponenten und ihrer Abhängigkeit voneinander haben sie wenig bis gar keine Ahnung. Wenn Sie jetzt noch die Themen Straßenbau, Verkehrsplanung und Unfallvermeidung hinzunehmen, von denen der normale Autofahrer auch kaum etwas weiß, dann sind Sie ungefähr bei dem Komplexitätsgrad, den die Informations- und Kommunikationstechnik in den meisten Unternehmen heute ausmacht. Dieser Komplexität gegenüber verhält sich der Linienmanager genauso unbedarft wie ein Autofahrer gegenüber den Gesetzen der Verkehrsplanung.

Aus der Haltung der Anwender erwächst nun folgendes Problem: Ihr „Wissen" über Endkunden-Werkzeuge übersetzen Manager und Mitarbeitende aus dem Fachbereich direkt in Ansprüche an die IT-Abteilung. Für ihren Arbeitsplatz im Unternehmen verlangen sie das Gleiche wie für ihr privates Notebook oder Handy. Weil die Funktionen schon woanders existieren und einfach zu bedienen sind, glauben viele Anwender auch, dass sie einfach bereitzustellen sind. Das Gegenteil ist der Fall. Und selbst wenn, bin ich mir keineswegs sicher, ob sich solche auf den Endverbraucher zugeschnittenen Systeme für den vernetzten Unternehmensalltag eignen. Schließlich will niemand auf die Vorteile der Unternehmensanwendungen in punkto Sicherheit, Verfügbarkeit und vor allem transaktionale Integrität verzichten. Diese Qualitäten und die Persönlichkeiten, die dafür stehen, werden unterschätzt.

Eine ganz wichtige Voraussetzung für Innovation ist, dass das Business mehr über Informations- und Kommunikationstechnik als Innovationstreiber, aber auch über die Grundzüge von IT-Management versteht. Genauso wie kein Manager sagen würde, er verstünde nichts von Organisation oder Strategie, sollte es nicht mehr en vogue sein, mit Unkenntnis über Technologie zu prahlen und auf den CIO zu verweisen.

Brenner: Dazu passt ein Beispiel aus dem Marketing eines Konsumgüterunternehmens. Ein Abteilungsleiter wollte unbedingt bei Second Life, einer virtuellen Welt, aktiv werden. Er wusste, dass die IT-Abteilung damit noch keine Erfahrungen hat, und beauftragte einen externen Softwareanbieter oder Berater mit der Realisierung seiner Idee. Das ging schnell und funktionierte auch. Die Lösung war aber nicht in die bestehende Systemlandschaft seines Unternehmens integriert. Weder ließen sich die Besucherdaten mit dem unternehmenseigenen Analyse-Tool des Customer-Relationship-Managements auswerten, noch wurden die Preise der Produkte, die in der virtuellen Welt angeboten werden, aus den Datenbanken des Unternehmens gespeist. Alles war handgestrickt und wurde „mechanisch" betrieben. Erst als die Marketingabteilung nicht mehr weiter wusste, wandte sie sich an die IT-Abteilung. Diese musste dann das Know-how aufbauen und „aufräumen". Das ging zu Lasten der Funktionalität. Schon hatte die IT-Abteilung wieder den Schwarzen Peter, und bei der nächsten innovativen Idee wird der Marketingmanager sich wieder „Schnellboote" von Dritten bauen lassen.

Laartz: Die Schere zwischen den Angeboten für private Konsumenten im Internet und für Endnutzer im Unternehmen wird in den nächsten Jahren sogar noch weiter auseinandergehen. Gleichzeitig speist sich die Anspruchshaltung der jungen Generation an die Unternehmensinformations- und Kommunikationstechnik zunehmend aus ihren

Erfahrungen als Privatpersonen. Die IT-Abteilungen werden Prozesse und Strukturen entwickeln müssen, die damit umgehen können. Und die CIOs tun gut daran, wenn sie diese Entwicklungen der Informations- und Kommunikationstechnik ernst nehmen.

Witte: Danach sieht es zurzeit aber nicht aus. Vielmehr drängt sich der Eindruck auf, dass die IT-Abteilungen in zwei oder drei Jahren wieder auf die reine Betreiberrolle zurückgedrängt werden.

Laartz: Das ist heute schon der Fall. Die IT-Abteilungen handeln sich vom Fachbereich Ärger ein, wenn die Blackberrys oder die iPhones nicht funktionieren. Ausfallzeiten wichtiger Systeme werden hingegen oft gar nicht diskutiert. Der Chief Information Officer muss getrennte Strukturen schaffen. Auf der einen Seite muss er für einen reibungslosen Betrieb sorgen, auf der anderen Seite neue Entwicklungen der Informations- und Kommunikationstechnik evaluieren und ins Unternehmen tragen. Will er beides bewerkstelligen, wird er ohne entsprechende Strukturen scheitern.

Wenn Innovation und Betrieb nicht getrennt betrachtet werden, gewinnt der Betrieb automatisch die Oberhand. Denn für das aktuelle Geschäft des Unternehmens zählen reibungslose Abläufe im Hier und Jetzt mehr als zukünftige Innovationen.

Brenner: Müssen diese Strukturen auch getrennt geführt werden? Braucht es eine Führungskraft für den Betrieb und daneben eine weitere, die sich um Innovationen kümmert?

Laartz: Viele große Unternehmen haben das ja so eingerichtet. Die divisionalen Chief Information Officers und ihre Mitarbeitenden stellen die Anforderungsseite dar, und ein interner oder externer Service-Provider übernimmt den Betrieb. Für Abteilungschefs, die so aufgestellt sind, ist es leichter, die innovative Rolle zu meistern, als für die Chief Information Officers, die per Definition noch für beide Aufgabengebiete verantwortlich sind.

Witte: Meiner Erfahrung nach haben die Chief Information Officers, die nicht mehr für den Betrieb zuständig sind, kleinere Organisationen und weniger Einfluss im Unternehmen. Sie laufen Gefahr, ein „König ohne Land" zu werden.

Laartz: Das ändert dennoch nichts an der Notwendigkeit. Virtualisierung und Cloud Computing gehen davon aus, dass sich Anwender auf der Infrastrukturseite nicht mehr einmischen. Durch die Innovationsbrille gesehen, ist es unabdingbar, dass der Chief Information Officer Infrastrukturbetrieb und Innovation entflechtet, statt weiterhin hochintegriert zu arbeiten. Nur so kann er innovative Entwicklungen der Informations- und Kommunikationstechnik in das Unternehmen transportieren.

Konkret sieht diese Entflechtung so aus: Der Betreiber optimiert den Betrieb, senkt die Kosten, sorgt für Effizienz in der Infrastruktur und steigert gleichzeitig die Qualität des Vorhandenen. Er hat die enorm wichtige Aufgabe, für die transaktionale Integrität zu sorgen. Der Innovator denkt über Neuerungen nach, baut Prototypen, schaut, wie man das Geschäft schneller machen und effizienter betreiben kann. Mit dieser Herangehensweise bedroht er automatisch die hochverfügbaren und sicheren Systeme, die der andere betreibt. Das in einer Person zu integrieren, grenzt schon fast an Schizophrenie. Deshalb müssen diese Aufgaben auf zwei Führungskräfte verteilt werden.

Witte: Wird die Aufgabe des Betreibers, die der Chief Information Officer seit den 90er Jahren hauptsächlich erfüllt, durch serviceorientierte Architekturen und Technologien wie Virtualisierung, Cloud Computing und „Software as a Service" leichter? Geht der zeitliche Aufwand für das Management des Betriebs in Zukunft zurück?

Laartz: Es wäre schön, wenn diese Entwicklung eintreten würde. Die neuen Technologien, die Sie erwähnt haben, sind auf jeden Fall keine Wunderwaffen, die einfach funktionieren. Auf der Infrastrukturseite nähern sich die Unternehmen zurzeit beispielsweise dem Cloud Computing an. Wenn Unternehmen es schaffen, ihre Systeme zu virtualisieren – nicht nur punktuell, sondern komplett –, dann werden sie auch unabhängiger von ihrer Infrastruktur. Dieser Teil des Betriebsvermögens muss sie dann nicht mehr interessieren. Wenn die Service-Level-Agreements zwischen den Schichten funktionieren, lässt sich auf diese Weise Transaktionssicherheit herstellen, ohne dass sich der Chief Information Officer selbst intensiv darum kümmern muss. Ob er den Betrieb in die Hände Dritter gibt, ist dabei vielleicht nicht so wichtig wie die Tatsache, dass er sich mental davon verabschiedet. Bei dieser Entscheidung geht es nur noch darum, welche Alternative effizienter ist. Wenn Sie als Unternehmen die gleichen Skaleneffekte erzielen würden wie ein externer Provider, können Sie mit gutem Gewissen den Betrieb auch weiterhin selbst übernehmen.

Witte: Also besteht die Innovation beim Service-Provider im Senken der Stückkosten und dem Erzielen von Effizienzgewinnen durch Nutzen von Skaleneffekten. Es geht um die Industrialisierung der Informations- und Kommunikationstechnik.

Laartz: Ja, und wenn Sie die vergangenen drei Jahre betrachten, dann haben die Service-Provider genau diesen Weg eingeschlagen. Die Rechenzentren von Hewlett-Packard, T-Systems und anderen sind nach diesen Fabrikkonzepten aufgebaut. Der Trend zur Industrialisierung setzt sich weiter fort, bis man beim Cloud Computing ankommt – dem vorläufigen Endzustand dieser Entwicklung. Es bleibt die Frage, was mit den Anwendungen passiert. Sie stellen neben der Infrastruktur einen weiteren Teil des Betriebsvermögens in der Informations- und Kommunikationstechnik dar. Wenn man im Anwendungsbereich weiter denkt, stößt man irgendwann auf eine „Komponentisierung" der Software nach Businessfunktionalitäten. Das ist von einigen Softwareherstellern geplant, aber noch nicht realisiert.

Brenner: Sind das Services, wie sie von Salesforce angeboten werden, oder muss man sich die Komponenten granularer vorstellen?

Laartz: Ich stelle es mir sehr schwierig vor, den gesamten Software-Stack als „Software as a Service" anzubieten. Technologisch mag die Entwicklung in die Richtung gehen. Bevor dies aber möglich wird, muss die Software erst in Business-Funktionen modularisiert werden. Benötigter Input und möglicher Output sind genau zu beschreiben. Die Modularisierung muss auf einer weniger granularen Ebene erfolgen, als das bei Web-Services passiert. Sonst sterben die Web-Services spätestens bei der Zahl von 80 den Integrationstod.

Brenner: Wie hoch muss man Ihrer Meinung nach aggregieren, um die semantischen Probleme zu lösen?

Laartz: Bei isolierten Angeboten von Salesforce ist eine semantische Standardisierung möglich, bei hochintegrierten Aufgaben hingegen funktioniert es sehr schlecht. Beispiel Transaktionsbanken: Dort klappt es in der Factory gut, aber bei den Abnehmern sind zusätzliche Übersetzungs- und Integrationsstrukturen notwendig.

Witte: Wie sieht die Softwarelandschaft der Zukunft aus? Werden weiterhin die hochintegrierten Systeme vorherrschen, oder werden wir relativ mächtige Systeme vorfinden, die spezielle Aufgaben lösen – so wie das beim Business-Process-Outsourcing im Zahlungsverkehr der Banken zu beobachten ist? Anbieter wie die Deutsche Wertpapierbank oder Xchanging zeigen bereits, wie es geht. Der Chief Information Officer, der sich weiterhin auf volle Integration konzentriert, könnte bei diesem Trend der Verlierer sein.

Laartz: Durch die Entwicklung der Geschäftsstrukturen wird es eine grobe „Komponentisierung" der Software geben. Wenn man davon ausgeht, dass sich globale Unternehmen immer stärker als Netzwerkstrukturen darstellen, werden Komponenten gebraucht, die auf dieser hohen Aggregationsebene beweglich gehalten werden können. Je nachdem, wie das Netz strukturiert ist, benötigt man Prozesselemente oder ganze Organisationseinheiten, die flexibel sind. Noch sehe ich allerdings keinen Anbieter, der tatsächlich beginnt, seine Software so zu strukturieren. Bei den Business-Process-Outsourcing-Providern sehe ich das schon eher. Sie ermöglichen es, dass Unternehmen bestimmte Prozesse oder Prozessschritte herauslösen können. Das führt aber nicht automatisch zur Industrialisierung. Den Schritt, den wir vor dem Hintergrund von Cloud Computing diskutiert haben, sind diese Anbieter noch nicht gegangen. Es dominiert immer noch die Individualsoftware. In der Softwareentwicklung existieren noch keine Fabriken und keine normierten Interfaces, die es erlauben würden, viele Kunden mit einer Lösung zu bedienen.

Brenner: Gesetzt den Fall, dass die von uns angesprochene virtualisierte Infrastruktur Realität wird und Services aus Modulen zusammengesetzt sind, die nur noch orchestriert werden müssen: Findet Innovation durch Informations- und Kommunikationstechnik dann nur noch bei den externen Anbietern und im Fachbereich statt?

Laartz: Was wir bis jetzt diskutiert haben, ist die Frage, wie IT-Abteilungen Innovationen interpretieren, die letztlich von außen kommen. Um selbst leichter und intensiver Innovationen betreiben zu können, muss die IT-Abteilung noch einen weiteren Hemmschuh aus der Welt schaffen: das Paradigma der tiefen Integration. Die sogenannten End-to-End-Prozesse haben die Unternehmen vorangebracht, doch inzwischen erweisen sich die daraus erwachsenen hochintegrierten Systeme als große Innovationsbarriere. Deshalb wird jetzt wieder begonnen, die einzelnen Systeme voneinander zu trennen, damit man Neues einbauen kann, ohne jedes Mal das große Ganze anzufassen.

Witte: Sie haben die Vorstellung von Unternehmen als vernetzte Organisationen entwickelt. Ein solcher Paradigmenwechsel bliebe nicht ohne Auswirkungen auf die IT-Abteilung. Welche Rolle spielt der Chief Information Officer in einer vernetzten Organisation?

Laartz: Er muss dafür sorgen, dass die Teile beweglich bleiben und die Anwendungen so effizient wie möglich arbeiten. Vorausgesetzt, die Infrastruktur der Informations- und Kommunikationstechnik entwickelt sich wie in diesem Gespräch dargestellt, dann müssten sich der

Chief Information Officer und seine Abteilung „nur" noch um den Software-Stack kümmern.

Brenner: Wie weit sollte der Chief Information Officer sich diesbezüglich einbringen? Muss er Vorschläge machen, wie die globalen Prozesse in einer vernetzten Organisation aussehen?

Laartz: Es gibt drei Modelle für das Verhalten eines Chief Information Officer: Er reagiert, er ist proaktiv oder er ist der Motor der Innovation. Proaktiv bedeutet, er erkennt die Entwicklungen im Unternehmen sehr früh und leitet die richtigen Schritte ein. Motor zu sein heißt, eigene Ideen voranzutreiben. Rein reaktives Verhalten stempelt den CIO zum Verlierer. Die proaktive Rolle kann er hingegen sehr gut und glaubwürdig einnehmen.

Witte: Was zeichnet den proaktiven Typus im Einzelnen aus?

Laartz: Der Proaktive hat es geschafft, sich aus der Falle zu befreien, die wir zuvor diskutiert haben. Es ist eine Persönlichkeit, die abstrahiert und reflektiert. Er kennt die Anwendungen und Infrastruktur der Informations- und Kommunikationstechnik und ist sich seiner Limitationen bewusst. Er greift frühzeitig in die Diskussionen über Strategie, Restrukturierung und Veränderungen ein. Proaktive Chief Information Officers sind Führungskräfte, die beweglich bleiben und den Beitrag der Informations- und Kommunikationstechnik in der Sprache des Geschäfts formulieren können. Und sie können die angebotenen Optionen so zuschneiden, dass sie handlungsfähig bleiben. Diese Persönlichkeiten tragen nicht nur zu „Innovate the IT", sondern auch zu „Innovate the Business" bei.

Witte: Wie viele Chief Information Officers füllen die proaktive Rolle aus Ihrer Sicht aktuell aus?

Laartz: Ich kenne einige, die diese Rolle sehr gut einnehmen. Allerdings muss die Organisation es auch zulassen, sonst stößt man mit seinem Engagement rasch an Grenzen. Darüber hinaus muss der Chief Information Officer vor allem drei Tugenden mitbringen, um erfolgreich proaktiv zu sein: Erstens muss er wissen, wie man die Systeme effizient betreibt, zweitens, wie man sie sauber implementiert, und drittens, wie man sie gestaltet. Vor allem Letzteres fällt vielen CIOs schwer.

Brenner: Woran fehlt es den Chief Information Officers, um Systeme aktiv zu gestalten?

Laartz: Es fehlt ihnen nicht am intellektuellen Leistungsvermögen, sondern an der notwendigen Fähigkeit zur Abstraktion. Man kann in vernetzten Organisationen nur innovativ sein, wenn man ein Thema abstrakt strukturiert. Nehmen wir noch einmal das Beispiel Infrastruktur: Cloud Computing ist nur möglich, weil verstanden wurde, dass Virtualisierung die Entkopplung bringen kann, die hochintegrierte Systeme heute benötigen, um wieder flexibler zu werden. Wenn dieser Sprung zur Abstraktion geschafft ist, fällt es nicht mehr schwer, sich vorzustellen, dass man dann auch den Betrieb von Cloud-Infrastrukturen einem Provider überlassen kann. Die Lust an der Abstraktion, die zu so überraschenden Ergebnissen führen kann, fehlt vielen Chief Information Officers.

Witte: Die Idee der vernetzten Organisation ist ja nicht neu. Brauchen vernetzte Unternehmen überhaupt noch eine zentrale Informatik?

Laartz: Gerade in einer solchen, eher lose gekoppelten Organisation braucht es eine Architektur der Informations- und Kommunikationstechnik, die diese Vernetzung trägt. Schließlich geht es nicht darum, alles beweglich zu machen, sondern zu entscheiden, welche Teile flexibel und welche fest sein sollten. Die Vorteile der tiefen Integration sollen ja nicht aufgegeben, sondern in eine flexible Integration überführt werden. Diese Art der Vernetzung muss anders strukturiert und modularer aufgebaut werden. Dafür braucht es eine zentrale IT-Abteilung, die sich über alle Unternehmensbereiche hinweg um diese Fragen kümmert.

Witte: Wie kann der Chief Information Officer in einem vernetzten Unternehmen den Innovationsprozess gestalten?

Laartz: Das ist eine schwierige Aufgabe. Vernetzte Unternehmen sind ja nicht das Resultat eines Innovationsprozesses. Sie entwickeln sich aufgrund strategischer Entscheidungen. Vernetzte Unternehmen stellen ein neues, sogenanntes „Global Operating Model" dar. Dieses Modell wird vielleicht alle fünf Jahre auf den Prüfstand gestellt, denn seine Lebenszeit ist länger als die einer Strategie und ihrer Umsetzung. Ob und wie sich der Chief Information Officer in den Entwicklungsprozess eines „Operating Model" einbringen kann, hängt stark von seinen Fähigkeiten zur Abstraktion und von seiner Persönlichkeit ab.

Brenner: Christoph Witte und ich haben in unseren Gesprächen mit Chief Information Officers erfahren, dass nur wenige von ihnen an diesen Veränderungsprozessen beteiligt sind. Sie bilden die Ergebnisse später lediglich in ihren Informationssystemen und Infrastrukturen ab, sind aber nicht dabei, wenn über Veränderungen nachgedacht und entschieden wird.

Laartz: Dies trifft meiner Ansicht nach nur auf diejenigen zu, die sich immer noch in der Rolle des „IT-Betreibers" alten Zuschnitts sehen und nicht ausreichend im Unternehmen vernetzt sind. Wenn sich ein Chief Information Officer auf der dritten Hierarchieebene befindet und nur unzulänglich in die Führungsstrukturen des Unternehmens eingebettet ist, kann nach oben so etwas wie eine „undurchlässige Lehmschicht" entstehen. In der Regel aber ist der CIO heute auf der zweiten Führungsebene angesiedelt und in alle zentralen Entscheidungsprozesse eingebunden. Strategische Überlegungen, wie zum Beispiel der Wechsel des „Operation Models", dürften ihm nicht entgehen. Er kann sich in diese Prozesse einklinken, vorausgesetzt, er hat etwas beizutragen und man traut ihm einen Beitrag zu.

Witte: Welche Chief Information Officers agieren in der Innovationsrolle proaktiv?

Laartz: Ich kenne einige, die versuchen, am Innovationsprozess teilzunehmen und ihn über einen eigenen Prozess auch mitzugestalten. Aber ein richtiger Innovationstreiber wie zum Beispiel Zygmunt Mierdorf, der bis zum Frühjahr 2010 Vorstand der Metro AG war, fällt mir in der aktuellen Generation der Chief Information Officers nicht ein. Mierdorf trieb vor fünf Jahren persönlich die RFID-Technologie und den Future Store voran.

Brenner: Mit dem Beispiel von Zygmunt Mierdorf fordern Sie vom Chief Information Officer und seinen Mitarbeitenden, dass sie zu Innovationstreibern in Unternehmen werden. Ist die IT-Abteilung aus Ihrer Sicht die einzige Quelle für Innovation?

Laartz: Natürlich sind sie nicht die einzigen Innovatoren. Aber ich denke, CIOs, die als Motor wirken, stellen „Leuchttürme" für Innovationen dar, weil in ihren Bereichen sehr viel Neues passiert. Und Menschen, die innovative Ideen im Unternehmen haben, gehen auf diese „Leuchttürme" zu, weil sie wissen, dass in deren Umfeld interessante zukunftsorientierte Konzepte entstehen und sie auch Unterstützung bei der Umsetzung ihrer Vorschläge erhalten.

Brenner: Halten Sie es vor diesem Hintergrund für wichtig, dass sich ein Chief Information Officer mit den Methoden des Innovationsmanagements auseinandersetzt? Ich denke da beispielsweise an Open Innovation oder Design Thinking. Meiner Erfahrung nach machen die wenigsten von solchen Werkzeugen Gebrauch. Würden diese Verfahren nicht weiterhelfen?

Laartz: Design Thinking, so wie ich es begreife, hilft zu verstehen, was man tatsächlich bauen muss. Es hilft, die Anforderungen richtig zu definieren. Deshalb sollte es der Business-Analyse und dem Requirement Engineering vorgeschaltet werden. Software hat den Nachteil, dass sie abstrakt ist. Design Thinking kann verhindern, dass in der Softwareentwicklung das klassische „Stille-Post-Phänomen" Platz greift.

Wir bei McKinsey unterziehen uns immer wieder einer Übung, die eine zentrale Problematik der Softwareentwicklung genau veranschaulicht: Wir bauen ein einfaches dreidimensionales Legomodell mit zehn Steinen und geben verschiedenen Teams die Aufgabe, das Modell nachzubauen. Wir teilen die Teams in zwei Gruppen auf. Die eine Gruppe bekommt das Modell zu sehen und schildert der zweiten Gruppe, was sie bauen soll. Die zweite Gruppe sieht das Modell nicht. Ihr wird nur mündlich beschrieben, wie das Original aussieht. Bei zehn Teams erhalten Sie zehn verschiedene Resultate. Das Gleiche passiert in der Softwareentwicklung. Mit dem Design-Thinking-Prozess kann ein Unternehmen sicherstellen, dass auch das gebaut wird, was als richtig erkannt worden ist, und nicht das, was einige Entwickler zu verstehen geglaubt haben. Es ist eine innovative Methode, um bestimmte Systeme besser entwickeln zu können, aber es regt nicht die generelle Innovationsfähigkeit an.

Für den Chief Information Officer ist Design Thinking allerdings ein geniales Instrument, mit dem er die Falle der Handlungsunfähigkeit vermeiden und sehr nah an den Anwender herankommen kann. Auf diese Weise kann er sich innovativ positionieren. Lego hat etwas entwickelt, das noch weiter geht als Design Thinking. Dieses Spielzeugunternehmen hat es geschafft, einen Konfigurator für neue Legomodelle auf seiner Webseite zum Bestandteil der Produktentwicklung zu machen. Angelegt war das Tool, damit sich Kunden individualisierte Baukästen zusammenstellen konnten. Doch dann hat Lego den Konfigurator benutzt, um Kunden in den Entwicklungsprozess neuer Produkte einzubinden. Das ist noch ein Stück direkter als die Design-Thinking-Methode. Der Kunde beurteilt keine von anderen entworfenen Prototypen, sondern er baut sie selbst.

Im Nachhinein war der Gedanke naheliegend. Aber ein Unternehmen muss den Konfigurator auf der Webseite so gestalten, dass der Kunde akzeptiert, dass die Rechte der von ihm entworfenen Prototypen bei Lego landen und dass genügend Leute mitspielen. Die innovative Idee ist nur der Anfang.

Witte: Herr Laartz, lassen Sie uns unser Gespräch mit einer letzten, nicht unkritischen Frage schließen: Brauchen Innovationen Business-Cases?

Laartz: Im Grunde genommen ja. Innovationen müssen sich für die Unternehmen lohnen. Deshalb ist es wichtig, die Veränderungen mit einzukalkulieren, die eine Innovation nach sich zieht. Nehmen Sie Lego wieder als Beispiel. Das Unternehmen kommt heute mit viel weniger Entwicklern aus.

Quellen und Anmerkungen

1   Das Gespräch fand am 12. Dezember 2009 in Berlin statt.

ZUSAMMENFASSUNG

Für Jürgen Laartz besteht die zentrale Herausforderung der IT-Abteilungen darin, Innovation mit den bestehenden Systemen zu verbinden. In die hochintegrierten Systeme der heutigen Zeit kann nicht an einer Stelle etwas eingeschoben werden, ohne vorher zu testen, wie die anderen Teilsysteme reagieren. Seiner Auffassung nach hat sich der Schwerpunkt der Innovationen durch Informations- und Kommunikationstechnik in den Unternehmen verschoben. „Innovate the IT" anstelle von „Innovate the Business" steht heute im Vordergrund. Es wird nicht unbedingt mehr auf neue Technologien gesetzt, sondern auf den cleveren, effizienten und ausfallsicheren Betrieb. Da findet mittlerweile die Innovation statt.

Zudem, so Laartz, wird die Schere zwischen Angeboten für private Konsumenten und Endnutzer in Unternehmen in den nächsten Jahren weiter auseinandergehen. Gleichzeitig speist sich die Anspruchshaltung der jungen Generation an die Unternehmensinformations- und Kommunikationstechnik zunehmend aus ihren privaten Nutzererfahrungen. Die IT-Abteilungen werden Prozesse und Strukturen entwickeln müssen, die damit umgehen können. Um diese Veränderungen konstruktiv zu begleiten, muss der Chief Information Officer seine bisherige Rolle als Bewahrer der Systeme aufgeben und eine proaktive Haltung einnehmen, wenn nicht sogar zum Motor von Innovation durch Informations- und Kommunikationstechnik werden.

Winfried Gaber

Kapitel 10

Wir bewegen uns ständig in Übergangsphasen

Gespräch mit Winfried Gaber, Vorstandsvorsitzender des Infowerks[1]

Der Unternehmer Winfried Gaber ist davon überzeugt, dass nur der ständige Blick über den Tellerrand einer Abteilung, eines Unternehmens oder einer ganzen Branche die Fähigkeit zur Innovation aufrechterhält. In seiner Industrie, der Druckbranche, macht er erfolgreich vor, wie sich Fachwissen und IT-Know-how zu profitablen Innovationen verbinden lassen, die manchmal nur ganz am Rande mit Drucken zu tun haben, aber sehr viel mit den Bedürfnissen der Kunden.

Das Infowerk in Nürnberg ist ein mittelständisches Medienhaus mit circa 220 Beschäftigten und einem Umsatz von rund 21 Millionen Euro. Das Infowerk ist in drei Divisionen Werbung, Software und Druck gegliedert. Die Leistung des Infowerks basiert auf umfassendem Know-how in den drei Geschäftsbereichen und ihrem Zusammenwirken. Die tragenden Säulen des Unternehmens sind auf der fachlichen Ebene die Kombination aus der Wissenstiefe auf der einen und der Wissensbreite auf der anderen Seite. Hinzu kommt die aktive Förderung der divisionsübergreifenden Zusammenarbeit. Diese beiden Blickrichtungen schaffen die Grundlage und führen zu integrierten Lösungen für die Kunden. Unser Gesprächspartner, Winfried Gaber, ist Vorstandsvorsitzender und Mehrheitseigentümer des Infowerks. Winfried Gaber kennt die Druck- und Medienbranche seit mehr als 40 Jahren. Walter Brenner ist Mitglied des Aufsichtsrates dieses Unternehmens.

Witte: Herr Gaber, können Sie uns erläutern, wie Sie als Unternehmer zu neuen Ideen kommen?

Gaber: Innovation resultiert aus der Beobachtung der Branchentrends und der Entwicklungen, die in angrenzenden Branchen stattfinden. Es geht darum, die richtigen Schlüsse zu ziehen und die Frage zu beantworten, was diese Trends für das eigene Unternehmen bedeuten. Diese Antworten werden im Dialog mit Mitarbeitenden, Kollegen und vor allem unseren Kunden gefunden.

Brenner: Das heißt, dass Sie von Anfang an nicht nur in der Druckbranche nach Innovationen suchen, sondern systematisch über die Branchengrenzen hinaus auf der Suche nach neuen, interessanten Entwicklungen sind. Wieso sind die Entwicklungen in anderen Branchen für Sie wichtig?

Gaber: Mein Unternehmen ist in der Druckbranche beheimatet. Dies muss man wissen, um meine Ausführungen zu verstehen. Nehmen Sie beispielsweise die Entwicklung der Personal Computer und ihre Auswirkungen auf die Branche. Der Personal Computer und vor allem der Macintosh stellten für die Druckbranche eine epochale Veränderung dar, die anfangs aber niemand bemerkte. Mit dem Personal Computer begann der Umstieg in der Druckvorstufe von proprietären, komplizierten und sehr teuren Systemen zu offenen, einfachen und preiswerten Systemen, die praktisch jedem zur Verfügung standen, auch unseren Kunden. An dieser Entwicklung waren weder die grafische noch die Druckindustrie beteiligt. Die meisten Drucker und Setzer waren überrascht, als plötzlich für den Macintosh Werkzeuge angeboten wurden, die besser waren als die bisherigen professionellen Tools. Denken Sie an PDF von Adobe. PDF machte viele Dienstleistungen, die Druckvorstufen betrieben, überflüssig. Im Grunde verschwand die Layout-Setzerei vom Markt. Ihr Kapital waren die teuren Schriften und die teuren Maschinen zur Erfassung der Texte und Bilder, um sie drucken zu können. Nachdem sich die Systeme öffneten und Schriften fast nichts mehr kosteten, dauerte es keine fünf Jahre, bis über 90 Prozent dieser Unternehmen pleite waren. Am Ende sind keine 3 Prozent übrig geblieben.

Witte: Was mich interessiert ist, warum Sie diese Phase nicht nur überlebt, sondern in dieser für ihre Branche schwierigen Zeit die Grundlage für den Erfolg ihres Unternehmens gelegt haben?

Gaber: Wir haben schon Anfang der 1990er Jahre mit den neuen Formaten experimentiert und Informatiker eingestellt. Damit haben sich viele unserer Mitbewerber anfangs schwergetan. Die grafische Industrie ist schon immer von einem sehr großen Branchenstolz geprägt gewesen. Deshalb wird alles, was von außen kommt, sehr skeptisch betrachtet. Die Personal Computer und die Software, die neu auf den Markt kamen, wurden anfangs als viel schlechter eingeschätzt als alles, was aus der Branche kam. Der Macintosh, der Personal Computer,

Adobe und andere offene Systeme galten als Kinderkram. Diese enge, branchenbezogene Sichtweise hat in vielen Unternehmen unserer Branche die Auseinandersetzung mit den neuen technischen Möglichkeiten verzögert und dazu geführt, dass mehr Unternehmen aufgeben mussten, als eigentlich notwendig war.

Wir haben uns um Offenheit bemüht. Für diesen überzogenen Branchenstolz war bei uns kein Platz. Wir haben immer nach rechts und links geschaut, um neue Ideen zu finden und gegebenenfalls für uns zu adaptieren. Ich kann nur jedem Unternehmer und auch jeder Führungskraft aus unserer, aber auch aus anderen Branchen raten, die Entwicklungen auch in anderen Branchen zu beobachten. Eine Fragestellung drängt sich aufgrund neuer Entwicklungen der Informations- und Kommunikationstechnik auf: Sehen wir uns zurzeit genügend genau an, was im Endverbrauchermarkt geschieht? Können wir die Entwicklungen im Endverbrauchermarkt nutzen? Die Technologien aus dem Endverbrauchermarkt haben unsere Branche stark verändert, und die Entwicklung geht weiter.

Ein gutes Beispiel liefert die digitale Fotografie, ihre Entwicklung und ihre Auswirkungen in den letzten zehn Jahren. Das Digitalisieren von Vorlagen, auch von Fotos, war einer der umsatzstärksten Bereiche im Druckumfeld. Die Digitalisierung hat diesen Markt komplett vernichtet. Die Innovation, die 95 Prozent der grafischen Betriebe das Leben kostete, kam aus der Informations- und Kommunikationstechnik und war anfangs für den Massenmarkt gedacht. Das ist für mich bemerkenswert und zeigt, wie wichtig es ist, offen für andere Branchen und Technologien zu bleiben. Die digitale Fotografie hat Branchengrenzen überwunden. Früher hat ein professioneller Fotograf seine Bilder aufgenommen und im Fachlabor entwickeln lassen. Das Vorbereiten und Digitalisieren für den Druck war nicht seine Aufgabe. Er wäre nie darauf gekommen, die Bilder selbst einzuscannen. Das haben die Lithografen gemacht. Heute verfügt ein professioneller Fotograf schon im Moment der Aufnahme über digitalisierte Bilder, und er selbst bildet mit seiner Bildbearbeitungssoftware seine eigene Druckvorstufe. Eine ganze Branche wurde überflüssig. Viele Berufsbilder sind durch diese Entwicklung verschwunden. Arbeiten wie beispielsweise Satz, Lithografie, Reinzeichnung sind mit der Fotografie verschmolzen. Alle machen plötzlich alles.

Brenner: Wie bilden Sie sich weiter? Wo finden Sie neue Ideen? Ich stelle diese Frage sehr bewusst. Aus vielen Gesprächen mit Unternehmern und Führungskräften weiß ich, dass Information und Weiterbildung eine große Herausforderung darstellen. Die Führungspersönlichkeiten sind mit dem operativen Geschäft ausgelastet, haben keine Zeit zum Nachdenken und zur Erarbeitung neuen Wissens. Immer wieder beobachte ich, dass Unternehmer und Führungskräfte ab einer gewissen Hierarchiestufe sich nur von Mitarbeitenden oder Beratern informieren lassen. Damit geht der direkte Zugang zu neuen Informationen und Entwicklungen verloren. Persönlichkeiten, die sich in diesem „Informationsdilemma" befinden, verlieren ihre Innovationskraft.

Gaber: Bis vor zehn, fünfzehn Jahren bin ich selbst auf jedem wichtigen Symposium oder Kongress gewesen und habe die Entwicklungen verfolgt, die mir interessant erschienen. Heute geht das nicht mehr. Ich besuche zwar immer noch Kongresse und Branchentreffs, aber viel erfahre ich aus Gesprächen mit Kunden. Die Kunden sind heute viel aufgeschlossener und wissen mehr über unsere Arbeit als früher. Früher konnte ein Einkäufer behaupten, dass er nur Ergebnisse will. Wie der Lieferant zu den Ergebnissen kommt, sei nicht seine Sache. Das ist heute anders. Ein Einkäufer macht keinen guten Job, wenn er sich um den Herstellungsprozess seines Lieferanten keine Gedanken macht. Schließlich kann es sein, dass Teile davon in die Abläufe des eigenen Unternehmens integriert werden müssen, oder zumindest, dass die „digitalen Güter" der Lieferanten in einen weiteren Veredlungsprozess eingebaut werden müssen.

Witte: Also nehmen Sie als Unternehmer an den Gesprächen mit Kunden direkt teil und holen sich daraus Anregungen für neue Geschäftsideen und Dienstleistungen? Wir haben in vielen Gesprächen erfahren, wie wichtig es ist, dass der Chef eines Unternehmens und die höheren Führungskräfte sich nicht in ihrem Büro „verschanzen", sondern von Zeit zu Zeit in direktem Kontakt zu ihren Kunden stehen. Wir haben zum Beispiel von Vorständen aus der Telekommunikationsbranche gehört, die von Zeit zu Zeit einen Tag in einem ihrer Geschäfte im Zentrum einer Großstadt verbringen, oder von Vorständen aus der Automobilindustrie, die intensiv mit ihren Händlern diskutieren.

Wir kennen viele negative Beispiele von Führungskräften, die sich hinter statistischen Analysen des Kundenverhaltens verstecken. Schlimm finden wir es auch, wenn Berater damit beauftragt werden, für die Geschäftsleitung oder manchmal sogar für die Eigentümer herauszufinden, was die Endkunden von den eigenen Produkten oder Serviceleistungen halten.

Das Problem fehlender Endkundenkontakte stellt sich für die Informatikverantwortlichen in Unternehmen aus zweifacher Sicht. Sie sollten wissen, was ihre internen Endkunden, das heißt die Endanwender von den Anwendungen und von Serviceleistungen, zum Beispiel im Help-Desk, halten. Und sie müssen sich in Zukunft intensiv mit den wirklichen Endkunden auseinandersetzen. Im Zeitalter des Internets entstehen immer mehr Anwendungen, die dem „wirklichen" Endkunden ausgesetzt werden.

Gaber: Im Wesentlichen sind es drei Quellen, aus denen ich meine Informationen schöpfe: äußere Quellen, beispielsweise Kongresse und Branchentreffs, Kunden und Austausch mit den Kollegen aus unserer Branche. Aus diesen drei Quellen bekomme ich Anregungen und Ideen für neue Produkte und Dienstleistungen. Die große Herausforderung besteht darin, dass man zuhören und die Erkenntnisse in die Sprache des eigenen Unternehmens übersetzen können muss.

Brenner: Warum erkennen einige Unternehmen beziehungsweise Unternehmer früher als andere, dass Wertschöpfungsstufen wegfallen? Wir beobachten die gleiche Entwicklung in Branchen der Informations- und Kommunikationstechnik. Es ist offensichtlich, dass sich die Wertschöpfungstiefe verringern wird. Outsourcing, auf globaler Basis ist unvermeidbar. IT-Abteilungen, die nicht von den Vorteilen der neuen weltweiten Verteilung der Kompetenzen in der Informations- und Kommunikationstechnik profitieren, werden unter großen Kostendruck geraten. Journalisten, Berater und Wissenschaftler weisen seit einigen Jahren auf diese Veränderungen hin. Trotzdem sperren sich viele Verantwortliche für Informations- und Kommunikationstechnik gegen diese Entwicklung. Manchmal habe ich den Eindruck, dass Manager den Kampf gegen Windmühlen als ihre eigentliche Aufgabe betrachten.

Gaber: Ich bin überzeugt, dass das, zumindest in unserer Branche, mit überzogenem Branchenstolz zu tun hat. Alle waren davon überzeugt, dass ein Typografie-Fachmann sehr viel bessere Ergebnisse im Satz erzielt als ein Redakteur. Das stimmt auch. Aber es spielt keine Rolle, wenn der Kunde für den Qualitätsunterschied nicht bezahlt. Wenn dem Kunden die Qualität genügt, die ein Redakteur mit Hilfe von Textverarbeitungs- und Grafikprogrammen liefert, dann kann kein grafischer Betrieb Typografie-Spezialisten bezahlen. Das Gleiche gilt für Bilder. Eine Lithografie-Anstalt, die das geliefert hätte, was die Zeitschriften heute publizieren, wäre aufgrund ihrer schlechten Qualität spätestens nach drei Monaten vom Markt verschwunden. Weil die Redaktionen mit ihren Layoutern diese Ergebnisse aber selbst produzieren können, sind sie sehr viel preiswerter als früher. Deshalb wird die schlechtere Qualität von den Verlagen akzeptiert.

Anders als andere Unternehmen hat das Infowerk diese Entwicklung schon sehr früh akzeptiert und eine Neuorientierung bezüglich des Dienstleistungsportfolios vollzogen. Wir hatten schon 1990 begonnen, Informatikspezialisten einzustellen. Ich war früh davon überzeugt, dass Text und Bild zusammen bearbeitet werden würden. Wir haben die gemeinsame Verarbeitung von Text und Bild von Anfang an auf offenen Plattformen realisiert. So waren wir in der Lage, Dienstleistungen anzubieten, die zu der Zeit kein Mitbewerber offerieren konnte. Und wir haben begonnen, für unsere Kunden Daten zu organisieren und Prozesse in der Medienproduktion zu automatisieren. Das war in dieser Zeit eine revolutionäre Denk- und Vorgehensweise. In der Druckbranche bewegen wir uns seither ständig in Übergangsphasen. Das hat sich seit 1990 nicht mehr geändert und wird sich nach meiner Einschätzung auch in Zukunft nicht ändern.

Ich betrachte die Informations- und Kommunikationstechnik als ein wesentliches Element der Innovation. Wir arbeiten ausschließlich mit Daten. Unsere Dienstleistungen stellen eine Mischung aus Fachkenntnis im Prepress- und Druckbereich sowie in der Informations- und Kommunikationstechnik dar. Für uns ist die Informations- und Kommunikationstechnik das Instrument, das Fachwissen stellt die Noten dar, aus denen wir die Musik komponieren, wenn Sie mir dieses Bild erlauben. Die Branchen- und Anwendungskenntnisse bedeuten den Unterschied. Eine Datenbank programmieren kann heute jeder. Die IT-Abteilungen vieler Unternehmen könnten das, was wir machen, auch realisieren. Sie machen es aber trotzdem nicht, weil sie nicht wissen, was die Fachabteilungen wollen.

Witte: Damit beschreiben Sie das Dilemma vieler interner IT-Abteilungen, die zu wenig begreifen, was die Fachabteilungen ihrer Unternehmen benötigen, um gut am Markt agieren zu können. Seit vielen Jahren ist das Phänomen der „grauen" Informations- und Kommunikationstechnologie bekannt. Der Fachbereich kauft sich seine Informatik selbst zusammen und betreibt sie auch. Über den Fachbereich sind in den 80er Jahren in vielen Unternehmen die ersten Personal Computer in die Unternehmen gekommen. Die CIOs versuchen, die „graue" Informatik einzufangen. Kein Unternehmen kann genaue Angaben über die Kosten für Informations- und Kommunikationstechnik machen, denn ein großer Teil der Ausgaben, die der Fachbereich macht, werden gar nicht als Kosten für Informations- und Kommunikationstechnik verbucht, weil man die Aufmerksamkeit des Chief Information Officers und seiner Mitarbeitenden nicht auf die innovativen eigenen Anwendungen lenken will. Die Verantwortung für diese Hard- und Software ist letztendlich ungelöst.

Wir sind der Meinung, dass die Bedeutung der „grauen", oder besser ausgedrückt, der Fachbereichsinformatik, in den nächsten Jahren steigen wird. Sie stellt einen wesentlichen Faktor dar, wie Innovationen durch Informations- und Kommunikationstechnik in Unternehmen kommen werden. Das Wissen und die Erfahrung vieler Mitarbeitender im Umgang mit Informations- und Kommunikationstechnik sind in den vergangenen Jahren stark gewachsen. Es gibt durch das wachsende Angebot an „Software as a Service" zahlreiche direkt auf den Endanwender zugeschnittene Lösungen. Anbieter berichten, dass sie mehr als 50 Prozent der Umsätze mit „Software as a Service" direkt mit dem Fachbereich machen.

Gaber: Innovationen und Ideen kommen nie komplett von einer Seite. Es ist unerheblich, von wem der Anstoß kommt. Den kann die Fach- oder die IT-Abteilung geben. Wenn der CIO und sein Bereich wissen, was der Fachbereich benötigt, werden nützliche Ideen entwickelt. Vom Chief Information Officer und seinem Bereich geht die Initiative aus. Zumindest die Mitarbeitenden der IT-Abteilung führen Gespräche mit den Fachabteilungen, und so werden die Ideen ausgestaltet und führen zu guten Lösungen für die Kunden. Das Gleiche gilt auch für die Fachabteilungen. Sobald nur eine Abteilung für die Ideen zuständig ist, lehnen sich alle anderen zurück und sagen „Das ist nicht mein Job". Das ist fatal.

Ich möchte ein Beispiel aus unserem Unternehmen erzählen: Wir nehmen zurzeit an einer Ausschreibung für ein größeres Projekt eines internationalen Konzerns teil. Für uns wäre das ein großer Auftrag. Im Vorfeld der Präsentation habe ich mit dem Berater gesprochen, der uns ins Spiel gebracht hat. Als wir über die Größenordnung sprachen, hat er mich gewarnt, den Auftragswert nicht zu hoch anzusetzen. Das Projekt könnte ein Volumen bekommen, das für die interne IT-Abteilung attraktiv genug ist, um es selbst zu machen. Das zeigt mir, wie falsch Innovationen in einigen Unternehmen angepackt werden. Es geht mehr um Abteilungsegoismen als um die beste Lösung. Es fehlt am richtigen Kundenverständnis.

Brenner: Halten Sie ein solches Verhalten in großen Unternehmen für symptomatisch?

Gaber: Meine Erfahrungen sind natürlich begrenzt. Ich habe solche Situationen schon oft erlebt. Vor allem das Verhältnis zwischen der Marketingabteilung und dem CIO und seinem Team scheint oft belastet zu sein, wahrscheinlich aufgrund der unterschiedlichen Denkweise.

Witte: Das ist nach meiner Erfahrung nicht nur zwischen dem CIO und der Marketingabteilung der Fall. Spannungen mit der IT-Abteilung gibt es praktisch in allen Fachabteilungen. Die Zusammenarbeit zwischen Forschungs- und Entwicklungsabteilungen und der IT-Abteilung scheint ein weiteres „Schlachtfeld" zu sein. Die Forscher und Entwickler, die meistens einen Universitäts- oder Fachhochschulabschluss besitzen und mit komfortablen Budgets ausgestattet sind, kaufen sich die Mittel und Instrumente selbst ein, die sie benötigen. Es interessiert sie nicht, ob es einen Standard, eine Richtlinie oder Erfahrungen im Umgang mit einem Lieferanten gibt. Es wird gekauft und betrieben, was der Lösung des Problems dient.

Gaber: Wenn die IT-Abteilung Innovationen anstößt, dann doch hoffentlich für die Fachabteilungen. Das kann sie aber nur, wenn sie sich für die Arbeit der Fachabteilungen interessiert. Ich erwarte von der IT-Abteilung des Infowerks, dass sie weiß, was die Fachabteilungen benötigen. Aus ihrem Wissen und ihrer Erfahrung mit Informations- und Kommunikationstechnik heraus kann die IT-Abteilung Ideen einbringen, auf die die Fachabteilungen gar nicht kommen würden. Umgekehrt erwarte ich auch vom Drucker, der beim Kunden mit einem Problem konfrontiert wird, dass er zu unserer IT-Abteilung geht und fragt, ob sie nicht eine Idee zur Lösung dieser Herausforderung hat. Auch in einem Projekt selbst darf sich nie eine Seite nur zur ausführenden Kraft degradieren. Beide, Informatik- und Fachabteilung, dürfen in einem Projekt die partnerschaftliche Suche nach Lösungen nicht aufgeben.

Brenner: Sie haben zwei zentrale Aussagen gemacht: Zum einen befindet sich Ihre Branche in einem permanenten Übergang, und zum anderen haben Sie gesagt, Innovation sei niemals Sache nur einer Seite. In diesem Spannungsfeld entstehen in Ihrem Unternehmen Innovationen. Wie bewegen Sie sich in diesem Spannungsfeld?

Gaber: Jeder Mitarbeitende möchte wissen, was er zu tun hat. Das ist legitim. Aber in der Frage, wofür er oder sie zuständig ist, steckt der Wunsch zu wissen, wofür man nicht zuständig ist. Genau da beginnt das Dilemma. Diesem Dilemma kann man nur entgegenwirken, in dem man bewusst Unsicherheiten für Zuständigkeiten zulässt, sie vielleicht sogar absichtlich schafft. Im Infowerk ist diese Unsicherheit, die ich lieber „Verantwortung für das Ganze" nennen möchte, Teil der Unternehmenskultur.

Witte: Unternehmenskultur entsteht nicht zufällig, sie wird induziert. Unternehmenskultur entwickelt sich an Katalysatoren, die von der Führung gesetzt werden. Welche Katalysatoren setzen Sie ein?

Gaber: Im Infowerk haben die Führungskräfte einen Wertekatalog erarbeitet, der gut erfasst, wonach wir in unserer Unternehmenskultur streben. Aufrichtigkeit, Verlässlichkeit und Wertschätzung sind dabei zentrale Begriffe. Und Unternehmenskultur hat etwas mit der Frage zu tun, ob man ein Unternehmen sehr fokussiert aufstellt oder breit. Fast alle Erfolgsgeschichten haben mit Spezialisierung und Fokussierung zu tun. Für das Infowerk gilt, dass jede der drei Divisionen IT, Druck und Werbung so gut sein muss, dass sie mit den Konkurrenten mithalten kann, die sich ausschließlich auf diese Felder konzentrieren. Die Geschäftseinheiten sind aufgefordert, sich so aufzustellen, als ob es den Rest der Firma nicht gäbe. In jeder Division muss die Innovations- und Wettbewerbsfähigkeit gewährleistet sein.

Das zweite Element, die Zusammenarbeit aller Geschäftseinheiten, verschafft uns die Alleinstellung in unserem dynamischen Umfeld. Sobald aus der Zusammenarbeit der drei Divisionen nicht mehr entsteht als die Summe ihrer Teile, haben wir verloren. Wir verlangen von jedem Mitarbeitenden, dass er sich in seinem Bereich so engagiert, als würde es keinen anderen Geschäftszweig geben. Auf der anderen Seite verlangen wir aber eine sehr vertrauensvolle Zusammenarbeit mit Mitarbeitenden aus den anderen Divisionen, mit denen er im Normalfall wenig zu tun hat. Normalerweise hat ein Werber wenige Gemeinsamkeiten mit einem Drucker oder mit einem Mitarbeitenden aus der IT-Abteilung. Aber genau auf dieser Art des Zusammenwirkens beruht unser Erfolg.

Brenner: Auf der einen Seite fordern und fördern Sie Spezialistentum, auf der anderen Seite kämpfen Sie gegen die, normalerweise automatisch daraus hervorgehenden, Bereichsegoismen. Wie können Sie diesen Kampf gewinnen?

Gaber: Man muss gegenüber klassischen Managementansätzen, die beispielsweise individuelle Leistungsanreize für die Führungskräfte fordern, skeptisch bleiben. Bei jeder organisatorischen Maßnahme frage ich mich, was damit zementiert wird. Natürlich ist Transparenz in einem Unternehmen wichtig. Als Eigner muss ich wissen, welchen Wertschöpfungsanteil jede meiner Divisionen hat. Aber wie weit muss diese Transparenz gehen? Wann fängt sie an, die Kreativität meiner Kollegen und Mitarbeitenden zu bremsen? Ich halte individuelle Zielvereinbarungen, die an das Entgelt gekoppelt sind, für ein Grundübel. Der Mitarbeitende hängt sich zwar in seinem Bereich stärker rein, aber das Gesamtunternehmen interessiert ihn nicht mehr. Dafür fühlt er sich nicht mehr zuständig. Dafür wird er nicht mehr bezahlt.

Hinzu kommt, dass Unternehmen ihre Ziele heute unter Umständen mehrmals im Jahr ändern müssen. Im Planungsprozess eines Unternehmens werden die Unternehmensziele auf Abteilungen und bis auf die Mitarbeitenden heruntergebrochen. Wenn sich die Ziele innerhalb eines Jahres verändern, ist es sehr aufwendig, Abteilungs- und Mitarbeiterziele ebenfalls anzupassen. Bei individuellen Zielvereinbarungen ist die Wahrscheinlichkeit hoch, dass Mitarbeitende im Verlauf der Planungsperiode die falschen Ziele verfolgen. Man muss mit den üblichen Managementwerkzeugen sehr vorsichtig sein, damit sie nicht kontraproduktiv wirken.

Witte: Sie haben in unserem Gespräch dargestellt, wie der Innovationsprozess im Infowerk funktioniert. Ich bin mir sicher, dass es in Ihrem Unternehmen auch Probleme mit Innovation gibt und dass Sie auch schon Fehlschläge hinnehmen mussten. Welche Probleme sehen Sie, und warum klappen Innovationen auch beim Infowerk nicht immer?

Gaber: Weil wir uns um zu viele Dinge gleichzeitig kümmern, bringen wir sie nicht immer zu Ende. Wir fokussieren uns zu wenig. Der zweite Grund liegt beim Timing. Mit den Themen liegen wir oft richtig, aber wir sind häufig zu früh. Manchmal bieten wir unseren Kunden Innovationen an, die sie noch gar nicht nachvollziehen können und die noch gar nicht in ihr Geschäft passen. Es gibt eine nicht kalkulierbare Kluft zwischen dem, was technisch möglich ist, und dem, was der Kunde bereit ist einzusetzen.

Lassen Sie mich das an einem Beispiel verdeutlichen. Das Thema One-to-one-Marketing, in das wir intensiv investiert haben, geistert jetzt seit mehr als zehn Jahren durch Symposien und Fachaufsätze. Aber es geschah viele Jahre nichts. Wenn unser Kunde keine strukturierten Kundendaten hat, nützt die Technologie nichts, und wenn die Marketingverantwortlichen nicht bereit sind, ihre alten Denkmuster zu verlassen, geschieht ebenfalls nichts. Bei vielen technologiegetriebenen Innovationen vergisst man einfach, dass auch auf Kundenseite die Organisation angepasst werden muss. Und die Bereitschaft, neue Wege zu gehen, sollte ebenfalls vorhanden sein.

Ein zweites Beispiel haben wir mit der Text-Bild-Integration erlebt. Wir haben unseren Kunden freudestrahlend erzählt, dass wir ab sofort Text und Bild in einem Datensatz zusammenbringen können. Das hätte dem Kunden einige Arbeitsschritte erspart. Die innovative Idee funktionierte nicht, weil der Texteinkauf bei den Kunden in der Verantwortung der Grafik lag, der Bildeinkauf aber beim Druck. Das war auch schon das Ende der Geschichte. Wir haben viel zu spät gemerkt, dass wir nur mit Personen gesprochen haben, die Angst um ihren Job hatten. Bei diesen Kunden waren wir „draußen", bevor wir „drin" waren. Das heißt, wenn ein Kunde nicht in der Lage ist, eine Technologie organisatorisch zu integrieren, dann empfindet er uns und unsere Innovationen als Störung. Die Differenz zwischen unseren Innovationen und dem, was die Kunden tatsächlich wollen und umsetzen können, lässt sich nur verkleinern, wenn wir noch intensiver dem Kunden zuhören und unsere Erfahrungen einbringen.

Brenner: Warum kommen einige Unternehmen besser mit ihren Kunden in Kontakt und andere überhaupt nicht?

Gaber: Das hängt sehr stark von den persönlichen Vorlieben ab. Ein Unternehmer kann sich seine Zeit so einteilen, wie er das für richtig hält. Wenn er jemand ist, der gern verändert und auf der Suche nach Verbesserungen oft mit Kunden spricht, ist der Kontakt zum Kunden kein Problem. Aber Unternehmer, Verantwortliche und Mitarbeitende, die andere Vorlieben haben und nicht so viel Wert auf Veränderung legen, werden ihre Zeit nicht beim Kunden verbringen, sondern im Labor, bei Mitarbeitenden oder beim Steuerberater. Kurz gesagt, geht es um Persönlichkeit. Man muss das, was man macht, gerne tun. Sonst funktioniert es nicht. Die richtige Unternehmens- und Führungskultur kann dieses Verhalten unterstützen.

Der Umgang mit Kritik und Konflikten ist auch wichtig. Innovation ist mit Diskussionen und manchmal mit Streit verbunden. Führungskräfte müssen Kritik aushalten. Man kann von seinen Mitarbeitenden nicht einerseits Innovation erwarten, aber auf der anderen Seite nur mit Zustimmung rechnen. Kreative Mitarbeitende sind kantig, voller Widersprüche und streben nach Unabhängigkeit. Damit müssen Führungskräfte umgehen können. Auch im Infowerk sind die kreativen Leute mit intensivem Kundenkontakt in der Minderheit. Es werden aber langsam mehr.

Witte: Ist die Freude am Kontakt mit dem Kunden und der Umgang mit Kritik und Konflikten Ihrer Meinung nach erlernbar?

Gaber: Man kann es nicht erzwingen, aber mit der richtigen Unternehmenskultur unterstützen.

Brenner: Benutzen Sie bestimmte Methoden oder Werkzeuge, und welche Rolle spielt die Intuition?

Gaber: Bauchgefühl und Durchhaltevermögen spielen eine wichtige Rolle. Durchhaltevermögen kann ich nur bedingt empfehlen. Manchmal habe ich länger an Dingen festgehalten, als wirtschaftlich vernünftig war. Aber manchmal hat es sich auch ausgezahlt. Das hat auch mit Glück zu tun. Die Zeit, bis beispielsweise mit dem Digitaldruck Geld verdient wurde, hat viel länger gedauert, als ich gedacht habe, und mehr Geld als geplant hat der Digitaldruck auch verschlungen. Aber das Know-how, das wir in dieser Zeit aufgebaut haben, gibt uns jetzt einen Vorsprung gegenüber der Konkurrenz. Diesen Vorsprung hätten wir nicht, wenn wir nicht so lange vorgearbeitet hätten. Das kann uns niemand nehmen, und so schnell kann das auch niemand kopieren, auch mit einer Menge Geld nicht.

Erfolge entstehen allerdings erst im Rückblick. Wenn das schiefgegangen wäre, hätte mein Festhalten am Digitaldruck als klassischer Managementfehler gegolten.

Quellen und Anmerkungen

1   Das Gespräch fand am 11. Januar 2010 in Zang auf der Schwäbischen Alb statt.

Zusammenfassung

Innovation resultiert aus der Beobachtung der Branchentrends und der Entwicklungen, die in angrenzenden Branchen
stattfinden. Die branchenbezogene Sichtweise in vielen
Unternehmen der Druckbranche hat die Auseinandersetzung
mit den neuen technischen Möglichkeiten verzögert und dazu
geführt, dass mehr Unternehmen aufgeben mussten, als
eigentlich notwendig war. Winfried Gaber findet innovative
Ideen im Dialog mit Mitarbeitenden, anderen Unternehmern
und seinen Kunden. Die große Herausforderung besteht für
ihn darin, dass man die Fähigkeit des Zuhörens besitzen muss
und die Erkenntnisse in die Sprache des eigenen Unternehmens übersetzen kann.

Innovationen und Ideen kommen für Winfried Gaber nie von
einer Seite. Die Fach- oder die IT-Abteilung kann Urheber einer
neuen Idee sein. Winfried Gaber ist der Meinung, dass die IT-
Abteilung Innovationen dann für die Fachabteilungen anstoßen muss. Das kann die IT-Abteilung nur, wenn sie sich für die
Arbeit der Fachabteilungen interessiert. Probleme im Innovationsmanagement bereiten ihm, dass sich das Infowerk gleichzeitig um zu viele Angelegenheiten kümmert. Ein zweites Problem sieht er beim Timing. Mit den Themen liegt das Infowerk
oft richtig, aber sein Unternehmen ist manchmal zu früh.

Kapitel 11

Design Thinking[1]

Unter Mitarbeit von Bernhard Schindlholzer

In den Ingenieur-, Wirtschafts- und Sozialwissenschaften sowie durch interdisziplinäre Zusammenarbeit sind in den vergangenen Jahrzehnten viele Methoden zur Förderung von Innovation und zur Unterstützung von Innovationsprozessen in Unternehmen entstanden. Die Anzahl an Methoden, Büchern und Artikeln zu diesem Thema sind unzählbar. Unsere Erfahrungen zeigen allerdings ein klares Bild: Trotz all dieser Methoden sind die Innovationsprobleme vieler Unternehmen noch nicht gelöst. Die erfolgreiche Entwicklung und Einführung von Innovationen stellt noch immer eine Herausforderung dar. Jedoch hat sich in den vergangenen Jahren ein neuer, menschenorientierter Ansatz zum Management des Innovationsprozesses und zur Entwicklung von Innovationen verbreitet, der von einer Vielzahl an Unternehmen erfolgbringend eingesetzt wird.

Diese Methode, die wir im folgenden Abschnitt beschreiben, wird als „Design Thinking" bezeichnet und stellt eine in der Praxis erprobte und in der Wissenschaft erforschte Vorgehensweise dar, um kundenorientierte Innovationen zu entwickeln. Wir haben uns für Design Thinking als Methode, die wir in diesem Buch detailliert beschreiben, entschieden, weil am Institut für Wirtschaftsinformatik an der Universität St. Gallen in den vergangenen Jahren umfangreiches Wissen in der Entwicklung und Anwendung einer Methode für Design Thinking aufgebaut und mit ihrer Anwendung hervorragende Resultate erzielt wurden. Durch Forschungskooperationen mit einer Vielzahl an Partnerunternehmen haben wir in realen Projekten beobachtet, dass diese Vorgehensweise Unternehmen hilft, die Innovationsprozesse zu verbessern und neue Produkte und Dienstleistungen zu entwickeln.

Die enge Kooperation des Instituts für Wirtschaftsinformatik mit der Universität Stanford in Kalifornien, dem globalen Zentrum des Design Thinking, war ein weiterer Grund für diese Entscheidung. Das Mechanical Engineering Department an der Stanford University führt im

Rahmen des inzwischen legendären ME-310-Kurses[2] seit mehreren Jahrzehnten Design-Thinking-Projekte mit Industriepartnern durch. Das Institut für Wirtschaftsinformatik der Universität St. Gallen nimmt an diesen Projekten als externer Partner teil. Durch diese Kooperation erhielten wir einen tiefen Einblick, wie Design Thinking in der Wissenschaft, aber auch in der Praxis funktioniert, und schafften die Basis für die Übertragung dieser Projektmethodik aus dem Bereich des Maschinenbaus in die Dienstleistungsentwicklung.

Bevor wir Design Thinking detaillierter beschreiben, ist es notwendig, eine definitorische Klarstellung vorzunehmen. Im deutschsprachigen Raum wird unter Design häufig das künstlerische Gestalten von Produkten, Häusern oder anderen Gegenständen verstanden. Immer wieder hört man beispielsweise, dass ein Produkt oder ein Haus dem sogenannten Bauhaus-Design entspreche. Der Gebrauch des Wortes „Design" im Kontext des Design Thinking entspricht nicht der üblichen Verwendung des Wortes „Design" in der deutschen Sprache. Design Thinking lehnt sich an das englischsprachige Verständnis von Design an. Gemeint ist das bewusste, absichtsvolle und planmäßige Gestalten von Produkten und Dienstleistungen. Design Thinking bedeutet „innovatives, erfinderisches Denken" und stellt die kognitiven Prozesse des Designers beziehungsweise des Design-Thinking-Teams in den Mittelpunkt der Betrachtung.

Diese kreativen, intuitiven Denkprozesse im Design Thinking stehen hierbei als radikaler Gegensatz zu den oftmals in Unternehmen verbreiteten rationalen, analytischen und faktenbasierten Denkprozessen. Gerade dieser Gegensatz in der Denkweise, welche in diesem Kapitel in einer explizit beschriebenen Methode seinen Ausdruck findet, stellt den Neuigkeitsgehalt und den besonderen Nutzen für Unternehmen dar.

Design Thinking wird von ihren Erfindern an der Stanford University nicht nur als Methode, sondern als eine Geisteshaltung zur Entwicklung von innovativen Lösungen gesehen. Deshalb wird oftmals die Meinung vertreten, dass eine strukturierte Beschreibung einer Methode die Gestalt eines flexiblen, offenen Innovationsprozesses beschränkt und daher nicht sinnvoll ist. Unsere Erfahrung hat allerdings gezeigt, dass nur durch die konkrete Anwendung einer Methode und die Berücksichtigung von bestimmten Prinzipien sich auch im Laufe der Zeit die entsprechende Geisteshaltung bei den Anwendern dieser Methode einstellt. Um diesen Wandel zu ermöglichen, muss die Vorgehensweise klar dokumentiert sein.

Design Thinking ist nicht speziell für die Entwicklung von Innovation durch Informations- und Kommunikationstechnik entwickelt worden. Das Bewusstsein über diese Vorgehensweise stammt aus dem Bereich des Industriedesigns und des Maschinenbaus. Mit Hilfe dieser Methode werden neue Kühlschränke, Möbel, medizinische Instrumente, Spielzeuge für Kinder oder Dienstleistungen entwickelt. Design Thinking hilft, Probleme zu identifizieren und neue Lösungen zu entwickeln, die die Basis für radikale Innovationen bilden. Weil wir Informations- und Kommunikationstechnik als ganzheitliche Herausforderung für ein Unternehmen oder eine Einheit der öffentlichen Verwaltung begreifen, ist es von Vorteil, dass Design Thinking universell einsetzbar ist.

Design Thinking als Methode für Innovation durch Informations- und Kommunikationstechnik

Seit tausenden Jahren entwickeln Menschen Lösungen für die verschiedensten Probleme, die als Innovationen in die Geschichte eingingen. Von den ersten primitiven Werkzeugen aus Stein bis hin zu ferngesteuerten Robotern zur Erkundung ferner Planeten haben Menschen immer wieder neue Lösungen für neue Probleme gefunden. Wie Menschen diese Probleme lösen und Innovationen entwickeln, wird allerdings erst seit der Mitte des vergangenen Jahrhunderts systematisch untersucht. Mitte der 1960er Jahre wurde am Mechanical-Engineering-Department der Stanford University in Kalifornien begonnen, systematisch zu untersuchen, wie innovative Lösungen für verschiedene Problemstellungen entwickelt werden. Es ist nicht nur Zufall, dass in dieser Umgebung, dem Silicon Valley, unzählige bahnbrechende Produkte und Dienstleistungen in den letzten Jahren entwickelt wurden. Parallel wurde eine Vorgehensweise entwickelt, die seit den 60er Jahren als Engineering Design bezeichnet wurde und ab Mitte der 90er Jahre des letzten Jahrhunderts als Design Thinking auch Aufmerksamkeit außerhalb des akademischen Umfelds erlangte. Viele dieser Produkte und Dienstleistungen benutzen wir täglich. Die erste Maus für den Macintosh-Computer wurde ebenso mit dieser Methode entwickelt wie die erste Zahnbürste mit einem breiteren ergonomischen Schaft, der das Zähneputzen erleichtert. Im Umfeld der Entwicklung dieser Produkte wurde kontinuierlich erforscht, wie die Entwicklungsteams vorgehen und welche Faktoren für die erfolgreiche Entwicklung von Innovationen ausschlaggebend sind.

Design Thinking in Kürze

Design Thinking steht für eine systematische Vorgehensweise zur Entwicklung von innovativen Lösungen, die auf den drei Säulen „tiefgehendes Kundenverständnis", „strukturierte Ideengenerierung" und „Bau von Prototypen" beruht. Ziel ist es, auf der Grundlage einer Problemanalyse, bei der die tatsächlichen Bedürfnisse und Erfahrungen der Endkunden eine zentrale Rolle spielen, durch gut organisiertes Brainstorming innovative Ideen zu entwickeln. Die abstrakte Entwicklung von Ideen ist allerdings nicht ausreichend. Deshalb werden Ideen mit Hilfe erlebbarer Prototypen umgesetzt, die wiederum an Endkunden getestet werden. Aufgrund des Feedbacks der Kunden werden die Prototypen weiterentwickelt, bis eine Lösung entsteht, die die tatsächlichen Kundenprobleme löst und dadurch auch automatisch auf Akzeptanz beim Kunden stößt.

Diese zwar logisch erscheinende Vorgehensweise ist vereinzelt in Unternehmen zwar bereits anzutreffen, jedoch fehlt häufig eine durchgängige Einbettung in den Innovations- und Entwicklungsprozess des Unternehmens. Viele IT-Abteilungen sind zusätzlich schuldig, anstatt sich an Anwendern und Endkunden zu orientieren, verschiedene Technologien um der Technologie willen einzusetzen, ohne Berücksichtigung der tatsächlichen Anforderungen der Kunden oder von Potentialen im Geschäftsprozess. Das Ergebnis kann zwar die Demonstration einer neuen Technologie sein, die tatsächlichen Einsatzpotentiale werden aber oft nicht ausgeschöpft, da die tatsächlichen Probleme, Bedürfnisse und Anforderungen der Endkunden und Anwender nicht adressiert werden. Genau im Zusammenspiel zwischen neuen Technologien und den oft unbekannten Anforderungen von Endkunden und Anwendern kann Design Thinking helfen, nutzenstiftende neue Lösungen zu entwickeln.

Ein Beitrag zur Bank der Zukunft als Beispiel für den Einsatz von Design Thinking

Banken haben in den vergangenen Jahrzehnten zahlreiche Anstrengungen unternommen, um den Kunden „selbständig" zu machen. Selfservice gilt als Zauberwort zur Steigerung der Effizienz von Kundeninteraktionen. So wurden Geldautomaten umfassend als Ausgabepunkte für Bargeld etabliert. In vielen Bankgebäuden wurden in sogenannten „Automatenbankenzonen" über die Geldautomaten hinaus Geräte installiert, die den Ausdruck von Kontoauszügen oder das Einzahlen von Bargeld ermöglichen. Das Internet hat eine neue Dimension im

„Selbständigmachen" der Kunden eröffnet. Mit Online-Banking kann der Kunde von zu Hause oder von mobilen Endgeräten aus Bankgeschäfte, wie beispielsweise Zahlungsaufträge oder Börsengeschäfte, erledigen.

Das Spektrum der Bankgeschäfte, die der Kunden über das Internet erledigen kann, wächst ständig. Selbst das traditionelle Beratungsgespräch wird durch interaktive Beratungsapplikationen auf digitale Kanäle verlagert. Alle diese Initiativen haben den – wahrscheinlich am Anfang nicht bedachten – Effekt, dass immer weniger Kunden in die Bankfiliale selbst kommen und die Banken dadurch immer mehr den persönlichen Kontakt zu ihren Kunden verlieren. Der Bank geht eine Möglichkeit verloren, den Kunden auf neue Angebote persönlich anzusprechen, latente Bedürfnisse beim Kunden zu identifizieren und schlussendlich die passenden Finanzprodukte anzubieten.

Vor diesem Hintergrund erhielt das Institut für Wirtschaftsinformatik in St. Gallen den Auftrag, eine Bank zu unterstützen, sich im Sinne von Innovation durch Informations- und Kommunikationstechnik über eine Verbesserung des Kontakts mit Kunden Gedanken zu machen. Ziel war es, wieder verstärkt persönliche Beratung zu ermöglichen. Das Unternehmen startete mit Unterstützung des Instituts für Wirtschaftsinformatik in St. Gallen ein Projekt, bei dem die Design-Thinking-Methode von Mitarbeitenden des eigenen Unternehmens unter Anleitung und Betreuung von Professoren und Assistenten der Universität St. Gallen eingesetzt wurde. Die Assistenten fungierten als sogenannte Design-Thinking-Coaches, die die Mitarbeitenden der Bank bei der Anwendung der Methode unterstützten.

In der ersten Phase wurde analysiert, wo und wie es überhaupt möglich ist, als Bank mit den Kunden in Kontakt zu treten. Es wurden umfangreiche Beobachtungen von Kunden in Bankfilialen, aber auch in anderen Bereichen, in denen Beratungsgespräche stattfinden, durchgeführt. Auf Basis dieser Beobachtungen wurden hunderte Ideen entwickelt, wie die Service-Interaktionen einer Bank wieder persönlicher gestaltet werden können. Die besten Ideen wurden in konkrete Prototypen umgesetzt, die im Anschluss mit realen Kunden getestet wurden. Es wurde unter anderem die Idee geprüft, ob persönliche Bankdienstleistungen und Beratungsgespräche auf langen Zugfahrten bei Kunden auf Interesse stoßen. Zu diesem Zweck versuchte das Design-Thinking-Team während einer Zugfahrt, die Bereitschaft für eine Finanzberatung zu testen. Dies wurde nicht erst nach wochenlanger Vorbereitung gemacht, sondern binnen kürzester Zeit mit einem einfachen Prototypen als Rollenspiel, in dem Mitarbeitende des Design-

Thinking-Teams die Bereitschaft von Fahrgästen für eine Finanzberatung untersuchten. Bei den Kontakten mit Endkunden wurde allerdings sehr schnell festgestellt, dass sich Kunden vor allem bei längeren Bahnfahrten schon umfassend vorbereitet haben, wie sie sich während der Bahnfahrt beschäftigen. Selbst ein eigenes „Bankabteil" würde von Kunden während einer Zugfahrt nur bei absoluter Langeweile genutzt werden.

Auch wenn dieser Prototyp selbst nicht die notwendige Akzeptanz bei Kunden erreicht hat, hat das Team während der Entwicklung und Evaluation der Lösung viele Erkenntnisse über die Beziehung von Kunden zu Finanzdienstleistungen und Beratungsgesprächen gesammelt. Neben diesem Prototypen wurden in dieser Phase des Projekts weitere Prototypen entwickelt und an verschiedenen Standorten, beispielsweise in öffentlichen Parks, in Bahnhöfen oder in Fußgängerzonen getestet. Immer wieder wurde von Kunden das Problem der langfristigen Finanz- und Lebensplanung angesprochen, welches für viele Menschen eine Herausforderung darstellt. Es entstand die Idee für eine „interaktive Lebenslinie", auf der der Kunde verschiedene Ereignisse in seinem bisherigen, aber auch zukünftigen Leben darstellen kann, und dadurch die finanziellen Auswirkungen und Anforderungen erlebbar werden. Inspiriert von verschiedenen Kinofilmen, dem iPhone und der Surface-Technologie von Microsoft[3], wurde die Vision für eine interaktive Beratungsapplikation entwickelt, die auf verschiedenen berührungsempfindlichen Oberflächen genutzt werden kann.

Die ersten Prototypen für die „Lebenslinie" wurden nicht als Software-Protoypen, sondern mit Hilfe von Papier, Post-it-Zetteln und Plexiglaselementen entwickelt und mit Kunden getestet. Als optimale Testumgebung hat sich hierbei die Abflughalle eines Flughafens herausgestellt. Unzählige Tests wurden mit Passagieren durchgeführt, die gerade ihr Gepäck eingecheckt hatten und nun auf ihren Abflug warteten. Sehr schnell wurde in den Tests erkannt, dass die Kunden die „Lebenslinie" sehr schätzen. Durch die Unterstützung dieser Lebenslinie wurde es Kunden erleichtert, Ereignisse in der Zukunft – zum Beispiel Hochzeit, Hausbau oder die Anschaffung eines Autos – zu planen und gleichzeitig die finanziellen Auswirkungen zu simulieren.

Auf Basis dieser Ergebnisse wurde ein weiterer Prototyp entwickelt, der mit Hilfe einer interaktiven Simulation ausgewählte Szenarien der finalen Software erlebbar machte. Dieser Prototyp wurde wiederum mit Endkunden getestet. Ihr Feedback wurde aufgenommen und erneut für die Verbesserung des Prototypen verwendet. Es war erstaunlich, wie offen die Kunden schon während der Nutzung der Prototypen ihr Leben mit der „Lebenslinie" in finanzieller Hinsicht geplant haben. Viele amüsante Erlebnisse über Diskussionen von Ehepartnern über die Reihenfolge von Anschaffungen bestätigten, dass die „Lebenslinie" ein nützliches Hilfsmittel ist. Schließlich wurde die Entscheidung getroffen, einen ersten Prototypen für einen Computer mit Touchscreen-Oberfläche zu entwickeln. Dieser Prototyp wurde in mehreren Tests mit Bankkunden in verschiedenen Bankfilialen genutzt, und das Feedback und die Interaktionen mit Kunden bestätigten wiederum das Konzept. Mit der Lebenslinie ist ein signifikant verbesserter und kundenorientierter Beratungsprozess möglich. Neue Technologien, zum Beispiel Microsoft Surface, können sinnvoll eingesetzt werden, und dem Kunden wird ein besonderes Erlebnis in der Beratung geboten. Kundenberater und Kunden schätzen das Instrument. Das Management der Bank war begeistert, und selbst im Vorstand wurde über dieses Projekt gesprochen. Nur wenige Monate, nachdem das Konzept vorgestellt wurde, wurde die Applikation in einer „Flagship"-Bankfiliale eingeführt und ist dort seitdem als Beratungsinstrument im Einsatz.

Lerneffekte durch Design Thinking

Dieses und viele andere Projekte führten am Institut für Wirtschaftsinformatik zu zahlreichen Lerneffekten über Innovation durch Informations- und Kommunikationstechnik. Auf drei Lerneffekte gehen wir in diesem Buch ein, weil sie in besonderer Art und Weise die Vorteile von Design Thinking für Innovation durch Informations- und Kommunikationstechnik herausstellen.

- Der erste Lerneffekt betrifft die verbesserte Einbindung von verschiedenen Interessengruppen im Unternehmen. Viele Chief Information Officers und Führungskräfte beklagen das mangelnde Interesse von Mitarbeitenden aus dem Fachbereich an Informations- und Kommunikationstechnologie-Projekten. Die insgesamt 30 erlebbaren Prototypen, die im Rahmen dieses Innovationsprojektes für die Bank entstanden sind, wurden in einem Raum ausgestellt. Rasch verbreitete sich in der Bank die Information, dass es interessant sei, in diesem Raum die Ideen für zukünftige Beratungsdienstleistungen zu erleben. Auch Führungskräfte der Bank besuchten die Räumlichkeiten und hatten selbst die Möglichkeit, die Prototypen in die Hand zu nehmen und zu erleben. Aus den Gesprächen in diesem „Ausstellungsraum" konnte das Projektteam viele Erkenntnisse über die Einschätzung der Prototypen durch erfahrene Mitarbeitende gewinnen, die in weitere Prototypen eingeflossen sind. Die Besucher des „Ausstellungsraums" schätzten es außerordentlich, dass aus der IT-Abteilung greifbare Ideen kamen und nicht abstrakte Konzepte, die schwer zu verstehen sind.

- Ein weiterer Lerneffekt resultierte aus dem intensiven Kontakt mit Kunden außerhalb der Bank. Für viele Mitarbeitende aus der Bank war es ein Novum, unkompliziert mit Kunden konstruktiv über Banken, die Dienstleistungen von Banken und Visionen für die Zukunft zu sprechen. Bisher wurden oftmals nur Ergebnisse und Statistiken von Kundenbefragungen präsentiert. Der direkte Dialog mit Endkunden fehlte. Bei diesen Gesprächen war der Einsatz von Prototypen ein zentraler Erfolgsfaktor.

- Ein dritter Lerneffekt für die Bank bestand darin, dass im Rahmen des Projektes die Erkenntnis reifte, dass der bisher klassisch strukturiere Anwendungsentwicklungsprozess der Bank, der – wie in vielen anderen Großunternehmen – mit der Phase „Business Analysis" beginnt, um eine weitere Innovationsphase ergänzt werden muss, die vor der Phase „Business Analysis" ablaufen muss. In dieser Phase wird der notwendige Freiraum geschaffen, damit Mitarbeitende sich intensiv mit Kunden und deren Anforderungen beschäftigen, mit neuen Ideen experimentieren und Innovationen prototypisch umsetzen können.

Die sechs Prinzipien des Design Thinking

Es ist nicht einfach, die Prinzipien einer so vielschichtigen und vor allem menschenorientierten Methode wie Design Thinking herauszufiltern. In unseren Projekten und in vielen Gesprächen haben sich sechs Kernelemente herauskristallisiert, die in diesem Buch beschrieben werden:

- Menschen- statt Prozessorientierung,
- Kundenorientierung,
- Bau von erlebbaren Prototypen,
- Zulassen von Innovation,
- Interdisziplinarität und
- Infrastruktur.

Auf die notwendigen finanziellen und personellen Ressourcen als Voraussetzung gehen wir nicht ein. Sie stellen keine Kernelemente, sondern Rahmenbedingungen dar und sind für jedes Innovationsprojekt unverzichtbar.

Menschen- statt Prozessorientierung

Erfolgreiche Innovationen entstehen durch die Nutzung von Menschen, und auch der Innovationsprozess wird von Menschen durchgeführt. Diese „Binsenweisheit" als Kernelement einer Innovationsmethode stößt bei vielen Personen auf Unverständnis. Wenn man aber reale Innovationsprozesse analysiert, stellt der unvoreingenommene Beobachter schnell fest, dass immer wieder der Mensch vergessen wird.

An der Stanford University sind die Studierenden, die Dozierenden und soweit möglich auch die Praxisvertreter, die an den Projekten mitarbeiten, zweimal in der Woche am Abend in lockerer Runde bei Essen und Trinken versammelt und diskutieren über das Projekt, Herausforderungen und Lösungen und natürlich auch über private Angelegenheiten. Diese regelmäßigen informellen Treffen sind ein zentraler Erfolgsfaktor für die Design-Thinking-Projekte, da sie die Basis schaffen für einen kontinuierlichen Austausch und für die Möglichkeit, offen über Probleme zu sprechen. Nur aufgrund dieser offenen Kommunikation können während des Projektes die richtigen Fragen gestellt und die bestmögliche Lösung entwickelt werden.

Auch die Führung eines Innovationsteams ist von entscheidender Bedeutung. In einem typischen Design-Thinking-Projekt gibt es keinen Projektleiter, sondern lediglich Auftraggeber, das Design-Thinking-Team und Design-Thinking-Coaches. Der Auftraggeber steuert die Richtung des Projektes, um sicherzustellen, dass die entwickelte Lösung nicht nur Kundenprobleme löst, sondern auch in den Aufgabenbereich des Auftraggebers fällt. Da in Design-Thinking-Teams kein Projektleiter bestimmt wird, der alleinige Entscheidungskompetenz hat, ist es Aufgabe des Teams, eine Lösung zu finden, die Kunden und Auftraggeber zufriedenstellt. Durch diese Regelung wird innerhalb des Design Teams umfangreicher und intensiver diskutiert. Es wird sichergestellt, dass die besten Ideen weiterentwickelt werden und im Team Konsens über Entscheidungen herrscht. Die Design-Thinking-Coaches helfen bei der Anwendung der Methode und definieren auch den Gesamtprojektplan. Gleichzeitig beobachten die Coaches die Stimmung im Team und versuchen, die Motivation im Team aufrechtzuerhalten und zu fördern.

Kundenorientierung

Die besten Ideen sind nicht das Ergebnis ausgeklügelter Brainstorming-Techniken. Sie sind das Ergebnis eines tiefgehenden Verständnisses von Kunden und Anwendern. Wenn man die Anwender und deren

Probleme wirklich verstanden hat, entstehen Ideen zur Lösung des Problems häufig von alleine, ohne explizit ein Brainstorming durchführen zu müssen. Design Thinking fordert von den Innovationsteams, dass sie sich im Rahmen der Problemanalyse intensiv mit den Anforderungen der Kunden auseinandersetzen und jeden Prototypen an Kunden testen. Diese Forderung scheint – wie die Menschenorientierung – zunächst eine Selbstverständlichkeit zu sein. Wenn man aber die Realität vieler Unternehmen betrachtet, stellt man fest, dass viele Führungskräfte und Mitarbeitende den Kontakt zum Endkunden verloren haben. Die zunehmende Arbeitsteilung in Unternehmen reduziert die Anzahl der Mitarbeitenden, die noch mit Kunden in Kontakt sind. In den IT-Abteilungen ist die Situation noch schlimmer. Konzepte werden entwickelt, Implementierungen vorgenommen und Schulungen durchgeführt, ohne dass Endbenutzer jemals mit den Auswirkungen der Arbeit in Kontakt gekommen sind. Dass die implementierte Lösung keine Akzeptanz findet, ist nicht verwunderlich.

Es ist immer wieder erstaunlich, wie dankbar Kunden sind, wenn sie die Möglichkeit haben, ihre Erfahrungen – seien sie positiv oder negativ – den zuständigen Persönlichkeiten in den Unternehmen zu kommunizieren, und in den Entwicklungsprozess für neue Produkte, Prozesse oder Dienstleistungen einbezogen werden. Design Thinking fordert, dass jeder Schritt im Innovationsprozess mit Fokus auf die Endkunden und Anwender vorgenommen wird. Wenn wir diese Forderung mit Verantwortlichen für neue Anwendungen in Unternehmen diskutieren, bekommen wir sehr oft die Antwort, dass dies schon im Projektmanagementhandbuch verankert sei und dass unsere Forderung unberechtigt sei. Wenn man in denselben Unternehmen der Frage auf den Grund geht, warum manche mit großem Aufwand entwickelte Anwendungen von den Benutzern nicht verwendet werden, stellten wir fest, dass der angebliche Endkundenbenutzerkontakt in einer Präsentation vor Führungskräften bestanden hat, die selbst jedoch nie die Arbeit verrichtet haben, die von der Anwendung unterstützt werden soll.

Es gibt im Umfeld des Design Thinking zahlreiche Methoden, die aus den Sozialwissenschaften entlehnt wurden, um herauszufinden, wie sich Endkunden und Anwender bei der Nutzung von Produkten und Dienstleistungen verhalten. Beim „Shadowing" beispielsweise wird der Endkunde von einem Beobachter aus dem Projektteam begleitet, der genau beobachtet, welche Probleme der Endkunde bei der Nutzung bestehender Lösungen hat oder wie er mit einem Prototypen umgeht. Viele Unternehmen haben noch nie oder nur im Rahmen von Usability-Tests ihre Anwender beobachtet. Als Quelle für neue Innovationen wird diese Methode leider nur sehr selten genutzt.

Bau erlebbarer Prototypen

Wir haben schon im einführenden Beispiel über Design Thinking zur Bank der Zukunft auf die Bedeutung erlebbarer Prototypen hingewiesen. Um die wirkliche Bedeutung von Prototypen zu erkennen, muss man sich bewusst sein, dass die wenigsten Menschen abstrakte Konzepte verstehen und sich vorstellen können, wie das Ergebnis der Umsetzung eines abstrakten Konzeptes aussehen kann. Ein Beispiel aus dem privaten Leben sind Diskussionen, wie ein Haus oder eine Wohnung wohl aussehen werden, wenn man nur Baupläne vor sich hat. Die dreidimensionale Animation eines Hauses als Prototyp schafft da einen gänzlich anderen Eindruck vom zu erwartenden Haus. Die wenigsten Personen aus dem Fachbereich eines Unternehmens verstehen objektorientierte oder semantische Datenmodelle, Funktionsdiagramme oder Prozessmodelle, die unternehmenskritische Abläufe darstellen. Die Enttäuschung vieler Führungskräfte über das Ergebnis von Projekten aus der IT-Abteilung, wenn sie das Ergebnis sehen, verwundert nicht vor diesem Hintergrund.

Wenn man physische Produkte entwickelt, ist relativ klar, wie Prototypen für das neue Produkt entwickelt werden können. Mit Hilfe verschiedener Materialien kann ein physischer Prototyp des zu erwartenden Produktes erstellt werden. Schwieriger wird es, wenn es sich um Prototypen für Geschäftsmodelle, Prozesse oder Dienstleistungen handelt. Im Umfeld von Design Thinking ist ein ganzes Arsenal an Vorschlägen vorhanden, wie für diese „Dinge" Prototypen entwickelt werden können. „Storytelling", das heißt das Erzählen von Geschichten – ähnlich der Situation, wenn Großeltern ihren Enkeln ein Märchen erzählen – ist neben Rollenspielen und dem Erstellen von Video-Prototypen eines der Instrumente, um für Geschäftsmodelle, Prozesse oder Dienstleistungen erlebbare Prototypen zu erstellen.

Zulassen von Innovation

Das Zulassen von Innovation, „Letting it happen", knüpft an das erste Kernelement des Design Thinking, der Menschenorientierung an. Innovationsprozesse lassen sich nur bedingt durch Projektorganisationen und -abläufe strukturieren. Wenn es nicht gelingt, Rahmenbedingungen zu schaffen, die den beteiligten Personen Freiräume bieten und Experimente im Innovationsprozess zulassen, wird kein gutes Ergebnis erzielt werden. Erfolgreiches Innovationsmanagement erfordert in den meisten Unternehmen eine Reduktion und keine Ergänzung von Managementstrukturen. Wir erleben dies, wenn wir skeptische Führungskräfte in kurzen Workshops mit Design Thinking konfrontieren. Sie suchen nach festen Strukturen und Abläufen im Innovationsprozess, und wenn sie diese nicht finden, stellen sie die Methode in Frage.

Am Institut für Wirtschaftsinformatik haben wir in der Ausbildung von Führungskräften in Executive-Master-Programmen diese Erfahrung mehrmals machen können. Angehenden beziehungsweise bereits aktiven Managern fällt es schwer zu akzeptieren, dass ein „verbesserter" Innovationsprozess die Reduktion von Management und Kontrolle bedeutet und nicht die Einführung noch umfangreicherer Prozesse und der dazugehörigen Performance-Management-Systeme. „Letting it happen", also Innovation zuzulassen, ist das in der Praxis am schwierigsten durchsetzbare Kernelement des Design Thinking. Gleichzeitig ist dies der Bereich, der bei der Anwendung der Methode im Unternehmen den größten Einsatz von Design-Thinking-Coaches erfordert, um bestehende Organisationsstrukturen zurückzuhalten und dem Design-Team Freiraum zu geben, Ideen und Innovationen zu entwickeln.

Interdisziplinarität

Wissen und Erfahrungen aus unterschiedlichen Disziplinen sind notwendig, um eine durchschlagende neue Idee zu entwickeln. Dies ist nur eine der vielen Erkenntnisse, die an der Stanford University in Jahrzehnten der Forschung zum Thema Design Thinking immer wieder belegt wurde: Je interdisziplinärer und unterschiedlicher die Mitglieder im Design-Team sind, desto höher ist zwar einerseits das Konfliktpotential, aber umso besser sind auch die zu erwartenden Endergebnisse. Von zentraler Bedeutung ist es, dass Mitarbeitende, die in sogenannten „harten" Disziplinen ausgebildet wurden – wie zum Beispiel Ingenieure oder Informatiker –, mit Mitarbeitenden aus sogenannten „weichen" Disziplinen – wie zum Beispiel Psychologen, Sozialwissenschaftlern und Betriebswirten – zusammenarbeiten. Jeder, der bereits ein interdisziplinäres Team zusammengestellt und geführt hat, weiß, wie schwer dies in der Praxis ist. Ein weiterer Aspekt der Interdisziplinarität ist die kulturelle Durchmischung.

Die Projekte, die wir am Institut für Wirtschaftsinformatik der Universität St. Gallen mit der Stanford University machen, werden von gemischten Teams aus Ingenieuren von der Westküste der USA und von Studierenden der Wirtschaftswissenschaften der Universität St. Gallen durchgeführt. Design Thinking erfordert eine weitere Form der Interdisziplinarität. Die Teams sollten aus Menschen, die unterschiedlich denken, zusammengesetzt sein. Ein Team muss sowohl aus Personen die eher mit der linken als auch aus Personen, die eher mit der rechten Gehirnhälfte denken, bestehen. Natürlich führt die Zusammenarbeit in einem solchen Team über kurz oder lang zu Konflikten innerhalb des Teams. Eine zentrale Aufgabe der Design-Thinking-Coaches ist es, dem Innovationsteam bei der Bewältigung dieser Konflikte zu helfen. Das Ziel ist es nicht, eine zwanghafte Homogenität im Team zu schaffen, sondern bewusst die Unterschiede der einzelnen Mitglieder zu akzeptieren und diese zu nutzen, um bessere Lösungen zu entwickeln.

Infrastruktur

Innovation benötigt nicht nur mentalen Freiraum, sondern auch physischen Raum. Design-Thinking-Teams benötigen genügend Platz für ein erfolgreiches Projekt. Wenn man durch die Gebäude der Design School an der Stanford University geht, bewegt man sich in großen hellen Räumen, in denen die Design Thinker an der Zukunft arbeiten. Für die Design-Thinking-Projekte an der Universität St. Gallen werden den Studierenden eigene Räume für die gesamte Projektlaufzeit zur Verfügung gestellt. In der Großbank, deren Projekt wir zu Beginn dieses Kapitels beschrieben haben, wurde dem Innovationsteam für mehrere Monate das Innovationslabor des Unternehmens zur Verfügung gestellt.

In vielen Unternehmen herrscht notorischer Platzmangel, und die passenden Räumlichkeiten für Design-Thinking-Projekte sind schwierig zu finden. Design-Thinking-Teams benötigen mehr als nur Besprechungszimmer. Die einzelnen Teammitglieder müssen in der Lage sein, alleine, zu zweit oder als gesamtes Team zusammenzuarbeiten und die Konstellation während eines Tages kontinuierlich zu verändern. Traditionelle Bürokonzepte sind eher hinderlich.

Ein unterschätzter, aber kritischer Erfolgsfaktor ist die Infrastruktur der Informations- und Kommunikationstechnologie, die den Design-Thinking-Teams zur Verfügung gestellt wird. Da der Charakter der Arbeit des Design-Thinking-Teams anders ist als der der meisten Mitarbeitenden im Unternehmen, fehlen den Teams in der Regel die passenden Software-Anwendungen. Beginnend von Fotobearbeitungs-, Videoschnitt- und Animationssoftware über Software zur Kollaboration, wie zum Beispiel Wikis, Blogs, Instant Messaging, bis hin zu innovativen Anwendungen für die Erstellung von Softwareprototypen.

In zahlreichen Projekten haben wir die Erfahrung gemacht, dass Design-Thinking-Teams, die von der Infrastruktur der Informations- und Kommunikationstechnik für Innovationsprojekte frustriert sind, kurzerhand webbasierte Applikationen nutzen. Dadurch werden jedoch oftmals die offiziellen Regelungen zum Einsatz der Informations- und Kommunikationstechnologie des Unternehmens nicht eingehalten. Zusätzlich wurden private Laptops genutzt, auf denen die notwendigen Programme installiert waren. Um solche Situationen zu verhindern, ist es notwendig, dass die IT-Abteilung eines Unternehmens in der Lage ist, auch unabhängig von den traditionellen Aufgaben Unterstützung für diese Art von Projekten zu gewährleisten.

Die Aktivitäten eines Design-Thinking-Prozesses

Es gibt in der Praxis und der Literatur verschiedene Gliederungen des Design-Thinking-Prozesses beziehungsweise des Vorgehens im Rahmen eines Design-Thinking-Projektes. Der im folgenden Abschnitt präsentierte Prozess stellt den Kernprozess eines Design-Thinking-Projektes dar. Dieser Prozess wird iterativ in mehreren Tagen beziehungsweise mehreren Wochen von einem Design-Thinking-Team unter verschiedenen Rahmbedingungen durchlaufen. Der Design-Thinking-Prozess kann in die Schritte

- Rahmenbedingungen schaffen,
- Problem (neu) definieren,
- Problemraum verstehen,
- Ideen generieren,
- Prototypen erstellen,
- Prototypen evaluieren,
- Lösung implementieren

aufgeteilt werden. Diese Prozessschritte bilden allerdings keinen streng linearen Prozess, der „Schritt für Schritt" abgearbeitet werden kann. Design-Thinking-Teams bewegen sich kontinuierlich zwischen diesen Aktivitäten, um Probleme zu identifizieren und Lösungen zu entwickeln. Dieser Kernprozess basiert auf der von Larry Leifer[4] entwickelten Engineering-Design-Vorgehensweise, die wir am Institut für Wirtschaftsinformatik für die speziellen Anforderungen der Entwicklung von Dienstleistungen beziehungsweise für die Entwicklung von Innovationen durch Informations- und Kommunikationstechnologie entwickelt haben. Abbildung 2 stellt diesen iterativen Prozess dar. Die einzelnen Schritte werden im folgenden Abschnitt näher erläutert.

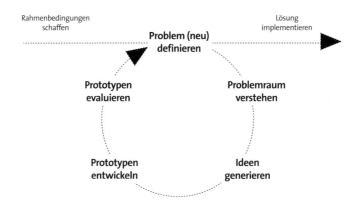

Abbildung 2: Der Design-Thinking-Prozess

Rahmenbedingungen schaffen

Bevor mit dem eigentlichen Design-Prozess begonnen wird, ist es notwendig, die Rahmenbedingungen für ein erfolgreiches Innovationsprojekt zu schaffen. Das bedeutet die Umsetzung der im vorherigen Abschnitt beschriebenen sechs Prinzipien des Design Thinking sowohl auf administrativer Ebene in Bezug auf Infrastruktur und Ressourcen, aber vor allem auch auf Managementebene, um den Freiraum zu schaffen, der für ein solches Projekt notwendig ist.

Problem (neu) definieren

Der Startpunkt der eigentlichen Design-Aktivitäten ist die Definition eines Problems. Wenn wir an das Projekt der Bank zurückdenken, das wir am Anfang dieses Kapitels beschrieben haben, wird klar, wie schwierig es ist, das Problem zu finden, das zu lösen ist. Das Problem, dass die Bank keine persönlichen Interaktionen mehr mit dem Kunden hat, dadurch weniger auf die individuellen Bedürfnisse eingehen kann und deshalb seltener die Möglichkeit hat, verschiedene Dienstleistungsangebote zu vertreiben, ist ein Problem der Bank, aber nicht unbedingt des Kunden. Unsere Erfahrungen zeigen, dass man immer wieder entlang der Erfahrungen mit den Endkunden das Problem definieren, aber auch neu definieren muss, um auf das Grundproblem zu stoßen und nicht nur Symptome zu behandeln. Ohne umfangreiche Analyse des Problems und der Unterscheidung zwischen Symptom und Ursache ist die Wahrscheinlichkeit groß, dass am Ende eine unbrauchbare Lösung entsteht.

Problemraum verstehen

Nachdem das Problem definiert wurde, ist die nächste Aufgabe, ein umfassendes Verständnis über den Problem- beziehungsweise Lösungsraum aufzubauen. In Bezug auf Kunden ist es unter anderem die Methode des Beobachtens, die hilft zu verstehen, was Endkunden bewegt. Beobachten heißt verstehen, wo die Probleme liegen, und nicht nur, sich diese berichten zu lassen. Statistische Untersuchungen helfen in diesem Zusammenhang nur beschränkt weiter. In dieser Phase werden verschiedene andere Quellen untersucht, die als Inspiration für eine Lösung dienen können. Entscheidend ist im Design Thinking, dass explizit auf die hohe Bedeutung von Inspirationsquellen gesetzt wird. In dieser Phase werden neue Technologien, gesellschaftliche Trends, innovative Geschäftsmodelle und viele andere Quellen der Inspiration identifiziert und analysiert, um eine solide Basis für die Entwicklung von neuen Ideen zu schaffen.

Ideen generieren

Brainstorming und Kreativitätstechniken gehören in vielen Unternehmen zum bestehenden Repertoire. Allerdings sind es nicht die Techniken zum Generieren von Ideen, die für die Entwicklung bahnbrechender Ideen notwendig sind. Stattdessen ist es die Inspiration, mit der die Personen das Brainstorming durchführen, die zu den bahnbrechenden Ideen führt. Neben dem Fokus auf Inspiration ist es wichtig, dass man sich nicht auf die Suche nach der „besten Idee" begibt, sondern eine Umgebung schafft, in der es möglich ist, jegliche Art von Ideen ohne Wertung zuzulassen.

Es ist unmöglich, immer nur „gute" Ideen zu haben. Das Design-Thinking-Team muss bereit sein, viele „schlechte" beziehungsweise noch nicht ausgereifte Ideen zuzulassen. Wichtig ist, dass man Mitarbeitenden erlaubt, auch diese Art von Ideen zu kommunizieren, die weder bloßgestellt noch kritisiert werden. Nur dadurch kann eine Atmosphäre geschaffen werden, in der Ideen offen diskutiert und gemeinsam weiterentwickelt werden. Eine wichtige Lektion, die uns in der Kooperation mit unseren Kollegen der Stanford University immer wieder vor Augen geführt wurde, ist der Umgang mit Ideen in Europa, vor allem im deutschsprachigen Europa. „Ja, aber..." ist eine Formulierung, die häufig verwendet wird, für den Innovationsprozess aber nicht förderlich ist. Stattdessen sollte man Kritik an einer Idee immer als ein „Ja und ..." gepaart mit einem Verbesserungsvorschlage vortragen. Eine Idee wird nicht besser, indem man sie kritisiert, sondern indem man sie weiterentwickelt.

Prototypen erstellen

Im Schritt „Prototypen erstellen" geht es darum, die Ideen so darzustellen, dass sie von Kunden und auch von Entscheidern verstanden werden können. Prototypen nehmen im Design-Thinking-Prozess drei Aufgaben wahr. Erstens helfen Prototypen bei der schnellen Erkundung von Ideen, um auch innerhalb des Design-Thinking-Teams über konkrete Lösungen zu sprechen. Die Evaluation von Ideen und Prototypen gemeinsam mit Kunden ist eine weitere Aufgabe, die durch Prototypen ermöglicht wird. Schließlich helfen Prototypen auch bei der Kommunikation der Lösungen mit dem Management oder nicht im Projekt involvierten Personen.

Wir haben beschrieben, dass im Rahmen des Design Thinking sehr viele unterschiedliche Erscheinungsformen von Prototypen denkbar sind. Das Design-Thinking-Team entscheidet, auf welche Art und Weise es seine Prototypen baut. Entscheidend ist lediglich, dass der betroffene Anwender oder Endkunde in der Lage ist, die Lösung selbst mit Hilfe des Prototypen zu erleben, um fundiertes Feedback zur Evaluation des Prototypen zu geben.

Prototypen evaluieren

Die Evaluation der Prototypen ist der letzte Schritt einer Iteration im Design-Prozess. Kein Prototyp ist so gut, dass er nicht verbessert werden kann. Das Projektteam nimmt einen Prototypen, testet ihn an Kunden, beobachtet die Reaktionen und verbessert den Prototypen aufgrund der neuen Erkenntnisse. Die Evaluation stellt sicher, dass Prototypen entwickelt werden, die das definierte Problem lösen, und dass eine fundierte Basis geschaffen wird, die eine Entscheidung über eine Neudefinition des Problems oder einer Umsetzung des Prototypen ermöglicht. Dies wird in jeder Iteration durchgeführt. In der Praxis stellt sich die Frage nach dem Grenznutzen zusätzlicher Iterationen. Um diese Herausforderung zu adressieren, werden in jedem Innovationsprojekt klare finanzielle und terminliche Restriktionen gesetzt, die den Design-Thinking-Prozess zu einem Ende bringen, gleichzeitig aber auch kontrollierten Freiraum für das Experimentieren mit Lösungen schaffen.

Der Neustart des Design-Prozesses

Wir wollen an dieser Stelle auf eine Besonderheit im Design-Prozess eingehen, die wir von den Ingenieuren der Stanford University gelernt haben. Nachdem die Design-Thinking-Teams an der Stanford University einen ersten brauchbaren Prototypen gebaut haben, wird der Innovationsprozess durch eine radikale Neudefinition des Problems neu initialisiert. Das Team darf den bestehenden Prototypen nicht weiterentwickeln, sondern muss einen neuen Prototypen „auf der grünen Wiese" bauen, der den Idealzustand der Problemlösung verkörpern soll, auch wenn diese aus heutiger Sicht völlig unrealistisch beziehungsweise technisch nicht realisierbar ist. Larry Leifer nennt diesen Prototypen den „Dark-Horse-Prototyp". Er ist nach dem sogenannten „Dark Horse" im Pferderennsport benannt. Dieses Pferd hat das Rennen gewonnen, obwohl niemand daran glaubte.

Die Erfahrungen an der Stanford University zeigen, dass in einer Vielzahl der Projekte die umgesetzte Lösung durch Weiterentwicklungen aus dem „Dark-Horse-Prototyp" entstanden ist. Die erzielten Lösungen sind gleichzeitig um vieles radikaler und innovativer, als die in der ersten Phase erstellten Prototypen. Durch die Sicherheit, dass bereits ein erster Prototyp erstellt wurde, wird es dem Design-Thinking-Team möglich, auch auf den ersten Blick hochriskante Ideen zu evaluieren, die sich oft als realisierbar entpuppt haben.

Lösung implementieren

Der wichtigste Schritt des Design-Thinking-Prozesses ist die Umsetzung der innovativen Ideen in den Unternehmen und öffentlichen Verwaltungen. Jeder, der an der Verwirklichung innovativer Ideen mitgewirkt hat, weiß, wie schwer es ist, Persönlichkeiten, die nicht am eigentlichen Innovationsprozess beteiligt waren, zu überzeugen, dass es sich um einen guten und umsetzungswürdigen Vorschlag handelt. Weitere Probleme, teilweise technischer Natur, treten auf, wenn aus dem Prototypen ein neues Produkt, ein neues Geschäftsmodell oder ein neuer Prozess wird. Und eine dritte große Herausforderung besteht darin, die innovative Idee im Sinne des „Change-Managements" in den Köpfen der Kunden sowie der Mitarbeitenden zu verankern. Die Empfehlung, die wir in diesem Kontext geben können, ist neben der Unterstützung durch das Top-Management, die einzelnen Personen kontinuierlich in den

Innovationsprozess mit einzubinden und dadurch sicherzustellen, dass die entwickelten Lösungen auch ins Unternehmen getragen werden.

Das Persönlichkeitsprofil des idealen Design Thinker

Einen zentralen Erfolgsfaktor für Design-Thinking-Projekte stellen die Personen dar, die in den Projekten mitarbeiten. Aus unseren Gesprächen und aus der Analyse der Literatur resultiert ein Anforderungsprofil an die persönlichen Eigenschaften, das sich mit den Worten „einfühlsam", „integrierend", „experimentierfreudig", „teamorientiert" und „zuversichtlich" kennzeichnen lässt[5]. „Einfühlsam" oder „empathisch" fordert von den Design-Thinkern, dass sie sich beispielsweise in eine Problemsituation und den von ihr betroffenen Mitarbeitenden oder Kunden einfühlen können und sehr schnell verstehen, welche Probleme existieren und wie viel Spielraum für Lösungen besteht.

Die idealen Design-Thinker verstehen objektiv-sachliche und persönlich-emotionale Umstände. Sie versetzen sich in die betroffenen Personen und versuchen, die Situation aus ihrem Blickwinkel zu verstehen. Die Umsetzung der von Design Thinking geforderten Kundenorientierung ist ohne Personen mit dem notwendigen Einfühlungsvermögen nicht möglich. „Integrierend" bedeutet, dass die Design Thinker Wissen und Erfahrungen aus unterschiedlichen Wissens- und Erfahrungsbereichen im Zusammenhang sehen sollten. Wenn beispielsweise eine neue Dienstleistung entwickelt wird, führt dies zu Veränderung bei Prozessen und in vielen Fällen auch zu Anpassungen des Geschäftsmodells. Der ideale Design Thinker denkt ganzheitlich und vereinigt in den Prototypen so weit wie möglich alle Aspekte, die von der innovativen Idee betroffen sein könnten. Die Verbindung sogenannter weicher, menschlicher mit harten, messbaren Faktoren stellt eine zentrale Herausforderung dar. Viele Personen sind überfordert, diese beiden „Bereiche" menschlichen Denkens und Handels zu verbinden. Gelöst werden kann die Integration dieser beiden „Bereiche" nur über die Zusammensetzung des Teams, in dem Personen, die beide „Bereiche" menschlichen Denkens und Handels vertreten, vorhanden sind. Design Thinker sollten „experimentierfreudig" sein. Sie sollten immer wieder neue Wege gehen und auch zumindest versuchen, das Unmögliche zu realisieren.

Wenn man die Entstehungsgeschichte von vielen Innovationsprojekten analysiert, stellt man fest, dass viele Produkte und Dienstleistungen, die von diesem Unternehmen entwickelt wurden und heute von vielen Menschen täglich verwendet werden, am Anfang als nicht realisierbar gegolten haben. Experimentierfreudig zu sein heißt, immer wieder an die Grenzen zu gehen und auch nicht aufzugeben, wenn die ersten Versuche misslingen. „Teamorientierung" ist eine Eigenschaft, die heute von Personen in fast allen Branchen und Positionen gefordert wird. Teamorientierung in Design-Thinking-Teams bedeutet auf der einen Seite, dass man sich mit seiner Persönlichkeit in seiner Rolle in das Team einbringen muss. Auf der anderen Seite bedeutet Teamorientierung im Design-Thinking-Prozess Toleranz gegenüber Personen, die andere Wissensgebiete vertreten und die ein Problem aus einem völlig anderen Blickwinkel betrachten.

Das Arbeiten in Teams, die zum Beispiel aus Ingenieuren, Designern, Betriebswirten und Psychologen zusammengesetzt sind, stellt hohe Anforderungen an alle beteiligten Personen. Mit „Zuversicht" ist nicht blinder Optimismus gemeint, sondern ein Gefühl der Sicherheit, dass durch den Design-Thinking-Prozess – auch wenn er teilweise unstrukturiert und emotional abläuft – am Ende ein gutes Ergebnis herauskommt. Diese Zuversicht können Personen, die noch nie mit dieser Methode gearbeitet haben, nicht lernen. Sie müssen den Design-Thinking-Prozess erlebt haben, um in einem Projekt in einer kritischen Situation die geforderte Zuversicht ausstrahlen zu können.

Neben diesen persönlichen Eigenschaften, die von den Design-Thinkern gefordert werden, sind die Anforderungen an ihr Wissen und ihre Erfahrungen hoch. Gefordert werden sogenannte „T-shaped-Persons"[6] – Menschen, die diesem Bild entsprechen, sind in einem Bereich Spezialisten, verstehen aber von einigen anderen Bereichen im Sinne von Generalisten so viel, dass sie grundsätzliche Ansätze in diesem Bereich verstehen und mitdiskutieren können. „T-shaped-Persons" sind in der Lage, ganzheitlich zu denken und damit neue innovative Ideen zu entwickeln. Gerade im Umfeld von IT-Abteilungen sind diese T-shaped-Persons durchaus anzutreffen. Es sind die Spezialisten der Informations- und Kommunikationstechnologie, die durch ihre Erfahrung, aber auch durch ihre Zusammenarbeit mit den Fachbereichen Wissen in zusätzlichen Gebieten aufgebaut haben.

Wenn man die Anforderungen an Design-Thinker im Zusammenhang sieht, wird schnell klar, dass es Personen im Unternehmen gibt, die diese Fähigkeiten besitzen. Allerdings sind die Möglichkeiten, diese Fähigkeiten einzusetzen, oftmals nicht vorhanden. Eine Design-Thinking-Kultur im Unternehmen führt dazu, dass es immer mehr Personen gibt, die die Grundprinzipien von Design-Thinking-Projekten verstanden haben und wissen, wie die Methode im eigenen Unternehmen sinnvoll eingesetzt werden kann. Wenn Design Thinking als Instrument für

Innovation durch Informations- und Kommunikationstechnik eingesetzt wird, gilt es in der IT-Abteilung, eine Gruppe von Personen aufzubauen, die den beschriebenen Persönlichkeits- und Wissensanforderun-
gen entsprechen, und diesen Personen sukzessive die Methode und die
Prinzipien mit Hilfe von echten Projekten zu vermitteln.

Allerdings ist es unumgänglich, dass die IT-Abteilungen die erforderlichen Mitarbeitenden selbst entwickeln. Natürlich ist es möglich, solche Mitarbeitenden zu rekrutieren, jedoch ist die Erfolgswahrscheinlichkeit von Design-Thinking-Projekten, die von erfahrenen Mitarbeitenden durchgeführt werden, um vieles größer, als dies bei Projekten
mit neuen oder externen Mitarbeitenden der Fall ist. Mithilfe von
Design-Thinking-Coaches sollten die ersten Design-Thinking-Projekte
durchgeführt werden, um durch externen Einfluss den notwendigen
Kulturwandel zu erzielen. Allmählich wird das Know-how auf unternehmenseigene Personen übergehen und so langsam eine Anzahl Personen mit Design-Thinking-Know-how aufgebaut werden. In Unternehmen, in denen über mehrere Jahre hinweg diese Art von Innovationsprojekten durchgeführt wird, entsteht eine Kultur, in der das Wissen
und die Erfahrung über Design Thinking durch praktische Innovati-
onsarbeit an neue Personen weitergegeben werden.

Übertragung der Schritte des Design Thinking auf Inno-
vation durch Informations- und Kommunikationstechnik

Design Thinking ist eine Methode, die nicht speziell für Innovation
durch Informations- und Kommunikationstechnik entwickelt wurde.
Wenn man die Beschreibung der Kernelemente und der Prozessschritte mit der erforderlichen Offenheit liest, können Mitarbeitende aus der
IT-Abteilung und dem Fachbereich jedoch mit Sicherheit Anknüp-
fungspunkte für die Verbesserung von Innovation durch Informations-
und Kommunikationstechnologie und Einsatzbereiche identifizieren.
Unsere Erfahrung hat gezeigt, dass der Einsatz von Design Thinking in
der Frühphase von Softwareprojekten der Innovations- beziehungsweise
Entwicklungsprozesse im Sinne von Vorprojekten vor der sogenannten
„Business-Analysis" beziehungsweise dem „Requirements-Enginee-
ring" erfolgversprechend ist.

Die Prototypen, die aus den Design-Thinking-Projekten resultieren, bilden die Grundlage für die Entwicklung zukunftsorientierter Lösungen. Der ganzheitliche Ansatz des Design Thinking gewährleistet, dass
Vorstellungen über Geschäftsmodelle, Prozesse, Strukturen und die
Softwarelösung prototypisch vorliegen.

Dieses Vorgehen erleichtert die Arbeit der Business-Analysten und schafft eine hervorragende Grundlage für intensive Gespräche mit dem Fachbereich über den angestrebten Endzustand. Die Methode des Design Thinking ermöglicht nach unseren Erfahrungen eine intensive Kommunikation zwischen den Spezialisten aus den IT-Abteilungen und dem Fachbereich. Die Prototypen bilden eine gute Basis für die Gespräche, weil es konkrete Ideen und Lösungsvorschläge gibt, die gegeneinander abgewogen werden können. Unsere Erfahrungen zeigen, dass es nicht einfach ist, in einer klassischen Informatikumgebung Design Thinking einzusetzen, denn viele Voraussetzungen sind nicht gegeben. Vor allem empfinden die Spezialisten aus der Informations- und Kommunikationstechnik den Prozess des Design Thinking eher als schöne Spielerei denn als effiziente Methode, um Innovationen zu entwickeln. In diesem vermeintlichen Zielkonflikt liegt die Chance dieser Methode bei ihrem Einsatz bei der Informations- und Kommunikationstechnik.

Immer wieder wird die Frage nach der Abgrenzung von Design Thinking zu den agilen Methoden der Software-Entwicklung wie Extreme-Programming und Scrum[7] gestellt. Tatsächlich sind bestimmte Aspekte ähnlich, zum Beispiel die agile Projektplanung und die kontinuierliche, iterative Entwicklung von Lösungen. Allerdings sind Extreme Programming und Scrum Methoden der Software-Entwicklung, die für die Entwicklung von Software-Applikationen bestimmt sind. Design Thinking ist eine vom Ergebnistyp unabhängige Methode und kann für beliebige Projekttypen genutzt werden. Ein weiterer Unterschied ist, dass Extreme Programming und Scrum die Entwicklung funktionierender Software als Ziel verfolgt. Design Thinking hingegen zielt auf die Entwicklung konzeptioneller Prototypen, die zwar das Gesamterlebnis repräsentieren, die aber noch nicht im Echtbetrieb eingesetzt werden können. Design Thinking ist in der Frühphase der Software-Entwicklung im Unternehmen geeignet, um die Anforderungen schnell und kostengünstig zu identifizieren, zu spezifizieren und diese im Anschluss mit einer etablierten Entwicklungsmethode umzusetzen.

Quellen und Anmerkungen

1 Wichtige Quellen, um sich intensiv mit Design Thinking zu beschäftigen, sind: Kelley, T., Littmann, J., The Art of Innovation: lessons in creativity from IDEO, America's leading Design firm; Random House, 2001; Kelley, T., Littmann, J., The ten faces of Innovation, Currency Doubleday, 2005; Brown, T., Design Thinking in: Harvard Business Review, 86, Nr. 6, S. 84-92, Brown, T., Katz B., Change by Design, Harper Business, 2009; Plattner, H., Meinel, C., Weinberg, U., Design-Thinking: Innovation lernen – Ideenwelten öffnen, mi-Wirtschaftsbuch, 2009.

2 Weitere Informationen zum ME-310-Kurs der Stanford University sind unter http://me310.stanford.edu abrufbar.

3 Weitere Informationen zur Surface-Technologie von Microsoft sind unter http://www.microsoft.com/surface abrufbar.

4 Kapitel 12 ist einem ausführlichen Gespräch mit Larry Leifer, Professor an der Stanford University in Palo Alto, Kalifornien, gewidmet.

5 Eigenschaften sind angelehnt an die Eigenschaften, die Hasso Plattner, Christoph Meinel und Ulrich Weinberg in ihrem Buch „Design Thinking: Innovation lernen – Ideenwelt öffnen" von Design Thinkern fordern. Unsere Erfahrungen und die Ergebnisse vieler Gespräche führen zu denselben Eigenschaften, die von Design-Thinkern gefordert werden.

6 Vergleiche: Kelley, T., Littman, J., The ten faces of innovation, Currency/Doubleday, 2005. S. 75.

7 Scrum (englisch: Gedränge) ist ein sogenannter agiler Prozess für Softwareentwicklung und Projektmanagement.

Zusammenfassung

Design Thinking stellt eine systematische Methode zur Entwicklung innovativer Lösungen dar, die auf den drei Säulen „tiefgehendes Kundenverständnis", „Brainstorming" und „Bau von Prototypen" beruht. Ziel ist es, auf der Grundlage einer Problemanalyse, bei der die tatsächlichen Bedürfnisse und Erfahrungen der Endkunden eine zentrale Rolle spielen, durch gut organisiertes Brainstorming innovative Ideen zu entwickeln. Diese Ideen werden in erlebbare Prototypen umgesetzt, die an Endkunden getestet werden. Aufgrund des Feedbacks der Kunden werden die Prototypen weiterentwickelt, bis ein Prototyp entsteht, der tatsächliche Kundenprobleme löst.

In den Projekten, in der Literatur und in vielen Gesprächen haben sich sechs Kernelemente des Design Thinking herauskristallisiert: „Menschenorientierung", „Kundenorientierung", „Bau von erlebbaren Prototypen", „Zulassen von Innovation", „Interdisziplinarität" und „Infrastruktur". Der Prozess des Design Thinking lässt sich in fünf Schritte gliedern: „Problem (neu) definieren", „Problemraum verstehen", „Ideen generieren", „Prototypen entwickeln" und „Prototypen evaluieren". Die persönlichen Eigenschaften eines idealen Design-Thinkers lassen sich mit den Attributen „einfühlsam", „integrierend", „experimentierfreudig", „teamorientiert" und „zuversichtlich" kennzeichnen.

Die Erfahrungen an der Stanford University und an der Universität St. Gallen zeigen, dass Design Thinking als Vorstufe zur Anwendungsentwicklung einen Beitrag zu Innovation durch Informations- und Kommunikationstechnik leisten kann. Design Thinking ermöglicht eine intensive Kommunikation zwischen den Spezialisten aus den IT-Abteilungen, dem Fachbereich sowie den betroffenen Endkunden und Anwendern.

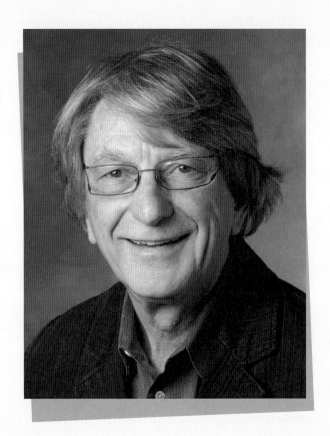

Larry Leifer

Kapitel 12

Machen Sie Ihre Idee anfassbar

Gespräch mit Larry Leifer, Professor der Stanford University[1]

Larry Leifer, Miterfinder der Design-Thinking-Methode, ist davon überzeugt, dass nur Innovationen funktionieren, die den betroffenen Menschen echten Nutzen bringen. Um diesen Nutzen vor der Fertigung eines
Produktes zu erfahren, braucht es funktionsfähige Prototypen. Das gilt,
Leifer zufolge, besonders in der Informationstechnik, die heute noch viel
zu stark versucht, ihre Nützlichkeit über abstrakte Modelle nachzuweisen.

Die Leland Stanford Junior University in Palo Alto, Kalifornien, gilt
mit einem Stiftungsvermögen von 17,2 Milliarden Dollar als eine
der reichsten Universitäten der Welt. Ihr Ruf als eine der weltweit
führenden Universitäten wird in zahlreichen Rankings bestätigt.
Derzeit sind 14.881 Studierende eingeschrieben. Die Stanford University wurde im Jahr 1891 durch den früheren kalifornischen
Gouverneur Leland Stanford in der Bay-Area, etwa 60 Kilometer
südlich von San Francisco, gegründet. Durch ihre erstklassige Ausbildung wurde die Universität einer der Wachstumsmotoren des
Silicon Valley und beschleunigte die wirtschaftliche Entwicklung
der Region um San Francisco. Das Motto der Universität, das die
Siegel und alle Andenken der Hochschule ziert, lautet: „Die Luft
der Freiheit weht." Das Studienangebot der Stanford-Universität
umfasst folgende Fakultäten: Geistes- und Naturwissenschaften,
Geowissenschaften, Ingenieurwissenschaften, Medizin, Pädagogik,
Rechtswissenschaften und Wirtschaftswissenschaften.

Unser Gesprächspartner Larry Leifer ist seit 1976 Mitglied der Fakultät
für Ingenieurwissenschaften (Mechanical Engineering Department[2])
und schon viele Jahre Professor an der Stanford University. Er ist Grün-
dungsdirektor des Stanford Center for Design Research[3] (CDR).

Witte: Herr Leifer, Sie forschen und lehren seit vielen Jahren an der Stanford University in Palo Alto, Kalifornien, mitten im Silicon Valley, einem der innovativsten Plätze der Welt. Was verstehen Sie vor dem Hintergrund Ihrer großen akademischen und praktischen Erfahrungen unter Innovation?

Leifer: Ich verstehe Innovationen als Ideen, die sich tatsächlich verkaufen. Allerdings existiert keine allgemeingültige Definition von Innovation. Wir am Mechanical Engineering Department der Stanford University begreifen Innovation als Ergebnis und nicht als strukturierten Prozess. Deshalb nutzen wir Methoden wie Design Thinking, um die Wahrscheinlichkeit für das Entstehen von Innovationen zu erhöhen.

Brenner: Sie sprechen oft davon, dass eines der zentralen Ergebnisse Ihrer Forschung über Innovation das Stellen der richtigen Fragen zur richtigen Zeit ist.

Leifer: Ich verstehe das Entstehen von Innovationen als Abfolge der Fragen „Warum", „Was" und „Wie": „Warum beschäftigen wir uns mit bestimmten Fragestellungen?", „Was wollen wir herausbekommen?" und „Wie kommen wir zu einem Resultat?" Lassen Sie mich noch über einen anderen Aspekt meiner Arbeit an der Stanford University sprechen: Meine Forschung ist akademischer Natur, aber natürlich bekommen wir immer wieder Feedback von den Unternehmen, mit denen wir zusammenarbeiten. Dabei haben wir festgestellt, dass sich ihre Fragen nicht so sehr auf die Gegenwart, sondern stark auf die Zukunft beziehen. Die Fragen beziehen sich weniger auf Produkte, sondern auf Services beziehungsweise darauf, wie sich Produkte in Services einbetten lassen. Bei Anbietern von Mineralwasser lautet die Frage deshalb nicht: „Wie soll heute eine funktionierende Trinkflasche aussehen?", sondern: „Wie funktioniert eine Distributionslösung für Mineralwasser in fünf Jahren?"

Brenner: Woran liegt es, dass manche Innovationen in Unternehmen umgesetzt werden und andere nicht?

Leifer: Eine Kollegin der Stanford University erklärt, es hängt mit der Vision zusammen, die immer den Ausgangspunkt einer Innovation darstellt. Meine Community glaubt, dass es mit der erzählten Geschichte zu tun hat und damit, wie sich die Protagonisten die Veränderungen in einem Unternehmen vorstellen. Man kann einer Innovation nur zum Durchbruch verhelfen, wenn man antizipieren kann, wie sie sich in der Organisation ausbreitet und wie sie das Unternehmen verändert.

Nach einem Vortrag über Design Thinking wurde ich einmal gefragt, was wir täten, wenn wir es mit ernsthaften Ingenieurproblemen oder echten Herausforderungen der Informations- und Kommunikationstechnik zu tun hätten. Das war etwas unverschämt, weil da zwischen den Zeilen mitschwang, dass Design Thinking zwar ein gutes Tool ist, um Ideen zu erzeugen, aber im Herzen des Unternehmens, dort, wo die echten Herausforderungen gelöst werden, nichts verloren hat. Ich habe beschrieben, wie intensiv wir die Mittel der Ingenieurwissenschaften nutzen, um Innovationen zu erzeugen, und dass wir auch in technischen Dingen auf dem aktuellen Stand sind. Aber wenn wir Design Thinking anwenden, machen wir noch etwas Zusätzliches. Wir setzen uns mit dem Kunden auseinander. Wir fragen, was der Kunde braucht, wir reden mit ihm, wir beobachten sein Verhalten, holen Feedback für unsere Prototypen ein, um zu verstehen, welche Innovationen ihm weiterhelfen. Manchmal werden wir sogar zu „Anthropologen" und machen ethnologische Studien, werden „embedded".

Wenn es um Design geht, ist Kontext alles. Es gibt kein „richtig" oder „falsch". Alles hängt von der Umgebung ab, vom Bedürfnis und vom Wunsch der jeweiligen Kunden. Erst wenn man beginnt, die Ideen zu realisieren, greifen die Gesetze der Mathematik und der Physik. Dann gibt es richtig und falsch. Aber wenn man anfängt, einen Prototypen zu bauen, gilt der Kontext. Es kommt darauf an, was der Kunde braucht, wie er sich ein neues Produkt, einen neuen Service vorstellt, welche Erwartungen er dem gegenüber hegt und vieles andere mehr. Im Zentrum steht der Kunde.

Witte: Mit wem arbeiten Sie in den Unternehmen zusammen, und wer holt Sie in die Unternehmen?

Leifer: Da gibt es keine Regel. Manchmal rufen uns Persönlichkeiten aus den Fachabteilungen. Sie stellen dann zum Beispiel die Frage: „Lässt sich das Interface der Nintendo Wii benutzen, um die Schnittstelle zwischen einem Fabrikarbeitenden und der von ihm benutzten Maschinen zu verbessern?" In anderen Fällen holt uns das Top-Management. Die obersten Führungskräfte arbeiten zwar nicht direkt mit uns, sie erklären uns aber, in welchen Projekten sie uns gern involviert sehen. Bei einem großen Software-Unternehmen kümmern wir uns zum Beispiel darum, welche Daten Top-Manager während einer Videokonferenz benötigen und auf welchem Weg man diese Daten sicher zur Verfügung stellen könnte.

Ein anderes Projekt dreht sich um die Frage, welchen Nutzen man aus der Unzahl mobiler Daten ziehen kann. RFID-Tags sind inzwischen allgegenwärtig. Selbst in unserer Unterwäsche werden wir sie bald spazieren tragen. Aber was machen wir mit diesen Daten? Wir betrachten diese Frage nicht aus einer technischen Perspektive, sondern fragen nach den Bedürfnissen der Menschen. Ein weiteres Beispiel für Fragen, die wir mit Design Thinking bearbeiten, kommt von der Stanford University: Auf unserem Campus in Stanford fahren Busse, deren aktuelle Position im Internet abrufbar ist. So kann man sehen, wo sich jeder Bus zu einer gegebenen Zeit aktuell befindet. Einige Studenten machten sich für eine Smartphone-Applikation stark, die die aktuellen Positionen und die Zeit anzeigt, die der Bus noch braucht, um eine bestimmte Haltestelle zu erreichen. Sie bauten einen Prototyp und fragten die Leute an den Bushaltestellen. Dabei fanden sie allerdings heraus, dass sich niemand für eine solche Applikation interessiert. Die Leute wollten nur wissen, ob es Änderungen im Fahrplan gibt. Das war das Ende dieser Innovation. Unsere Studierenden haben sie nicht gewollt. Trotzdem ist diese Anwendung heute Teil der iPhone-App der Stanford University. Interessant wäre es zu wissen, wie oft sie tatsächlich gebraucht wird. Ich selbst empfinde sie als mühsam.

Brenner: Glauben Sie, dass die Entwickler der Applikation das gleiche Ergebnis erhalten hätten, wenn Sie den Studierenden an der Bushaltestelle nicht einen Prototypen gezeigt, sondern eine Umfrage gemacht hätten?

Leifer: Umfragen sind das denkbar schlechteste Werkzeug, um herauszufinden, was Personen tatsächlich wollen. Die von mir beschriebene Schulter-an-Schulter-Erfahrung, das heißt der direkte unmittelbare Kontakt mit dem Kunden oder Anwender, ist sehr viel wertvoller. Die Interviewer erleben, wie sich die Menschen tatsächlich verhalten. Außerdem basieren die Meinungen der befragten Personen nicht auf ihren Vorstellungen, sondern sie können den Prototypen anfassen.

Witte: In der Informatik ist das Arbeiten mit abstrakten Konzepten weit verbreitet. Zukünftige Anwendungen werden gerne mit Hilfe von Daten-, Funktions- und Prozessmodellen auf verschiedenen Detaillierungsebenen dargestellt. Immer wieder habe ich während meiner Karriere in der Informatik in den letzten 20 Jahren den Spruch gehört: „Er wird es in der Informatik nicht weit bringen, er kann nicht abstrakt denken." Vor diesem Hintergrund stelle ich Ihnen die Frage: „Können auch der Chief Information Officer und die IT-Abteilung Design Thinking benutzen, um ihre Ideen nachvollziehbarer und verständlicher darzustellen?"

Leifer: Ich bin davon überzeugt, dass Menschen Innovationen besser verstehen, wenn sie das Neue im buchstäblichen Sinne begreifen können. Wenn Sie eine Idee haben, führen Sie Ihre Idee mit Hilfe eines Prototypen den Personen vor, die sich dafür interessieren sollten. Wenn diese Personen kein Interesse zeigen, ist es keine gute Idee. Konfrontieren Sie sie direkt damit, nicht hypothetisch. Machen Sie Ihre Idee anfassbar. Manchmal ist das gar nicht so einfach. Nehmen Sie Business-Process-Modelling. Normalerweise ist das eine ziemlich abstrakte Angelegenheit. Wenn man sie nicht mit einem Grafikprogramm darstellt, sondern mit dicken Filzstiften und Post-it-Zetteln anfassbar macht, ist das Resultat viel präziser und weniger fehlerbehaftet als die Ergebnisse, die mit Grafikprogrammen erzielt werden. So einfach es klingt: Wenn man mit den Dingen selbst arbeitet, sind sie viel leichter zu verstehen, als wenn man Symbole benutzt. Deren Bedeutung muss man schließlich auch erst einmal definieren, kommunizieren und erinnern. Bei mehreren unterschiedlichen Symbolen und komplexen Sachverhalten, kann das ganz schön anstrengen.

Brenner: Damit haben Sie ein grundlegendes Problem im Bereich der Informations- und Kommunikationstechnik angesprochen. Die meisten Mitarbeitenden aus der IT-Abteilung zeigen ihren Kollegen auf der Business-Seite nicht konkret, wie sie Prozesse, Services oder sogar Produkte mit Hilfe der Informations- und Kommunikationstechnik verbessern können. Sie erklären es mit Hilfe von Powerpoint. Das reicht nicht aus.

Witte: Lassen Sie mich noch einen anderen Aspekt ansprechen, der mich im Umfeld des Design Thinking interessiert. Darf in einem Unternehmen jeder Mitarbeitende Vorschläge für Innovationen machen, oder wird dieses Recht in Unternehmen nur einem bestimmten Personenkreis eingeräumt? Wir gehen davon aus, dass sich Unternehmen ständig verändern müssen, um sich den wandelnden Markterfordernissen anzupassen. Um Veränderungen herbeizuführen, braucht es Ideen. Um die besten Ideen zu finden, sollte es unserer Ansicht nach in den Unternehmen einen Wettbewerb um die besten Ideen geben. Alle Mitarbeitenden und Teams können Ideen in diesen Wettbewerb einbringen. Die Auslese, welche Idee in diesem Wettbewerb als beste gilt, funktioniert darwinistisch. Und wenn sich neue Ideen dem Wettbewerb der Ideen stellen, besteht eine hohe Wahrscheinlichkeit, dass unsinnige Ideen aussortiert werden. Es spielt die „Gesetzmäßigkeit" von Darwin: „Survival of the fittest".

Leifer: Ideen, die von den Mitarbeitenden kommen, haben eine größere Überlebenschance, als Ideen, die von der Führung kommen. Kreativität funktioniert besser bottom-up als top-down. Das ist jedenfalls mein Eindruck. Ideen, die vom Top-Management ausgehen, müssen von Mitarbeitenden ausgeführt werden. Ideen, die von den Mitarbeitenden ausgehen, kann das Management dagegen zulassen. Das funktioniert, ohne dass sich jemand zu irgendetwas gezwungen fühlt.

Brenner: Können Sie erklären, was Sie mit „zulassen" meinen? Einer Ihrer wichtigsten Leitlinien für Innovation ist „Letting it happen". Und genau dies ist ja wahrscheinlich mit „Zulassen" gemeint.

Leifer: Ich möchte Ihre Frage mit einer kleinen Geschichte beantworten. In einer Podiumsdiskussion an einem von der amerikanischen Regierung gesponserten Kongress wurde ich gefragt, wie man die Regierung dazu bringen könne, Innovationen für Behinderte voranzutreiben, um ihnen das Leben zu erleichtern. Ich antwortete darauf: „Vergessen Sie das. Die Regierung ist nicht innovativ. Die Innovationen müssen von den Behinderten selbst ausgehen. Die Regierung kann die Ideen nur aufnehmen und für ihre Realisierung einen günstigen Rahmen schaffen." Das Gleiche gilt für das Top-Management eines Unternehmens.

Witte: Haben Sie schon Projekte beispielsweise für Personalabteilungen gemacht? Hat es Sinn, Innovationen für Abteilungen zu entwickeln, die nicht auf Kunden ausgerichtet sind?

Leifer: Ja sicher, auch diese Abteilungen gehen mit Menschen um, die von ihren Services betroffen sind oder die davon profitieren. Es geht um Prozesse. Auch wenn diese zufällig entstanden sind, lassen sie sich oft vereinfachen und beschleunigen. Auch dafür eignet sich Design Thinking. Wir beobachten die bisherigen Abläufe, machen verschiedene Vorschläge, nehmen Verbesserungen der Betroffenen auf und kommen zu einem positiven Ergebnis. Es läuft immer nach dem Muster: „Beobachten", „Verändern", „Testen" und „Nochmals verändern". Zu Anfang gibt es kein Richtig oder Falsch, sondern nur mehrere Möglichkeiten. Welche Alternative die beste ist, entscheiden die Nutzer oder die Kunden. Der Wettbewerb der Ideen und meine Vorstellungen, wie über Innovationen entschieden wird, liegen nahe beieinander.

Brenner: Trifft das, was Sie zur Innovation in Prozessen der Personalabteilung gesagt haben, auch auf die IT-Abteilung zu? Schließlich hat die IT-Abteilung in der Regel auch keinen direkten Kundenkontakt.

Leifer: Innovationen sind für die Teile der Organisation einfacher, in denen das Wertesystem das Entstehen innovativer Ideen fördert. Innovationen entstehen dann, wenn das Wertesystem des Unternehmensbereichs die Mitarbeitenden ständig wieder auffordert, Ideen zu äußern, um die Produkte und Services des Unternehmens zu verbessern. Es sollten die Menschen und nicht die Technologie im Mittelpunkt stehen. Ja, ich denke, dass Design Thinking für IT-Abteilungen nützlich sein kann, obwohl es in der Mehrheit der Unternehmen in den IT-Abteilungen nach meinen Beobachtungen und Erfahrungen nur rudimentäre Innovationsprozesse gibt.

Die meisten Mitarbeitenden aus dem Informatikbereich halten nicht Ausschau nach der nächsten Innovation. Tests haben ergeben, dass sie eher auf die Details achten. Sie versuchen, die Sache, an der sie gerade arbeiten, ordentlich zum Laufen zu bringen. Mitarbeitende aus der IT-Abteilung betrachten Innovation nicht als Teil ihrer Arbeit. Bei der Zusammensetzung eines Innovationsteams ist es hilfreich, auch eine Person aus dem Informatikbereich dabei zu haben, welche sich um die Details und um die Risiken kümmert. Wenn ein Team nur aus Mitarbeitenden der IT-Abteilung besteht, gerät Innovation zu einem schwierigen Geschäft.

Ganz grob lassen sich vier verschiedene Denkmuster unterscheiden, die für erfolgreiches Innovationsmanagement wichtig sind:

- Im Foresight Thinking dreht es sich um strategische zukunftsorientierte Fragen, beispielsweise welche Produkte und Services einem Unternehmen in Zukunft Erfolg bringen,

- im Design Thinking geht es darum, Ideen für Produkte und Services, die Erfolg beim Kunden haben, zu entwickeln,

- im Engineering Thinking dreht sich alles um die Frage, wie sich ein Produkt herstellen lässt, und

- im Production Thinking wird beantwortet, wie sich ein Produkt massenhaft herstellen lässt.

Ich persönlich mag diese Einteilung nicht. Ich wünschte, wir wären alle Renaissance-Menschen, die noch nicht arbeitsteilig denken und alles gleichzeitig können: strategisch denken, auf Details achten, realisieren und verkaufen. Aber leider ist das nicht so. Die meisten Leute sind nur in einer bestimmten Denkweise gut. Wenn sie Glück haben, wählen sie ihren Job entsprechend aus und kommen so immer weiter in die Art von Denken hinein, die sie gut beherrschen. Ähnlich geht es mit Abteilungen und Bereichen in einem Unternehmen. Sie entwickeln eine bestimmte Denkmethode weiter aufgrund positiver Erfahrungen.

Um Innovationen zu erzeugen, muss man jedoch seine gewohnten Denkmuster verlassen. Das jedenfalls sind zentrale Erkenntnisse meiner Forschung an der Stanford University. Das Verändern der Denkmuster lässt sich am besten bewerkstelligen, wenn man Teams aus unterschiedlichen Denkertypen zusammensetzt. Meiner Erfahrung nach erzielen diejenigen Teams die besten Resultate, welche die Denkrichtungen am häufigsten wechseln können. Teams, die ihre gewohnten Muster nicht verlassen, produzieren solide Vorschläge, aber keine Innovationen. In ihren Ergebnissen steckt kein „Wow-Faktor". Wenn man in einem Team arbeitet, in dem nur Leute mit den gleichen Denkmustern stecken, erzielt man ausschließlich „geschlossene" Innovationen, also Vorschläge, die aus dem gleichen Denkmuster stammen und nur Extrapolationen der gemachten Erfahrungen darstellen.

Wenn die IT-Abteilung Innovationen schaffen will, dann muss sie gemischte Teams aufstellen. In diesen Fällen ist ein Coach notwendig, der diese Teams führt und ihr Denken offenhält. Es gibt Personen in Unternehmen, die sich für diese Rolle eignen und sie in der Teamarbeit übernehmen. Coaches sind im Innovationsmanagementprozess wichtig. Sie können helfen, neue Produkte, Services oder Prozesse in den Unternehmen zu implementieren.

Witte: Zusammenfassend lässt sich also sagen: Design Thinking ruht auf den drei Grundpfeilern: „Making it tangible", „Letting it happen" und „Building mixed Teams". Gibt es noch andere wichtige Komponenten?

Leifer: Die wichtigsten Komponenten sind der Mensch und sein Verhalten. Es geht immer um Menschen. Nicht nur um Kunden, sondern auch um den Büronachbarn oder den Chef.

Quellen und Anmerkungen

1 Das Gespräch fand am 20. Dezember 2009 in Luzern statt.

2 http://me.stanford.edu/

3 http://me.stanford.edu/research/centers/cdr/index.html

ZUSAMMENFASSUNG

Larry Leifer versteht Innovationen als Ideen, die sich verkaufen. Das Mechanical Engineering Department in Stanford begreift Innovation als Ergebnis und nicht als strukturierten Prozess. Deshalb entwickelt es Methoden wie Design Thinking, um die Wahrscheinlichkeit für das Entstehen von Innovationen zu erhöhen. Leifer geht in dem Gespräch ausführlich auf einige Aspekte von Design Thinking ein. Bei der Anwendung dieser Methode werden intensiv Mittel der Ingenieurwissenschaften genutzt.

Wenn Design Thinking angewendet wird, setzen sich die Forscher von der Stanford University zusätzlich mit den Kunden auseinander. Sie fragen, was der Kunde braucht, sie reden mit ihm, sie beobachten sein Verhalten und holen Feedback für die Prototypen ein, um zu verstehen, welche Innovationen den Kunden weiterhelfen. Leifer ist davon überzeugt, dass Menschen Innovationen besser verstehen, wenn sie das Neue im buchstäblichen Sinne begreifen können.

Für Leifer haben Ideen, die von den Mitarbeitenden kommen, eine größere Überlebenschance als Ideen, die von der Führung kommen. Kreativität funktioniert besser bottom-up als top-down. Er ist davon überzeugt, dass Design Thinking auch für IT-Abteilungen nützlich sein wird, obwohl es in der Mehrheit der Unternehmen in den IT-Abteilungen nach seinen Beobachtungen und Erfahrungen keine Innovationsprozesse gibt.

Kapitel 13
Die Umsetzung des Wettbewerbs der Ideen

Ausgangspunkt dieses Buches waren zwei gegensätzliche Beobachtungen. Auf der einen Seite kommt eine neue Welle von Entwicklungen der Informations- und Kommunikationstechnik auf Unternehmen und öffentliche Verwaltungen zu, die neue Geschäftsmodelle, Produkte und Dienstleistungen ermöglichen. Zu diesen Technologien gehören zum Beispiel Smartphones, Cloud Computing, neue Web-2.0-Services oder auch neue Collaboration-Tools. Auf der anderen Seite scheinen die Chief Information Officers und ihre Teams diesen Entwicklungen relativ ratlos gegenüberzustehen. Sie haben sich in den letzten Jahren auf Kostensenkung fokussiert und sich mehr und mehr auf „Innovate the IT" zurückgezogen, die die Effizienzsteigerung des Einsatzes von Informations- und Kommunikationstechnik zum Ziel hat. Für „Innovate the Business", bei dem es um die Verbesserung des Gesamtunternehmens geht, gibt es weder Budgets, noch existieren Prozesse, Strukturen oder Methoden, die die Erfolgswahrscheinlichkeit für Innovationen erhöhen. Innovation durch Informations- und Kommunikationstechnik scheint in vielen Unternehmen dem Zufall überlassen zu sein.

Erkenntnisse aus den Analysen

Wir haben eine Befragung von Führungskräften aus IT-Abteilungen vorgenommen, Fallstudien in führenden Unternehmen betrachtet, ein intensives Gespräch mit sogenannten Digital Natives geführt und mit vier CIOs, einem Berater, einem Unternehmer und einem Professor der Stanford University gesprochen, um mehr über den Stand und die Entwicklungstendenzen bei Innovation durch Informations- und Kommunikationstechnik zu erfahren.

Um das Ergebnis unserer Analyse vorwegzunehmen: Beide oben skizzierten Beobachtungen erwiesen sich grundsätzlich als richtig.

Bevor wir im zweiten Teil dieses Kapitels auf die Konsequenzen für die Unternehmensführung eingehen, geben wir einen Überblick unserer Erkenntnisse aus der empirischen Erhebung, den Fallstudien und den Gesprächen:

- Eine neue Welle innovativer Entwicklungen in der Informations- und Kommunikationstechnik steht bevor.

- „Innovate the IT" und „Innovate the Business" werden in vielen Unternehmen vermischt.

- Innovation durch Informations- und Kommunikationstechnik bleibt oft dem Zufall überlassen, einige Unternehmen haben allerdings einen geordneten Innovationsprozess aufgesetzt.

- Außerhalb der zentralen IT-Abteilung existiert großes innovatives Potential für Innovation durch Informations- und Kommunikations-technik.

- Innovative Anwendungen müssen in die bestehenden Architekturen der Informations- und Kommunikationstechnik eingebunden werden können.

- Kunden und Mitarbeitende stellen eine wichtige Quelle für Innovationen dar.

- Methoden erhöhen die Wahrscheinlichkeit von Innovationen durch Informations- und Kommunikationstechnik.

- Hilfe von außen kann die Innovationsfähigkeit verbessern.

Eine neue Welle innovativer Entwicklungen in der Informations- und Kommunikationstechnik steht bevor.

Sämtliche Quellen, die wir konsultiert haben, vertreten die Meinung, dass die Verbindung von Anwendungen aus dem Web-2.0-Umfeld und Geräten der Unterhaltungs- und Kommunikationselektronik die Grundlage innovativer Geschäftsmodelle sowie die Basis für neue Pro-dukte, Dienstleistungen und Prozesse bilden kann. Meistgenanntes Bei-spiel während unserer Gespräche war das iPad von Apple. Es wurde immer wieder als Beispiel für ein Produkt genannt, das zwar für den Massenmarkt konzipiert ist, aber auch in Unternehmen und öffentli-chen Verwaltungen genutzt werden kann. Andere immer wieder zitierte Beispiele sind Web-2.0-Applikationen, wie Facebook oder Twitter, denen ebenfalls ein doppelter Nutzen in der Konsum- und in der Unternehmenswelt zugeschrieben wird.

Dass im Sommer 2011, bei Redaktionsschluss des Buches, noch nicht klar ist, worin der konkrete Nutzen für Unternehmen besteht, stört offensichtlich keinen der Propheten dieser konvergenten Entwicklung. Berechtigterweise führen sie frühere ähnliche Konvergenzen zwischen Konsum- und Unternehmenswelt ins Feld, beispielsweise den Personal Computer, Grafikchips oder Spielkonsolen. Auch im Bereich „Innovate the IT" gibt es eine Reihe von Entwicklungen, die zu starken Veränderungen bei Geschäftsmodellen, Produkten und Dienstleistungen, Prozessen und Infrastrukturen führen werden. So stoßen beispielsweise von Unternehmen wie Google, IBM, HP, Oracle oder Microsoft neu gebaute Rechenzentren in bisher nicht bekannte Größenordnungen vor, die interessante Economies of Scale ermöglichen. Mit diesen neuen Infrastrukturen, über die IT-Provider sehr preiswerte Computing- und Speicherkapazitäten anbieten können, stellt sich für viele Anwenderunternehmen weltweit die Frage nach „Make or Buy" erneut.

„Innovate-the-IT" und „Innovate-the-Business" werden in vielen Unternehmen vermischt.

In vielen Unternehmen wird keine Unterscheidung zwischen „Innovate the IT" und „Innovate the Business" vorgenommen. Der Chief Information Officer und damit die IT-Abteilung gehen davon aus, dass diese beiden Stoßrichtungen gemeinsam bearbeitet werden können. Dies führt in den Unternehmen dazu, dass beispielsweise keine sinnvolle Trennung zwischen Software as a Service und Cloud Computing vorgenommen wird. Software as a Service führt zu neuen Angeboten an Anwendungen, die in Konkurrenz zu vorhandenen Anwendungen stehen und die immer stärker direkt vom Fachbereich bestellt und betrieben werden. Cloud Computing stellt eine neue Organisationsform der Rechenleistung dar und hat zunächst keine Auswirkungen auf den Fachbereich und die Anwendungslandschaft.

Von „Innovate the Business" und von „Innovate the IT" sind, wie schon aus den Bezeichnungen hervorgeht, unterschiedliche Bereiche und Persönlichkeiten eines Unternehmens, mit denen verschieden umgegangen werden muss, betroffen. In unseren Gesprächen mit Chief Information Officers wurde nur sehr selten eine Differenzierung vorgenommen. Die Mitarbeitenden in den IT-Abteilungen gehen – vereinfacht dargestellt – davon aus, dass Innovation durch Informations- und

Kommunikationstechnik im Grunde der Stoßrichtung „Innovate the IT" zuzurechnen ist und am Ende auch Auswirkungen auf den Fachbereich hat.

Innovation durch Informations- und Kommunikationstechnik bleibt oft dem Zufall überlassen; einige Unternehmen haben allerdings einen geordneten Innovationsprozess aufgesetzt.

In vielen Unternehmen findet Innovation durch Informations- und Kommunikationstechnik häufig ohne methodische Unterstützung im Rahmen von Softwareprojekten statt, meistens während der Business-Analyse oder im Rahmen des Requirements Engineering. Diese Positionierung von Innovation durch Informations- und Kommunikationstechnik führt dazu, dass es der Motivation und dem Können der Personen in den Projekten und damit eigentlich dem Zufall überlassen bleibt, ob Innovation stattfindet. Ohne die individuellen Leistungen schmälern zu wollen, bleibt festzuhalten, dass diese Vorgehensweise vor allem in Zeiten schneller und umfassender Veränderungen und der damit verbundenen Unsicherheit ungeeignet ist, um das Potential der Informations- und Kommunikationstechnik möglichst zu nutzen.

Da außerdem die meisten Chief Information Officers, wie unsere empirische Erhebung gezeigt hat, nur vereinzelt an Sitzungen der Geschäftsleitung teilnehmen, können sie die innovative Rolle der Informations- und Kommunikationstechnik nicht darstellen, wenn es am meisten darauf ankommt, dann nämlich, wenn gesamthaft über die Weiterentwicklung des Unternehmens gesprochen wird. Der oft in diesem Zusammenhang gehörten Aussage „Der Chief Financial Officer vertritt die Angelegenheiten der IT-Abteilung", stehen wir – vor allem in Bezug auf Innovation – skeptisch gegenüber. Chief Financial Officers, denen in vielen Unternehmen die IT-Abteilung unterstellt ist, haben in jedem Unternehmen aufgrund ihrer Verantwortung für die Finanzen und das Controlling eine wichtige Position und sind schon aus zeitlichen Gründen nicht in der Lage, sich umfassend über neue Entwicklungen der Informations- und Kommunikationstechnik zu informieren und sie in der Geschäftsleitung zu vertreten.

Dieser ernüchternden Bilanz in Sachen Innovation durch Informations- und Kommunikationstechnik stehen Unternehmen, wie der Schweizer Einzelhandelskonzern Migros, die Swisscom IT Services, die Deutsche Telekom, der VW Konzern, die Deutsche Bank, die ZF Friedrichshafen, die Hubert Burda Media, die Lufthansa und die BMW Group gegenüber, die sich Strukturen und Prozesse für Innovation durch Informations- und Kommunikationstechnik geschaffen haben. Sie entwickeln Web-2.0-Anwendungen, betreiben Innovationsmanagement, unterhalten Innovationslabore oder investieren im Sinne von Risikokapitalgebern in junge Unternehmen, deren intellektuelles Kapital sie im Gegenzug nutzen dürfen. Insgesamt scheint das größte Defizit im mangelnden Einsatz von Methoden zu liegen. Professionelle, das heißt definierte Prozesse mit wiederholbaren Abläufen, sind im Bereich Innovation durch Informations- und Kommunikationstechnik absolute Mangelware. Die Erfahrungen mit der Methode Design Thinking, auf die wir in diesem Buch mehrfach eingegangen sind, zeigt hingegen, wie es auch im Umfeld von Innovationen durch Methodeneinsatz gelingt, die Erfolgswahrscheinlichkeit zu erhöhen.

Außerhalb der zentralen IT-Abteilung existiert großes innovatives Potential für Innovation durch Informations- und Kommunikationstechnik.

Die „graue" Informations- und Kommunikationstechnik ist fast so alt wie die Informations- und Kommunikationstechnik in Unternehmen. In der Regel versucht die IT-Abteilung, „graue" Anwendungen aufzuspüren und zu eliminieren beziehungsweise sie in die bestehende Informatiklandschaft einzubinden. Die härteren Compliance-Regelungen haben in den vergangenen Jahren die ohnehin immer schon sehr hitzigen und emotionalen Debatten um die „graue" Informations- und Kommunikationstechnik verschärft. Trotz dieser heiklen Situation stellten unsere Gesprächspartner immer wieder die zentrale Rolle heraus, die die „graue" Informatik im Innovationsprozess spielt.

Die Analysten, beispielsweise der Gartner Group, sprechen deshalb nicht ohne Grund von der wachsenden Bedeutung der „Eisberg-Informatik". Ein großer Teil des Einsatzes der Informations- und Kommunikationstechnik in Unternehmen findet unsichtbar unter der Oberfläche statt und wird nicht von der zentralen IT-Abteilung erfasst und bearbeitet.

Viele Chief Information Officers fühlen sich durch das eigenständige Handeln der Fachbereiche stark unter Druck gesetzt. Im Frühjahr 2010 kam das iPad auf den Markt. In den Fachbereichen vieler Unternehmen wird inzwischen fieberhaft überlegt, wofür sich das „coole Device" im Unternehmen nutzen lässt. Für Präsentationen im Medienbereich ist es schon jetzt unverzichtbar. Manche Unternehmen haben größere Stückzahlen des iPads geordert, ohne genau zu wissen, wofür es sich einsetzen lässt. Im Moment zählen offenbar die hohen Erwartungen mehr als der direkte Nutzen.

Chief Information Officers nehmen das teilweise mit Kopfschütteln zur Kenntnis. Sie wissen aus Erfahrungen mit dem iPhone von Apple, wie wenig sie dem Einzug dieser „Kult-Devices" ins Unternehmen entgegensetzen können. Außerdem sind sie sich bewusst, dass sie am Ende für den Betrieb der Geräte und der darauf laufenden Unternehmensanwendungen verantwortlich sind. Für uns stellt sich die Frage, warum sie diese und ähnliche Entwicklungen nicht treiben oder zumindest aktiv unterstützen. In der „grauen" oder „Schatten-Informations- und Kommunikationstechnik" stecken zu viele Innovationschancen, um sie links liegen zu lassen.

Winfried Gaber, der Vorstandsvorsitzende des Infowerks, drückt dies mit den Worten aus: „Die Qualität und nicht die Quelle einer Idee entscheidet". Ohne konstruktive Integration der Ideen aus dem Fachbereich bleibt in Zukunft ein großer Teil des innovativen Potentials ungenutzt, das in den Köpfen der Mitarbeitenden aus dem Fachbereich steckt. Web-2.0-Tools für Innovation durch Informations- und Kommunikationstechnik wie sie in der Deutschen Bank, bei BMW oder bei Swisscom IT Services zum Einsatz kommen, weisen in die richtige Richtung.

Innovative Anwendungen müssen in die bestehende Landschaft eingebunden werden können.

Unserem Plädoyer für die Bedeutung der „grauen" Informations- und Kommunikationstechnik als Motor der Innovation steht die Bedeutung der Integration als Eckpfeiler einer professionellen Informations- und Kommunikationstechnik in einem Unternehmen gegenüber. Die Geschichte der Informations- und Kommunikationstechnik der letzten vierzig Jahre hat immer wieder gezeigt, dass am Ende desintegrierte Systeme, so schick und so innovativ sie zu Beginn eingeschätzt wurden, mit riesigem Aufwand in die bestehende Landschaft der Informations- und Kommunikationstechnik eingebunden werden mussten. Die Geschichte der Electronic-Business-Anwendungen in vielen Unternehmen beweist eindrucksvoll, wie wichtig es am Ende war, die Internetanwendungen in die bestehende Landschaft einzubinden, um nach innen gegenüber den Mitarbeitenden und nach außen gegenüber den Kunden eine professionelle Leistung erbringen zu können.

Offen ist der Zeitpunkt, an dem die Integration erfolgen muss. Im Electronic Business hat das starke Wachstum des Geschäfts in diesem Bereich zusammen mit Beschwerden von Kunden den Integrationsprozess stark beschleunigt. Vor diesem Hintergrund sollte es in Unternehmen keine Diskussionen darüber geben, dass der CIO und sein Team konstruktiv in Innovationsprojekte eingebunden werden müssen. Dies ist aber, wie wir aus vielen Gesprächen wissen, nicht der Fall. Manchmal wird die IT-Abteilung bewusst ausgeschlossen. Kurzfristig kann dies Innovationen beschleunigen, langfristig endet dieses Vorgehen in Mehrarbeit und hohen Kosten. Bei der Ausgestaltung der Spielregeln auf Unternehmensebene für den Wettbewerb der Ideen und seine Umsetzung in Unternehmen ist dieser Erkenntnis Rechnung zu tragen.

Spielregeln, die auf dem Prinzip „Anything goes" beruhen, führen ins Chaos. Um die Zahl der desintegrierten Systeme zu beschränken, müssen die IT-Abteilungen konstruktiv mit Ideen aus dem Fachbereich umgehen, so abwegig sie zu Beginn auch klingen mögen. Dieses Vorgehen erfordert Persönlichkeiten und Methoden, die in der Lage sind, die innovativen Ideen in die richtige Richtung zu lenken. Wir sind überzeugt, dass Design Thinking ein geeignetes Instrument ist. Interne Anwendungen auf der Basis von Web-2.0 können gute Instrumente darstellen, um in diesen konstruktiv-kritischen Dialog zu treten.

Kunden und Mitarbeitende stellen eine wichtige Quelle für Innovationen dar.

Woher kommen die Ideen für Innovation? Erwartet haben wir Berichte über Innovationsberater, Reisen ins Silicon Valley, nach Shanghai, Cambridge/Massachusets und Bangalore oder in andere globale Innovationszentren. Außerdem rechneten wir damit, oft auf Geheimhaltungserklärungen der Hersteller verwiesen zu werden, die es dem CIO nicht angeraten erscheinen lassen, konkret über Innovationen durch Informations- und Kommunikationstechnik zu sprechen. Vorsorglich studierten wir außerdem die berühmten Hype-Cycles von Gartner, um uns auf die Diskussionen darüber vorzubereiten. Über Forschungsreisen und Hype-Cycles berichteten unsere Gesprächspartner zwar auch, sie spielten aber keine zentrale Rolle. Die meisten erzählten uns, wie wichtig die Kunden und die Endanwender ihrer Unternehmen als Innovationsquelle sind. Von diesen beiden Gruppen versuchen sie zu lernen, welche Lösungen der Informations- und Kommunikationstechnik das Geschäft unterstützen und welche Systeme wirklich nützlich sind.

Mehrere Gesprächspartner haben uns erklärt, welche zentrale Voraussetzung „Zuhören können" für innovatives Handeln sei. Damit wenden sich viele Chief Information Officers instinktiv einer Innovationsquelle zu, die auch die von uns in diesem Buch ausführlich beschriebene Methode Design Thinking als zentralen Baustein des Innovationsmanagements begreift. Design Thinking geht davon aus, dass nur Produkte und Services funktionieren, in denen die Kunden wirklich einen Nutzen sehen und die sie auch anwenden können. Dieser Erkenntnis stehen die Ergebnisse unserer Befragung gegenüber: Danach lassen der Kontakt der Chief Information Officers mit externen Kunden und internen Endanwendern sowie die genaue Beobachtung ihres Verhaltens zu wünschen übrig.

Methoden sind in der Lage, die Erfolgswahrscheinlichkeit für Innovation durch Informations- und Kommunikationstechnik zu erhöhen.

Es gibt wohl kein Bild, das öfter für Innovation genutzt worden ist, als die Erfindung der Glühbirne durch Thomas Edison: Sie begegnet uns in fast jeder Powerpoint-Präsentation und praktisch in jedem klassischen Comic, wenn irgendjemand einen Geistesblitz hat. Allerdings hat dieses Bild, das für die intuitive Eigenleistung kreativer Persönlichkeiten steht, genauso Staub angesetzt wie Edisons Glühbirne. Heute sind es weniger die einzelnen Erfinder, sondern Teams, die mit Hilfe professioneller Methoden und Werkzeuge, wie Design Thinking oder Open Innovation, Innovationsprozesse erfolgreich gestalten.

Sowohl unsere Befragung wie auch die Gespräche haben ergeben, dass es in vielen Unternehmen an diesem Wissen über Methoden zur Systematisierung des Innovationsprozesses fehlt. Chief Information Officers und ihre Mitarbeitenden erzählen gerne von neuen Anwendungen, Prototypen und neuen Infrastrukturen, die sie beispielsweise in Rechenzentren eingeführt haben. Sie sprachen uns gegenüber aber nur sehr selten von Methoden und Werkzeugen, die sie einsetzen, um den Innovationsprozess zu verbessern. In diesem Buch gehen wir deshalb auf die Design-Thinking-Methode näher ein. Nicht weil wir sie für die beste aller Methoden halten, sondern weil sich das Institut für Wirtschaftsinformatik in St. Gallen seit Jahren mit dieser Methode beschäftigt und sehr gute Erfahrungen damit gemacht hat. Es ist uns bewusst, dass es zahlreiche andere Methoden und Werkzeuge gibt, die auch zu guten Ergebnissen führen. Wichtig ist, dass man Innovation nicht dem Zufall überlässt.

Vor diesem Hintergrund ist die Frage zu diskutieren, wie sich der CIO und sein Team positionieren. Sind sie primär Experten für alle Entwicklungen in der Informations- und Kommunikationstechnik, oder bauen sie Kompetenz in Methoden- und Werkzeugwissen auf? Wir sind davon überzeugt, dass der Informatikchef ohne hervorragende Methoden- und Werkzeugkenntnisse nicht in der Lage ist, die Innovationskraft des gesamten Unternehmens vernünftig zu stärken.

Hilfe von außen kann die Innovationsfähigkeit verbessern.

Anwenderunternehmen arbeiten beim Thema Innovation häufig mit Beratungsunternehmen und Anbietern zusammen. Doch nicht nur in der bereits mehrfach zitierten Befragung, auch in den Gesprächen erfuhren wir, wie Berater und Coaches den Innovationsprozess unterstützen können. Auch die unternehmens- und branchenübergreifende Zusammenarbeit von Unternehmen in Kompetenzzentren an der Universität St. Gallen zeigt, wie erfolgreich externe Impulse für die Beschleunigung von Innovationsprozessen sein können. Die Erfahrungen mit Design Thinking in den Partnerunternehmen des Instituts für Wirtschaftsinformatik an der Universität St. Gallen beweisen ebenfalls, wie wichtig es ist, dass es Personen gibt, die die Methode gut kennen und so verhindern, dass „Anfängerfehler" gemacht werden. Die externe Unterstützung sollte aber – wie jede Beratungsleistung – punktuell und auf Zeit erfolgen. Am Ende muss das entscheidende Know-how für Innovation durch Informations- und Kommunikationstechnik intern aufgebaut werden.

Konsequenzen für Unternehmensführung und Informationsmanagement

Unsere Analysen belegen die Bedeutung von Innovation durch Informations- und Kommunikationstechnik. Außerdem zeigen sie, wie viel sich in Unternehmen und Verwaltungen verbessern lässt. Dabei sind wir uns bewusst, dass die heutigen, schon länger existenten Innovationsdefizite vor allem zwei Ursachen haben: die nachhaltigen Zweifel an der Innovationskraft von Informations- und Kommunikationstechnik, die das Platzen der Internetblase ausgelöst haben, sowie der starke Kostendruck der letzten Jahre.

Vor diesem Hintergrund lautet die zentrale Handlungsempfehlung dieses Buches:

Innovation durch Informations- und Kommunikationstechnik muss integraler Bestandteil von Unternehmensstrategie und Strategie der Informations- und Kommunikationstechnik sein und professionell, das heißt auf Basis bewährter Methoden, betrieben werden.

Auf diese Weise lässt sich verhindern, dass neue Ideen, neue Methoden und Prototypen nicht neben dem bestehenden Geschäft herlaufen, sondern von Anfang an eingebunden sind.

Wir schlagen vor, dass der Chief Information Officer sich dafür einsetzt, dass im Unternehmen ein Wettbewerb der Ideen, wie wir ihn in diesem Buch beschrieben haben, entsteht. Dieser Wettbewerb gewährleistet, dass alle Mitarbeitenden und alle Gruppierungen von Mitarbeitenden eine kalkulierbare Chance haben, dass eine innovative Idee nicht einfach untergeht, sondern zumindest konstruktiv geprüft wird. Diese zunächst abstrakt klingende Forderung, der keine vernünftige Person widersprechen kann, führt zu sehr konkreten Folgen, wenn es um Innovation durch Information- und Kommunikationstechnik geht. Innovative Lösungen, die im Rahmen der „grauen" Informations- und Kommunikationstechnik entstehen, werden gleichberechtigt neben Ideen gestellt, die von der IT-Abteilung entwickelt wurden. In einigen Unternehmen wird der Wettbewerb der Ideen über die Unternehmensgrenzen hinweg ausgeweitet. Mit Hilfe von Web-2.0-Anwendungen können sich Kunden, Lieferanten und alle interessierten Personen am Wettbewerb der Ideen beteiligen.

Unsere Erfahrung und Beobachtungen zeigen immer wieder, wie wichtig es ist, das Handeln in Unternehmen und öffentlichen Verwaltungen auf transparente Grundlagen zu stellen. Manche Unternehmen und sogar einzelne Divisionen erarbeiten in langwierigen Prozessen Leitbilder, die dann später die Bürowände schmücken. Sie lesen sich oft wie eine Ansammlung von Trivialitäten, die man auch in fünf Minuten hätte formulieren können. Wenn man aber mit den Beteiligten spricht, begreift man, dass der „Weg das Ziel" ist. Während der Diskussionen um diese Leitbilder werden Ideen, Werthaltungen und Vorstellungen ausgetauscht und angeglichen. So wissen die Beteiligten zumindest, wo sie mit ihren Vorstellungen in der innerbetrieblichen Diskussionslandschaft stehen.

Auch für ein kontroverses Gebiet wie Innovation durch Informations- und Kommunikationstechnik erscheint es uns sinnvoll, sich auf Handlungsprinzipien zu verständigen:

- „Innovate the IT" und „Innovate the Business" unterschiedlich behandeln.

- Wettbewerb: Die Qualität und nicht die Quelle entscheidet.

- Der Mensch ist Ausgangs- und Endpunkt der Innovation.

- Lösungen und nicht Technologien sind gefragt.

- Prototypen statt abstrakter Konzepte einsetzen.

- Scheitern ist möglich.

- Die Kultur und Umgebung entscheiden: „Letting Innovation happen".

„Innovate the IT" und „Innovate the Business" unterschiedlich behandeln.

Im ersten Teil dieses Buches haben wir Innovation durch Informations- und Kommunikationstechnik in die beiden Stoßrichtungen „Innovate the IT" und „Innovate the Business" gegliedert. Diese beiden Stoßrichtungen müssen getrennt bearbeitet werden. Es sind unterschiedliche Zielgruppen betroffen, und es kommen unterschiedliche Produkte der Informations- und Kommunikationstechnik zum Einsatz. Wir sind uns bewusst, dass enge Beziehungen zwischen diesen beiden Bereichen bestehen. Trotzdem fordern wir, dass sie aus Sicht von Innovation durch Informations- und Kommunikationstechnik getrennt zu behandeln sind. Die innovative Nutzung eines iPad beispielsweise ist im Sinne von „Innovate the Business" die Suche nach Einsatzszenarien, in denen das iPad den Verkaufsprozess unterstützen kann. Im Vordergrund stehen die Benutzeroberfläche, die Informationen, die angezeigt oder eingegeben werden, und die Einbindung in den Verkaufsprozess. „Innovate the IT" in Zusammenhang mit dem iPad bedeutet beispielsweise die Beschäftigung mit der Integration dieses Geräts in die Infrastruktur der Informations- und Kommunikationstechnik, die Behandlung von Fragen der Sicherheit und der Umgang mit Apple als Lieferant.

Wettbewerb: Die Qualität und nicht die Quelle entscheidet.

Wir haben bereits mehrmals darauf hingewiesen, dass wir Unternehmensführung als Wettbewerb der Ideen sehen. Dieser funktioniert allerdings nur, wenn die Qualität einer Idee wichtiger ist als ihr Ursprung. Der Geistesblitz eines Sachbearbeiters kann genauso einen Innovationsprozess anstoßen wie die Idee eines Vorstandsmitglieds. Wird dieses Prinzip gelebt, können IT-Abteilung und Fachbereich, obwohl mit unterschiedlichem Wissen und Erfahrungen über Informations- und Kommunikationstechnik ausgestattet, zunächst gleichberechtigt innovative Ideen entwickeln. Die Anwendung dieses Prinzips bedeutet auch, Open Innovation als eine Säule der Innovation zu akzeptieren. So lassen sich auch Ideen, die aus einem Online-Forum für Kunden, aus Facebook oder aus einer professionellen Innovationsplattform wie atizio.com kommen, als Quellen für Innovationen nutzen. Die Probleme einer klassischen IT-Abteilung, die immer noch der Meinung ist, eine Monopolstellung im Hinblick auf Wissen über Informations- und Kommunikationstechnik zu besitzen, mit diesem Prinzip umzugehen, liegen auf der Hand.

Die Veränderung der Denkhaltung in Richtung „Die Qualität und nicht die Quelle einer Idee entscheidet", ist eine zentrale Voraussetzung für den Wettbewerb der Ideen. Wie im Sport gilt, dass jeder mitmachen kann. Entscheidend für den Sieg bei einem Marathonlauf ist, wer als Erster ins Ziel kommt und nicht wo und mit wem und mit welchen Hilfsmitteln er oder sie trainiert hat und schon gar nicht, woher ein Teilnehmer kommt, solange die Spielregeln eingehalten werden.

Der Mensch ist Ausgangs- und Endpunkt der Innovation.

Innovative Prozesse werden von Menschen gestaltet, und die Ergebnisse ihrer Aktivitäten werden wiederum von Menschen verwendet, mit all ihren emotionalen und intellektuellen Stärken wie Schwächen. Wird diese Erkenntnis auf Innovationsprozesse angewendet, führt dies zu Konsequenzen. Sie hat Einfluss auf die Zusammensetzung der Innovationsteams, auf die Regeln der Zusammenarbeit und Kommunikation. Vor allem zwingt dieses Prinzip zur genauen Beobachtung der künftigen Benutzer eines Produktes oder Services. In Design-Thinking-Projekten an der Universität St. Gallen wird beispielsweise „Shadowing", das ursprünglich aus den Sozialwissenschaften kommt, mit Erfolg angewendet. Beim Shadowing begleitet eine in dieser Methode ausgebildete Person einen Kunden zum Beispiel im Umgang mit einem neuen Mobiltelefon und beobachtet, welche Anwendungs- und Handhabungsschwierigkeiten auftauchen.

Prototypen statt abstrakter Konzepte einsetzen.

Wenn man den Menschen zum Ausgangs- und Endpunkt von Innovation durch Informations- und Kommunikationstechnik macht, wird die Reaktion von Kunden oder Mitarbeitenden auf neue Lösungen zum entscheidenden Selektionskriterium im Wettbewerb der Ideen. Innovative Lösungen, die nicht auf Zustimmung der betroffenen Personen stoßen, scheiden aus dem Wettbewerb der Ideen aus. Wenn Unternehmen dieses Kriterium schon in frühen Phasen des Innovationsprozesses anwenden, wie beispielsweise bei Design Thinking, ersparen sie sich Situationen, bei denen Lösungen, die unter großem Aufwand entwickelt wurden, am Ende bei den Anwendern oder Kunden scheitern. Im Rahmen der Gespräche und Analysen, die diesem Buch zugrunde liegen, sind wir auf zahlreiche Beispiele für Innovation durch Informations- und Kommunikationstechnik gestoßen, die an den betroffenen Menschen vorbei entwickelt wurden.

Bei den Menschen, die sich mit Informations- und Kommunikationstechnik beschäftigen, hat sich eingebürgert, neue Ideen abstrakt vorzustellen – meistens mit einer Reihe von Powerpoint-Folien. Große Bereiche der Informatik und der Wirtschaftsinformatik an Universitäten und Technischen Hochschulen auf der ganzen Welt beschäftigen sich seit Jahrzehnten damit, immer feinere und kompliziertere Sprachen zu entwickeln, mit denen Vorstellungen über zukünftige Geschäftsmodelle, Produkte und Dienstleistungen, Organisationen und Infrastrukturen beschrieben werden können. Für viele der inzwischen sehr komplexen Modellierungssprachen ist der Lernaufwand beträchtlich. Es wundert nicht, dass Fachabteilungen und Geschäftsleitungen diese Sprachen nicht verstehen. An Stelle abstrakter Modellierversuche sollten „anfassbare" Prototypen genutzt werden, um über Neues zu entscheiden. Schon im legendären Media-Lab von Nicholas Negroponte am Massachusetts Institut of Technology in Cambridge galt deshalb bereits vor 20 Jahren das Prinzip „Protoype or Die"[1]. Wie mit vielen seiner Ideen[2] war Nicholas Negroponte auch in methodischer Hinsicht seiner Zeit viele Jahre voraus.

Scheitern ist möglich.

Immer wieder entsteht der Eindruck, Innovationen schlagen ein wie ein Blitz aus heiterem Himmel. Wenn man Innovationen analysiert, entdeckt man die oft jahre-, manchmal jahrzehntelangen Vorarbeiten, die diesem Durchbruch vorausgingen. Nur in Ausnahmefällen ist ein „Durchmarsch" möglich. Innovationsprozesse gleichen Marathonläufen, bei denen Sprinter keine Chance haben, sondern nur Sportler, die lange Distanzen laufen können. In der deutschsprachigen Kultur bedeutet Scheitern oft das endgültige Aus. Im Design Thinking dagegen stellt mehrfaches Scheitern ein zentrales Element des Lernprozesses dar. Die Methode basiert auf Prototypen, die immer wieder am Endkunden getestet werden. Viele dieser Prototypen verschwinden nach solchen Tests still und leise.

Kultur und Umgebung entscheiden: „Letting Innovation happen".

In Diskussionen, in denen es um die Stärkung der Innovationskraft von Unternehmen oder IT-Abteilungen geht, taucht immer wieder die Frage nach den Stellgrößen auf. Von großer Bedeutung scheint es zu sein, eine Umgebung und eine Kultur zu schaffen, die Innovation zulässt, die auf neue Ideen positiv und nicht ablehnend reagiert. Unternehmenskulturen lassen sich nur sehr schwer und langsam verändern. Aber Unternehmen können Umgebungen anbieten, in denen Innovationen gedeihen. Vernünftige finanzielle, räumliche und personelle Ressourcen sind Voraussetzung. Innovation ist nicht kostenlos. Larry Leifer lehrt uns: „Innovation needs Space". Erst wenn dieser „Raum" geistig und körperlich geschaffen ist, kann das Innovationsteam im Sinne von „Letting Innovation happen" an die Arbeit gehen.

Rahmenbedingungen für Innovation durch Informations- und Kommunikationstechnik

Ein zweites Handlungsfeld, um Innovation durch Informations- und Kommunikationstechnik in einem Unternehmen zu etablieren, ist, geeignete Rahmenbedingungen zu schaffen. Das Spektrum der Stellgrößen ist breit. Auf eine Auswahl an Parametern gehen wir ein:

• Unternehmenskultur,
• Methoden und Werkzeuge,
• Prozess,
• Strukturen,
• Ressourcen,
• Spielregeln,
• Compliance.

Unternehmenskultur

Ohne geeignete Unternehmenskultur scheitert Innovation durch Informations- und Kommunikationstechnik. Vor allem die zu ausgeprägte Effizienzorientierung vieler Führungskräfte verhindert Innovation. Dann ergeben auch Innovationsoffensiven aus der IT-Abteilung heraus keinen Sinn. In den Köpfen ausschließlich kostenorientierter Manager scheint kein „intellektueller Platz" für Innovation vorhanden zu sein. Ihn zu schaffen ist – wenn überhaupt möglich – extrem mühsam und zeitraubend.

Zentrales Element einer innovativen Unternehmenskultur, wie wir sie uns vorstellen, ist der Wettbewerb der Ideen. Jede Person und jede Personengruppen in einem Unternehmen kann innovative Vorschläge machen. Sie werden – im Sinne des Design Thinking – zu Prototypen weiterentwickelt und an „Betroffenen", beispielsweise Mitarbeitenden,

Kunden oder Lieferanten, getestet. Implementiert wird die innovative Idee, die sich in diesem darwinistischen Prozess durchsetzt. Eine Orientierung des Innovationsprozesses an Prototypen und an Tests mit den Betroffenen kann zu einer Kultur führen, in der Innovation möglich ist. Über den konstruktiv ausgetragenen Wettbewerb hinaus ist eine Unternehmenskultur, die Innovation fördert, durch Eigenschaften, wie beispielsweise Offenheit, Unvoreingenommenheit gegenüber Neuem, kollektiver Neugierde und Toleranz gegenüber Scheitern geprägt. Die Forderung nach einer Unternehmenskultur, die durch diese Eigenschaften geformt ist, wird von vielen Führungskräften nicht mehr wahrgenommen, weil sie diese Parolen schon zu oft gehört haben.

Unsere Erfahrungen, vor allem in der Nachwuchsführungskräfteausbildung, lehren uns, dass Intoleranz, Beharrungsvermögen und Verschlossenheit gegenüber Neuem auch in vermeintlich innovativen Umgebungen auftreten. Es ist Aufgabe der Führungskräfte, mit gutem Vorbild voranzugehen und die innovationsfördernde Unternehmenskultur – auch in schwierigen Zeiten – vorzuleben.

Methoden und Werkzeuge

Methoden und Werkzeuge erhöhen die Erfolgswahrscheinlichkeit. Unternehmen und IT-Abteilungen sollten Methoden und Werkzeuge für Innovation durch Informations- und Kommunikationstechnik auswählen, die geschult werden können und für deren Einsatz Berater oder Coaches zur Verfügung stehen. In der Regel werden mehrere Methoden und computerunterstützte Werkzeuge benötigt.

Unternehmen, Berater und die Wissenschaft haben unzählige Methoden und unterstützende Werkzeuge hervorgebracht, um den Innovationsprozess zu verbessern. Das Spektrum reicht von Kreativitätsmethoden über sehr detaillierte Selektionsmethoden für innovative Ideen bis hin zu Web-2.0-Tools, um Open Innovation zu unterstützen. Unternehmen müssen eine beherrschbare Anzahl von Methoden auswählen und systematisch einführen. Im Rahmen der Design-Thinking-Projekte, die wir analysiert haben, konnten wir sehen, wie wichtig die Ausbildung in der Methode und die Existenz von Coaches für den Erfolg der Innovationsprojekte sind. In diesem Buch beschreiben wir eine Methode, Design Thinking, konkreter. Wir sind uns bewusst, dass Design Thinking nicht alle Probleme des Innovationsprozesses löst. Weitere Methoden, beispielsweise zur Dokumentation der Ideen, zur Selektion der Ideen und Werkzeuge, beispielsweise um Open Innovation innerhalb eines Unternehmens oder über die Unternehmensgrenzen hinweg zu unterstützen, sind notwendig.

Prozess

Es gilt, einen Prozess festzulegen, wie Innovation durch Informations- und Kommunikationstechnik im Unternehmen stattfinden soll. Zentrale Bestandteile der Prozessdefinition sind: „Vereinheitlichung der Bezeichnungen", „Festlegen der verschiedenen Schritte und ihrer Reihenfolge". Zahlreiche Innovationen entstehen innerhalb von Software-Entwicklungsprojekten. Deshalb sollte in einer Prozessdefinition auch festgelegt werden, in welcher Phase, mit welchen Teilschritten und mit welchen Methoden und Werkzeugen im Rahmen von Softwareprojekten Innovation durch Informations- und Kommunikationstechnik stattfindet. So kann beispielsweise Innovation durch Informations- und Kommunikationstechnik als neuer, eigenständiger Prozessschritt in Softwareprojekten in die Phase „Business Analysis" eingebettet werden.

Wichtig ist, dass Innovation durch Informations- und Kommunikationstechnik, wenn sie in die Phase „Business Analysis" eingebunden wird, als eigenständige Aufgabe, gewissermassen als Teilprojekt, verstanden wird. Es ist für uns durchaus denkbar, einen eigenständigen Innovationsprozess zu definieren, der unabhängig und ergänzend zu den regulären Projekten durchgeführt wird. Viele Unternehmen, die das Institut für Wirtschaftsinformatik an der Universität St. Gallen mit Design-Thinking-Projekten beauftragen, sind dabei, auf diesen Erkenntnissen aufbauend einen eigenständigen Innovationsprozess zu entwickeln.

Strukturen

Zu klären ist, ob Innovation durch Informations- und Kommunikationstechnik eigene organisatorische Einheiten, beispielsweise eine eigene Abteilung, benötigt, und wenn ja, für welche Aufgaben. Das Einrichten fester Einheiten birgt das Risiko eines „Elfenbeinturms", in dem sich das Innovationsteam einkapselt, sich von den aktuellen Herausforderungen eines Unternehmens löst und Fragestellungen bearbeitet, die besser an einer Universität als Grundlagenforschung angesiedelt wären. Ob die Innovationsteams vom Alltagsgeschehen abgekoppelt werden und eigenständig beispielsweise als Labor organisiert sind oder nicht, hängt sehr stark von der Unternehmenssituation ab und kann nicht generisch entschieden werden. Aufgrund unserer Analysen kommen wir zum Schluss, dass auf jeden Fall Personen zu benennen sind, die sich hauptamtlich um die Auswahl und Einführung von Methoden zur Steigerung der Innovationskraft kümmern. In welchem Ausmaß diese Personen die Schulung der Methoden übernehmen, kann offen bleiben.

Je nachdem, wie stark sie mit Coaching- oder Beratungsaufgaben beim Einsatz der Methoden beschäftigt sind, können sie Schulung auch nach außen vergeben. Die Anzahl der Methodenspezialisten hängt von der Größe des Unternehmens, der Bedeutung der Informations- und Kommunikationstechnik für die Zukunft und der Positionierung von Innovation durch Informationstechnik beispielsweise als „Early-Adaptor" oder als „Late-Follower" ab. Je nach den Umständen können auch weitere Personen dem Innovationsbereich zugeordnet werden, die sich beispielsweise um bestimmte Technologien, wie beispielsweise RFID, Satellitenortung oder die Apple-Welt, kümmern.

Ressourcen

Innovation durch Informations- und Kommunikationstechnik erfordert wie jede andere Aktivität in einem Unternehmen oder einer öffentlichen Verwaltung Ressourcen und sollte nicht als Hobby betrieben werden. Die Geschäftsleitung entscheidet durch die Allokation ausreichender Ressourcen, ob Innovation durch Informations- und Kommunikationstechnik eine Chance hat. Der Umfang der Ressourcen, der für Innovation durch Informations- und Kommunikationstechnik zur Verfügung gestellt wird, hängt von der Größe des Unternehmens und von der Bedeutung der Informations- und Kommunikationstechnik für die Stärkung der Wettbewerbskraft ab.

Spielregeln

Dieses Buch basiert auf dem Konzept von Unternehmensführung als Wettbewerb der Ideen. Jeder Wettbewerb erfordert kontrollierende Spielregeln und Instanzen. Die Spielregeln für Innovation durch Informations- und Kommunikationstechnik legen fest,

• wer als „Mitspieler" im Wettbewerb der Ideen zugelassen ist,

• wie die Evaluation innovativer Ideen erfolgt,

- wie die innovativen Ideen ausgearbeitet werden, beispielsweise als Prototypen,

- wie die innovativen Ideen dokumentiert und präsentiert werden,

- welche Methoden und unterstützenden Werkzeuge im Innovationsprozess zum Einsatz kommen,

- ob und welche Anforderungen an die Wirtschaftlichkeit innovativer Ideen gestellt werden,

- wie innovative Ideen, die „unabhängig" entstanden sind, in die bestehende Architektur der Informations- und Kommunikationstechnik eingebunden werden.

Die Spielregeln sollten schriftlich formuliert werden, entweder als Bestandteil der Strategie für Informations- und Kommunikationstechnik eines Unternehmens oder im Rahmen einer eigenen Innovationsstrategie.

Compliance

Compliance spielt in der Unternehmensführung eine immer größere Rolle. Innovation durch Informations- und Kommunikationstechnik muss den Compliance-Anforderungen genügen. Insbesondere geht es darum, wer für unkontrolliert entstandene Lösungen im Rahmen „grauer" Informations- und Kommunikationstechnik" die Verantwortung übernimmt, insbesondere wenn diese Anwendungen Bestimmungen oder vernünftiges Vorgehen im Datenschutz oder in der Sicherheit der Informationsverarbeitung verletzen. Aber auch schriftliche Regelungen konnten zumindest in der Vergangenheit nie unvernünftiges Handeln verhindern.

In vielen Diskussionen mit Chief Information Officers in den Jahren 2009 und 2010 wird Compliance als Argument gegen Innovation durch Informations- und Kommunikationstechnik verwendet. Wir verstehen, dass Chief Information Officers und ihre Mitarbeitenden keinerlei Hilfestellung leisten wollen, wenn gegen innerbetriebliche Regelungen, Gesetze oder Auflagen des Regulators verstoßen wird. Dem steht gegenüber, dass innovative Mitarbeitende Lösungen entwickeln, die bewusst oder unbewusst gegen diese Restriktionen verstoßen.

Der CIO ist gefordert, durch „Policies" einen nutzbaren „Raum" für Innovation zu schaffen. Das Schaffen und Tolerieren dieses Freiraums fällt vielen traditionell orientierten CIOs schwer. Wir haben viele Gespräche erlebt, in denen sich Chief Information Officers emotional auf Geschäftsleitungsbeschlüsse und Compliance-Regelungen berufen haben, um sich des Problems der „grauen" Informations- und Kommunikationstechnik zu entledigen. Wir verstehen die Argumentation, geben aber zu bedenken, dass Verbote, so drastisch sie auch formuliert sind, nicht in der Lage sind, spannende neue Entwicklungen aufzuhalten. Sonst wären weder Personal Computer noch das Internet in die Unternehmen eingedrungen.

Aus- und Weiterbildung für Innovation durch Informations- und Kommunikationstechnik

Innovation, zumindest nach unserem Verständnis, ist ein kontinuierlicher Lernprozess. Ständige Aus- und Weiterbildung ist deshalb die Grundlage erfolgreicher Innovation und einer Unternehmenskultur, die laufend Innovationen hervorbringt.

In innovativen Unternehmen dienen Aus- und Weiterbildungsprogramme zu weit mehr, als Mitarbeitende kurzfristig in die Lage zu versetzen, neue Bildschirmmasken zu bedienen. Sie gehören zur DNA dieser Firmen. Aus- und Weiterbildungsaktivitäten erlauben es diesen Unternehmen, das Know-how der verschiedenen Fachbereiche aktuell und ihr Personal offen für Veränderungen und Innovationen zu halten. Fortbildung darf das Top-Management nicht ausgrenzen. Mitglieder von Geschäftsführungen, Verwaltungs-, und Aufsichtsrat müssen ihr Know-how ebenfalls auf dem Laufenden halten. Top-Manager innovativer Firmen tun mehr als das. Sie agieren selbst als Scouts neuer Methoden und Verfahren. Hasso Plattner, langjähriger Chief Executive Officer von SAP und heutiger Aufsichtsratschef, versteht sich offensichtlich als solch ein Scout. So setzt er zum Beispiel innerhalb der SAP auch auf die Design-Thinking-Methode und hat sowohl in Deutschland[3] als auch den USA[4] Institute gegründet, die sich intensiv mit Design Thinking auseinandersetzen.

Der Einstieg in Innovation durch Informations- und Kommunikationstechnik muss professionell erfolgen

Die Texte und Gespräche in diesem Buch zeigen, dass Innovation durch Informations- und Kommunikationstechnik nicht als „Hobby" betrieben werden darf. Innovation durch Informations- und Kommunikationstechnik, die aus Budgetüberschüssen oder nach der eigentlichen Arbeit in Überstunden durchgeführt wird, ist zum Scheitern verurteilt.

Die professionelle Auseinandersetzung mit Innovation durch Informations- und Kommunikationstechnik setzt einen Beschluss der Geschäftsleitung und die Zuweisung finanzieller, personeller und räumlicher Ressourcen voraus. In einem nächsten Schritt gilt es, Persönlichkeiten auszuwählen und zu institutionalisieren, die in der Lage sind, Innovation durch Informations- und Kommunikationstechnik auf der Grundlage guter Kenntnisse und ausreichenden Wissens zu betreiben. Der Auswahl erprobter Methoden und sie unterstützender Werkzeuge kommt große Bedeutung zu. Die Methode Design Thinking, die wir in diesem Buch ausführlich dargestellt haben, ist als Einstiegsmethode geeignet, denn die Wahrscheinlichkeit, dass mit ihrer Hilfe innovative Lösungen herauskommen, ist groß. Es gibt aber auch andere Methoden, die sich als Startpunkt eignen.

Wichtig ist es unsere Meinung nach, auf einer definierten methodischen Basis zu starten und nicht eine Truppe anscheinend innovativer Personen zusammenzutrommeln oder von den Beteiligten in Entwicklungsprojekten mehr Innovation zu fordern und dann zu hoffen, dass regelmäßig innovative Ideen herauskommen. Empfehlenswert ist es, wie es beispielsweise Wolfgang Gaertner in dem Gespräch, das wir mit ihm geführt haben, betont, mit kleinen Innovationsprojekten zu beginnen und langsam Vertrauen in die Innovationskraft der IT-Abteilung aufzubauen.

Wir empfehlen, den Einstieg in die Innovation durch Informations- und Kommunikationstechnik gründlich zu planen und wesentliche Elemente in einem Dokument, das von der Geschäftsleitung verabschiedet wird, zusammenzufassen.

Quellen und Anmerkungen

1   Brand, S., The Media Lab: Inventing the Future at M.I.T., Penguin, 1988.

2   Negroponte, N., Being digital, Vintage, 1996.

3   www.hpi.uni-potsdam.de.

4   http://dschool.stanford.edu.

ZUSAMMENFASSUNG

Der Wettbewerb der Ideen ist Realität. Innovation durch Informations- und Kommunikationstechnik kann einen wesentlichen Beitrag zur nachhaltigen Steigerung der Innovationskraft von Unternehmen und öffentlichen Verwaltungen leisten. Die Befragung und die Gespräche mit führenden Persönlichkeiten aus dem Bereich der Informations- und Kommunikationstechnik haben auf der einen Seite großen Handlungsbedarf bei Innovation durch Informations- und Kommunikationstechnik ergeben, auf der anderen Seite haben die Fallstudien und die Gespräche mit Chief Information Officers, einem Berater und einem Unternehmer hervorragende Ansätze für Innovationen durch Informations- und Kommunikationstechnik gezeigt.

Unternehmen und öffentliche Verwaltungen können innovativer agieren, wenn sie Informations- und Kommunikationstechnik in ihre Unternehmensstrategie und die Strategie für den Einsatz der Informations- und Kommunikationstechnik integrieren. Konkret geht es darum, an den Prinzipien, den Rahmenbedingungen, der Aus- und Weiterbildung zu arbeiten und konsequent Prototypen zu entwickeln, die ideale Ergebnisse eines Innovationsprozesses darstellen.

Erfolgreiche Innovation durch Informations- und Kommunikationstechnik baut nicht auf dem Zufall auf. Methoden und Werkzeuge, wie beispielsweise Design Thinking, erhöhen die Wahrscheinlichkeit, dass in einem Unternehmen ein kontinuierlicher Strom an innovativen Ideen entsteht, der sich in Prototypen niederschlägt, von denen die besten implementiert werden und die nachhaltig die Wettbewerbsposition eines Unternehmens verbessern. Der Einstieg in Innovation durch Informations- und Kommunikationstechnik muss professionell und von der Geschäftsleitung genehmigt erfolgen.

Die Autoren

Walter Brenner, Prof. Dr. oec., ist seit 1. April 2001 Professor für Wirtschaftsinformatik an der Universität St. Gallen und geschäftsführender Direktor des Instituts für Wirtschaftsinformatik; davor war er seit 1999 Professor an der Universität Essen und vom 1. April 1993 bis zum 31. März 1999 Professor für Allgemeine Betriebswirtschaftslehre und Informationsmanagement an der TU Bergakademie Freiberg; von 1989 bis 1993 Leiter des Forschungsprogramms Informationsmanagement 2000 am Institut für Wirtschaftsinformatik der Hochschule St. Gallen; von 1985 bis 1989 Mitarbeiter der Alusuisse-Lonza AG in Basel, zuletzt als Leiter der Anwendungsentwicklung; von 1978 bis 1985 Studium und Doktorat an der Hochschule St. Gallen.

Christoph Witte ist ein langjähriges Mitglied der IKT- und Online-Community. Er arbeitet als Publizist, Sprecher und Berater. 2009 gründete er mit Wittcomm eine Agentur für IT/Publishing/Kommunikation. Hier bündelt er seine vielfältigen Aktivitäten als Autor, Blogger, Sprecher, PR- und Kommunikationsberater. Davor, von 1995 bis 2009, arbeitete er als Chefredakteur und Herausgeber für die Computerwoche, Deutschlands wichtigster IT-Publikation für Unternehmen. Während dieser Zeit baute er nicht nur eine der meistbekannten und respektierten Online-Plattformen für IT-Entscheider und IT-Professionals in Anwenderunternehmen auf, sondern war entscheidend am Aufbau der Event-Plattform der Computerwoche beteiligt. Außerdem ist Witte Mitbegründer des CIO Magazins, als dessen Herausgeber er bis 2006 ebenfalls fungierte.